"十三五"高等院校财务与会计规划教材

基础会计

盛术俊　沐红英／主　编
梁亚茹　黄秀南／副主编

立信会计 出版社
LIXIN ACCOUNTING PUBLISHING HOUSE

图书在版编目(CIP)数据

基础会计 /盛术俊,沐红英主编. —上海：立信
会计出版社,2019.1

"十三五"高等院校财务与会计规划教材

ISBN 978-7-5429-6002-3

Ⅰ.①基… Ⅱ.①盛… ②沐… Ⅲ.①会计学-高等
学校-教材 Ⅳ.①F230

中国版本图书馆 CIP 数据核字(2018)第 297649 号

策划编辑　　方士华
责任编辑　　王斯龙
封面设计　　南房间

基础会计

Jichu Kuaiji

出版发行	立信会计出版社				
地　　址	上海市中山西路 2230 号		邮政编码	200235	
电　　话	(021)64411389		传　　真	(021)64411325	
网　　址	www.lixinaph.com		电子邮箱	lxaph@sh163.net	
网上书店	www.shlx.net		电　　话	(021)64411071	
经　　销	各地新华书店				

印　　刷	常熟市华顺印刷有限公司		
开　　本	787 毫米×1092 毫米	1/16	
印　　张	15.75		
字　　数	322 千字		
版　　次	2019 年 1 月第 1 版		
印　　次	2019 年 1 月第 1 次		
印　　数	1—2100		
书　　号	ISBN 978-7-5429-6002-3/F		
定　　价	38.00 元		

如有印订差错,请与本社联系调换

前　言

　　本书系上海市教委第五批应用型本科试点专业——财务管理专业规划教材。本书不仅可以作为高等院校会计学、财务管理，以及其他经济、管理类专业的在校本科生、高职高专学生学习会计的入门教科书，也可供从事会计、财务管理和其他经济管理工作的人员自学和培训使用。

　　在现代社会，不懂会计知识、不善于利用会计信息的人，是很难从事经济管理工作的。经济越发展，会计越重要。2006 年，财政部颁布了《企业会计准则——基本准则》。2012 年试点"营改增"。2014 年，国际财务报告准则的新一轮改革已经完成，为了保持我国会计准则与国际财务报告准则的持续、深入趋同，进一步完善我国企业会计准则体系，提高财务报表列报质量和会计信息透明度，财政部对《企业会计准则》进行了大规模修订，相继修订 4 项会计准则，并发布 3 项新准则及 1 项补充规定。2016 年 5 月 1 日，全国正式执行"营改增"政策。2018 年 5 月 1 日开始全面下调增值税税率。综上可见，《企业会计准则》和《税法》一直在变化和发展改进。

　　本书正是基于上述大背景进行编写的，是紧密结合最新会计准则体系的新理念和新内容的教材。本书以最新颁布的《企业会计准则》和《税法》为依据，讲述会计学的基本概念、基本原理和基本方法。在阐述借贷记账法原理的基础上，以制造企业为例，系统介绍了企业基本经济业务的会计核算，既注重理论性，又注重操作性，还注重案例的实际运用和知识的更新，内容丰富，结构合理，逻辑性强。

　　本书按照学生由浅入深、循序渐进的认知规律来安排整体的结构和每章节的内容，尽量用通俗易懂的语言来阐述会计的基本原理、基本技术和基本方法，使初学者能够快速地了解和理解会计学的内容和知识。每章均配有相应的习题，让学生能学有所练。

　　本书是由上海师范大学天华学院和上海思博职业技术学院等学校长期从事会计专业教学和研究的老师共同编写完成的。本书在编写过程中参考或借鉴了业内专家、学者的教材，并得到了立信会计出版社及相关院校领导和教师的大力支持和帮助。本书由盛术俊、沐红英担任主编，负责拟订编写大纲、设计体例和确定内容结构。梁亚茹、黄秀南担任副主编。各章的撰写分工是：模块一、模块三、模块四、模块五由盛术俊编写；模块六、模块八、模块九、模块十由沐红英编写；模块二、模块七由黄秀南编写。在本书的撰写过程中，上海师范大学管理学院财务管理专业教师梁亚茹为文字排版和核对付出了辛苦的劳动。对以上单位和个人的帮助和支持，在此表示衷心的感谢。

　　本书无论在内容上还是体例上都作了新的尝试，但由于编写时间仓促和作者水平有限，加之会计理论与实务均处于不断发展过程当中，仍有许多问题等待去探索和解决，书中不足之处，恳请各位专家、同行和读者批评指正。

编　　者
2019 年 1 月

目 录

模块一

会计概念、目标和职能

任务一　理解会计概念、目标

一、会计的概念

会计是以货币为主要计量单位，运用一系列专门的程序和方法对社会再生产活动中的资金运动进行反映和监督的经济活动。从其概念中可以总结出会计的如下特征：

(1) 会计以货币作为主要计量单位。

(2) 会计拥有一系列专门的程序和方法。

(3) 会计具有核算和监督的基本职能。

(4) 会计的本质就是管理活动。

二、会计的发展

人类进行物质资料的生产活动，一方面创造物质财富，取得一定的劳动成果；另一方面要发生劳动耗费。为了对劳动耗费和劳动成果进行记录、计算并加以比较和分析，就产生了会计。

为了适应生产发展和加强经济管理、提高经济效益的要求，会计也在不断发展。会计经历了古代会计、近代会计和现代会计三个发展阶段。

(一) 古代会计阶段

古代会计阶段是从会计的产生到复式簿记应用这段过程，大约从旧石器时代的中、晚期到封建社会末期。

据文字记载，在我国，"会计"一职最早出现在西周，当时称为司会，通过日积月累到岁终核算，达到正确考核王朝财政收支的目的。我国唐朝出现的"四柱清算"，使我国会计技术提高到一个新的水平。所谓"四柱"，指旧管、新收、开除、实在，相当于现在的上期结存、本期收入、本期支出、期末结存。四柱之间存在着数量上的平衡关系，旧管(期初结存)＋新收(本期收入)＝开除(本期支出)＋实在(期末结存)，按照这种平衡关系编制的报告就称为"四柱清册"。"四柱清算"不仅用于官厅会计，后来也传入民间，在当时处于世界会计发展的领先地位。

到了明清,我国商业、手工业有了较大规模的发展,并且产生了资本主义萌芽,适应这一发展阶段出现的"龙门账"和"四脚账"显现出复式簿记的雏形。"龙门账"把反映工商企业经济活动的账项划分为"进、缴、存、该"四大类,相当于现在的收入、支出、资产、资本及各项负债,进、缴与存、该之间的关系为"进-缴=存-该"。运用这一公式计算盈亏,分别编制"进缴表"(相当于利润表)、"存该表"(相当于资产负债表),两表上计算的盈亏数应当相等,即"合龙门"。

在国外,古巴比伦、古希腊和古罗马都留存有商业合同、"农庄、庄园和不动产的账目"等有关会计的记录。在原始的印度公社里已经有了专门的记账员,负责登记农业账目,记录与此有关的一切事项。

随着社会生产力发展到一定水平,出现了剩余产品,特别是出现了商品生产以后,会计才逐渐从生产职能中分离出来,成为一种专门的工作。

(二) 近代会计阶段

近代会计阶段是从 1494 年意大利传教士卢卡·帕乔利(Luca Pacioli)的著作《算术、几何、比及比例概要》问世至 20 世纪 40 年代末。资本主义的萌芽及经济的发展要求簿记方法能够反映复杂业务,于是便产生了复式簿记方法。15 世纪末到 18 世纪,复式簿记方法被不断地传播并得到完善。

1853 年,英国苏格兰的注册会计师成立了世界上第一个会计师协会——爱丁堡会计师公会,标志着会计师从此成为一种专门的职业,扩大了会计的服务对象,拓展了会计的内容。

资本主义的机器大工业代替了家庭手工业,促使会计成为工业企业管理的一个重要工具。在这一时期,欧美的工业企业对固定资产普遍开始计提折旧,产生了折旧会计。另外,由于工业制造过程的日益复杂,以及大型设备的增加,也促进了成本会计的产生和发展。

19 世纪末 20 世纪初,世界经济发展的中心由英国转移到了美国,会计发展的中心也随之转移。这一时期,形成了一些具有代表性的会计方法和理论,影响最大的是"公认会计原则"的出现,标志着传统会计向财务会计的转变。在此阶段,会计信息除了向股东、债权人提供以外,也逐渐向企业的基层单位、管理部门和生产技术部门渗透。会计领域引进了泰勒制和科学管理理论后,产生了标准成本控制等方法,以管理当局为服务对象的管理会计逐渐形成。

(三) 现代会计阶段

现代会计阶段是指从 20 世纪 50 年代开始至今。一般认为,成本会计的出现和不断完善,以及在此基础上管理会计的形成和从财务会计中独立出来,是现代会计的开端。在这个阶段,会计有两个重要的变化:一是为适应经济发展的需要,会计分化为两个领域,即财务会计和管理会计;二是电子计算机的应用使会计由传统的手工操作逐渐发展为电子数据处理系统。

随着全球经济一体化的推进和知识经济的发展,会计也呈现出国际趋同的态势。世界各国会计理论与实务的交流与融通,国际会计准则委员会的成立及其一系列公告的发布,使现代会计的国际化特点日益突出。与此相适应,我国于2014年形成了包含1个企业基本会计准则及41个企业具体会计准则的企业会计准则体系,基本实现了与国际会计准则的协同。

会计的发展历史充分证明了会计在社会经济生活中的重要性。会计因人类生产经营管理的需要而产生,也必将随着社会生产的发展而发展。生产力的发展促使会计在技术方法、工作范围、职能作用等方面不断完善,同时会计以管理为本质对生产力的发展的反馈作用也日益明显。

三、会计目标

会计目标是指在一定的客观环境和经济条件下,会计人员通过会计实践活动所期望达到的结果。会计目标也是检查会计工作的标准和依据。我国《企业会计准则》定义会计目标为:向财务报告使用者提供与企业财务状况、经营成果、现金流量等有关的会计信息,反映企业管理层受托责任的履行情况,从而帮助财务报告使用者作出经济决策。

会计的目标可概括为:决策有用观和受托责任观。

(一)决策有用观

在社会经济活动中,每个单位的经济活动及其结果都与其他单位和个人密切相关,会影响到其他单位的微观经济决策以及政府部门的宏观经济决策。例如,企业提供的信息影响投资者是否投资,银行是否提供贷款以及政府对企业的监督。因此,会计必须通过一系列的核算与监督活动,提供财务会计报告,正确反映其财务状况和经营成果的信息,以有助于信息使用者根据相关会计信息作出理性的投资、信贷等决策,实现为信息使用者提供决策有用信息的目标。

(二)受托责任观

在现代公司制度下,企业所有权和经营权相分离,企业管理层接受投资人的委托经营管理企业及其各项资产,负有受托代理责任。为此,企业的投资人需要及时或经常性地了解企业管理层保管、使用、经营资产的情况,并决定是否需要调整投资政策,是否需要加强企业内部控制和其他制度建设,是否需要更换管理层等。企业会计处理提供的财务会计报告能反映企业管理层受托责任的履行情况,有助于评价企业的经营管理责任和资源使用的有效性。

1. 现有和潜在的投资者

投资者关注的主要方面是投资与报酬方面的信息,他们通过对企业过去趋势和现有状况的分析来预测企业的未来前景。

2. 债权人

债权人可分为提供现金贷款给公司的人(贷款债权人)和以赊账方式提供商品或

劳务给公司的人(商业债权人)两类。债权人关心的主要是公司的偿债能力。

3. 政府部门

对政府及其机构而言,通过阅读和分析会计报表,可了解企业的经营活动、社会资源的分配情况,以作为决定税收等经济政策和国民收入等统计资料的基础。

4. 管理人员

管理人员是财务信息的重要使用者,他们关注企业的盈利能力、偿债能力和营运能力,并利用这些财务信息有效地管理公司和制订计划。

5. 顾客

顾客关注有关企业延续性的信息,尤其是在与企业有着长期性联系的前提下,关注供应商品或劳务的数量和质量、现在和将来的价格保证等方面的信息。

6. 员工

员工及工会关注有关其雇主稳定性和获利能力的信息,以及其他能帮助他们评估企业如期提供报酬并能准许增加工资、退休福利和附加福利、就业机会的能力等方面的信息,因为这些信息关系到他们未来的职业生涯和工资水平。

任务二　区分会计的基本职能和拓展职能

能力目标:
　能够理解会计的基本职能和拓展职能。

一、会计的基本职能

(一) 会计核算职能

会计的核算职能是指会计通过确认、计量、记录、报告,从数量上反映企业、行政、事业单位已经发生或完成的经济活动,为经营管理提供经济信息的功能。

1. 会计核算职能的特点

(1) 会计主要是利用货币计价,综合反映经济活动情况,为经营管理提供可靠的经济信息。

(2) 会计不仅是记录和陈述过去,如实反映已发生的经济业务,还包括预测未来,为企业的经营决策提供依据。

(3) 会计的核算具有连续性、系统性、全面性和综合性的特点。

(4) 计算机在会计领域的应用,使会计信息系统从手工时代进入电算化时代,从而使会计的核算更加及时、灵活、准确,能够满足更多方面、更多层次的需求。

2. 会计核算方法体系

会计核算方法是指在会计主体发生了经济业务之后,会计人员对其进行确认、计量、记录、分类、汇总、整理所采用的一系列具体的手段和技术。对经济业务进行系统的核算必须解决"经济业务怎么记""采用什么记账方法进行记录""记账的依据是什么""如何记账""如何进行成本计算""如何保证账实相符""如何将会计信息报送出去"等问题。为此,需要运用七种专门的会计核算方法,即设置账户、复式记账、填制和审核凭证、登记账簿、成本计算、财产清查和编制会计报表。

1) 设置账户

设置账户是对会计对象具体内容进行分类核算所开设的具有一定结构与格式的记账载体。会计对象的内容是复杂多样的,要对它们进行系统核算,就必须先对其进行科学的分类,再对每一类设置相应的账户,用以专门记录该类经济业务内容的增减变动情况。设置账户其实是为会计核算准备好了记账的"场所",解决"经济业务怎么记"的问题。

2) 复式记账

复式记账是对发生的每一笔经济业务,以相等的金额在两个或两个以上相互联系的账户中同时记录的一种专门方法。会计核算在有了记账"场所"之后就需要解决"采用什么记账方法进行记录"的问题。由于复式记账法可完整地反映经济业务的来龙去脉,也便于对各种经济活动进行日常监督而成为现代会计核算的专门方法。

3) 填制和审核凭证

填制和审核凭证包括填制和审核原始凭证和记账凭证,是解决"记账的依据是什么"的问题的专门方法。首先,在经济业务发生后,为证明其发生和完成情况,必须取得或填制原始凭证,如发票、收据等,并由会计人员对原始凭证描述的经济业务进行审核。审核无误的原始凭证是记账的原始依据。其次,为了避免记账差错,会计人员根据审核无误的原始凭证,采用复式记账法,运用设置好的账户,将应"账户的名称、方向、金额"等信息填制在记账凭证上,作为登记账簿的依据。

4) 登记账簿

登记账簿是根据正确无误的会计凭证,在账簿上分类地、连续地、完整地按顺序记录经济活动的一种专门方法。它的主要任务是将记账凭证上零星的、分散的内容,分门别类地、连续完整地记录在有关账簿上,以提供各种在经济管理活动中对决策有用的会计信息,解决"如何记账"的问题。

5) 成本计算

成本计算是按照一定的成本计算对象归集生产费用,计算各对象的总成本和单位成本的一种专门方法。解决"如何进行成本计算"的问题,是确定企业经营成果的关键环节。成本是指为了特定目的而发生的各种耗费或支出,如工业企业生产产品会发生材料费用、人工费用和其他费用。通过成本计算,可确定产品的总成本和单位成本,并以此来分析、确定经营过程中所发生的各种费用是否符合节约原则和经济核算的要求,对于提高经济效益具有非常重要的意义。

6）财产清查

财产清查是通过盘点实物、核对往来款项等方法来查明财产和资金实有数额，保证账实相符的一种专门方法。为了保证会计记录的准确性，确保财产物资的安全完整，必须定期或不定期地对各项财产物资、往来款项进行清查、盘点和核对。在清查中如果发现账实不符，应分析原因，明确责任，并调整账簿记录，使账实完全一致。因此，财产清查对于改进财产管理、挖掘物资潜力，具有十分重要的作用。

7）编制会计报表

编制会计报表，就是将一定时期分散在会计账簿中有关会计主体的财务状况和经营成果的会计信息加以整理、汇总，为会计信息的使用者提供总括、明了的会计信息的一种方法。会计报表主要是以账簿记录为依据，经过加工整理而产生的一套完整的指标体系。通过会计报表，会计信息的使用者可以了解单位的财务状况和经营成果，这些会计资料是会计信息的使用者进行经济预测与经营决策，制订计划和预算的主要依据。

上述专门的会计核算方法，组成了一个完整的方法体系，各方法之间相互联系、密切配合，共同完成会计核算的任务，实现会计核算的目标。在实际工作中，其运用的一般顺序是：经济业务发生后，先按规定填制和审核凭证；然后按照设置的账户，运用复式记账法在各种账簿中进行登记；对于经营过程中发生的各种费用应按规定进行成本计算，并定期进行财产清查；在账账、账证、账实相符的基础上，根据账簿记录编制会计报表。这些专门的会计核算方法，在实际工作中并不一定完全遵循上述固定的顺序进行，但作为一种方法体系，各种方法必须相互配合地加以运用，缺少任何一种方法，都无法完成会计核算的任务。

（二）会计监督职能

会计的监督职能是指会计按照一定的目标和要求，利用会计信息系统所提供的信息，对会计主体的经济活动进行控制，使之达到预期的目标的功能。会计监督具有强制性、严肃性、连续性和完整性。

（三）会计核算与会计监督的关系

会计核算与会计监督是会计的两大基本职能，两者相辅相成、不可分割。核算职能是监督职能的基础，没有核算职能提供的信息，会计监督就没有依据；监督职能是核算职能的保证，没有会计监督对经济活动过程进行控制，对会计凭证进行审核，会计核算就不可能提供真实可靠的会计信息，更无法发挥会计管理的能动作用，会计核算也就失去了存在的意义。

二、会计的拓展职能

随着会计的不断发展，特别是管理会计的出现，会计的职能也有所延伸，在核算和监督两个基本职能的基础上，延伸出了预测经济前景、参与经济决策、评价经营业绩等职能。

1. 预测经济前景

预测经济前景是指根据财务会计报告等信息,定量或者定性地判断和推测经济活动的发展变化规律,以指导和调节经济活动,增加经济效益。

2. 参与经济决策

参与经济决策是指根据财务会计报告等信息,运用定量分析和定性分析方法,对备选方案进行经济可行性分析,为企业生产经营管理提供与决策相关的信息。

3. 评价经营业绩

评价经营业绩是指利用财务会计报告等信息,采用适当的方法,对企业一定经营期间的资产运营、经济效益等经营成果,对照相应的评价标准,进行定量及定性对比分析,作出真实、客观、公正的综合评判。

模块二

会计假设、会计基础和会计信息质量

任务一　理解会计假设对会计工作的意义

会计核算的前提条件也称会计假设，是对会计核算所处空间、时间范围和计量方式所作的合理设定。会计假设并不是毫无根据的猜想，而是产生于会计实践。人们在会计核算的过程中，必须明白"我为谁记账""如何记账"这些问题。这要求首先明确会计核算的主体；其次，为了确定"会计主体"的情况，必须人为地将持续经营的时间划分为月、季、年等时间段，以便定期对"会计主体"的会计信息确认、披露；最后，必须为会计计量选择适合的计量手段，从而比较客观地反映生产经营的所得与所出。因此，财务会计对会计核算的空间、时间范围和计量方式进行设定，设定了会计主体假设、持续经营假设、会计分期假设、货币计量假设。如果没有这些假设，会计核算将是混乱甚至无法进行的。因此，会计假设被认定为会计核算的基本前提。

一、会计主体假设

会计主体是指企业会计确认、计量和报告的空间范围，即会计工作服务的特定单位或组织。为了向财务报告使用者反映企业财务状况、经营成果和现金流量，提供与其决策有用的信息，会计核算和财务报告的编制应当反映特定对象的经济活动。在会计主体假设下，企业应当对自身发生的交易或者事项进行会计确认、计量和报告，反映其从事的各项生产经营活动。

明确会计主体是开展会计确认、计量和报告工作的重要前提。首先，明确会计主体帮助划定会计所要处理的各项交易或事项的范围。在会计实务中，只有那些影响企业本身经济利益的各项交易或事项才能加以确认、计量和报告，那些不影响企业自身经济利益的各项交易或事项则不能加以确认、计量和报告。其次，明确会计主体将会计主体的交易或者事项与会计主体所有者的交易或者事项以及其他会计主体的交易或者事项区分开。企业所有者的经济交易或者事项是属于企业所有者主体所发生的，不应纳入企业会计核算的范围。但是，企业所有者投入企业的资本或者企业向所有者分配的利润，则属于企业主体所发生的交易或者事项，应当纳入企业会计核算的范围。

二、持续经营假设

持续经营是指在可以预见的将来，企业将会按当前的规模和状态继续经营下去，不会停业，也不会大规模削减业务的经济活动。会计确认、计量和报告应当以企业持续、正常的生产经营活动为前提。

持续经营假设界定了会计核算的时间范围，有了这一前提条件，企业的会计政策才可以保持稳定，才能使会计在收集并处理不同时期的各项经济业务时使用的程序和方法前后一致，保证会计信息的质量。持续经营假设是资产计价、负债确认及损益确认的前提条件，也是诸多会计方法如折旧计提、费用分摊、收入确认等的前提条件。

三、会计分期假设

会计分期是指将一个企业持续经营的生产经营活动划分为一个个连续的、长短相同的期间。会计分期的目的，在于通过会计期间的划分，将持续经营的生产经营活动划分成连续、相等的期间，据以结算盈亏，按期编报财务报告，从而及时向财务报告使用者提供有关企业财务状况、经营成果和现金流量的信息。

根据持续经营假设，一个企业将按当前的规模和状态持续经营下去。但是，无论是企业的管理者，还是投资者、债权人等的决策都需要及时了解企业的经营状况。为此将企业持续的生产经营活动划分为一个个连续的、长短相同的期间。分期确认、计量和报告企业的财务状况、经营成果和现金流量是十分重要的。由于进行了会计分期，才产生了当期与以前期间、以后期间的差别，才使不同类型的会计主体有了记账的基准，进而出现了折旧、摊销等会计处理方法。

在会计分期假设下，企业应当划分会计期间，分期结算账目和编制财务报告。会计期间通常分为年度和中期。我国规定以公历每年 1 月 1 日起至 12 月 31 日止，为一个会计年度。中期，是指短于一个完整的会计年度的报告期间，包括半年度、季度和月度。

四、货币计量假设

货币计量是指会计主体在财务会计确认、计量和报告时以货币作为计量单位，反映会计主体的生产经营活动。

在会计的确认、计量和报告过程中选择货币为计量单位，是由货币的本身属性决定的。货币是商品的一般等价物，是衡量一般商品价值的共同尺度，具有价值尺度、流通手段、贮藏手段和支付手段等特点。其他计量单位，如重量、长度、容积、台、件等，只能从一个侧面反映企业的生产经营情况，无法在量上进行汇总和比较，不便于会计计量和经营管理。只有选择货币这一共同尺度进行计量，才能全面反映企业的生产经营情况。

货币计量假设隐含了"币值不变"的假设，即作为计量单位的货币币值稳定，即使币值本身价值发生波动（波动不大），会计核算中也可不予考虑，仍按照稳定的币值计量，进行会计处理。事实上，货币价值本身是不可能不发生变动的，如果没有"币值不变"的假设，则意味着币值每一次发生变动，就必须对会计记录作出一次相应的调整，这在现行实务中较难操作。

货币计量假设的运用还应确定记账本位币。在全球经济一体化的今天，企业经济业务活动很可能通过两种以上的货币进行计量，这时就需要在两种以上的货币单位中确定一种货币作为记账本位币。《会计法》规定，我国会计核算应以人民币为记账本位币。业务收支以人民币以外的货币为主的企业，也可以选定某种人民币以外的货币作为记账本位币，但编制的会计报表应当折算为人民币反映。

任务二　能够辨别会计基础的不同

能力目标:

能够区分收付实现制和权责发生制。

会计作为一个信息系统，以货币为主要计量单位，通过专门的技术方法反映和监督经济活动，以提高经济效益，为各利益相关群体提供有用信息。在实际经济业务活动中，收入和费用的实际发生与其实际收付可能存在时间差，即收入和费用发生在本期，但其实际的货款收付发生在上一期或者下一期，为此，会计上针对这种现象，形成了收付实现制和权责发生制。收付实现制和权责发生制是收入和费用是否计入当期的两种确认方法，是会计计量基础。

一、收付实现制

收付实现制亦称实收实付制，是指在会计核算中，以实际收到或支付款项作为确认本期收入和本期费用的标准的会计基础。

根据收付实现制原则处理会计业务时应做到以下两点：其一，凡本期内实际收到的收入和支付的费用，无论其是否应归属本期，均应作为本期的收入和费用处理；其二，凡本期未曾收到的收入和未曾支付的费用，即使应归属本期，亦不应作为本期的收入和费用予以处理。因此，采用收付实现制，会计处理手续比较简便，会计核算可以不考虑应计收入、应计费用、预收收入、预付费用的存在。

收付实现制不能正确地计算和确定企业的当期损益，缺乏合理的收支配比关系。因此，它只适用于业务比较简单和应计收入、应计费用、预收收入、预付费用较少发生的企业或行政事业单位。我国预算会计都采用收付实现制，因为它能真实地反映当年的预算收支实际执行结果，既能避免预算上的虚假平衡，又便于资金调度和统筹使用。

例如，2018 年 1 月收到 2017 年 10 月应收销货款 5 000 元，存入银行。尽管该项收入不是 2018 年 1 月创造的，但因为该项收入是在 1 月收到的，所以作为 2018 年 1 月的收入。

二、权责发生制

权责发生制亦称应收应付制,是指在会计核算中,按照收入已经实现,费用已经发生,并应由本期负担为标准来确认本期收入和本期费用的会计基础。

根据权责发生制处理会计业务时应做到以下两点:其一,凡本期内实际发生并应属于本期的收入和费用,无论其款项是否收到或付出,均应作为本期的收入和费用处理;其二,凡不应属于本期的收入和费用,即使款项已经收到或支付,亦不应作为本期的收入和费用予以处理。权责发生制能够真实地反映当期的经营收入和经营支出,更加准确地计算和确定企业的经营成果。因此,我国企业会计处理普遍采用权责发生制,权责发生制也叫应计基础制。

例如,根据权责发生制,2018年1月发生销售5 000元,款项未收。尽管该款项未收,但是应计入2018年1月的销售收入。而如果款项存入银行,则这项经济业务不管采用权责发生制或收付实现制,5 000元货款均应作为2018年1月收入。因为一方面它是本期获得的收入,应当作本期收入;另一方面现款也已收到,亦应当列作本期收入,这时就表现为两者的一致性。但在另外的情况下两者则是不一致的。例如,本期收到上月销售产品的货款存入银行,在这种情况下,如果采用收付实现制,这笔货款应当作为本期的收入。因为现款是本期收到的,如果采用权责发生制,则此项收入不能作为本期收入,因为它不是本期发生的。

总之,权责发生制是按照收益、费用是否归属本期为标准来确定本期收益、费用的一种方法。收付实现制是按照收益、费用是否在本期实际收到或付出为标准确定本期收益、费用的一种方法。权责发生制的优点是科学、合理、盈亏的计算比较准确,缺点则是比较复杂;收付实现制的优点是处理手续简便,缺点是对盈亏计算不准确。根据我国《企业会计准则》规定,我国企业都应采用权责发生制,但我国的行政事业单位仍然普遍采用收付实现制。

任务三　理解会计信息质量要求对会计信息的影响

能力目标:

　能够理解会计核算的信息质量要求。

会计信息作为一种商业语言,其质量高低关系到会计信息使用者决策的正误。只有符合质量标准的会计信息,才能满足信息使用者决策之需,高质量的会计信息是信息使用者作出正确决策的基础和保障。为了实现"提供决策有用会计信息"的会计目标,《企业会计准则——基本准则》对会计信息提出了八项质量要求,即可靠性、相关性、可理解性、可比性、实质重于形式、重要性、谨慎性和及时性。

一、可靠性

可靠性要求企业应当以实际发生的交易或者事项为依据进行会计确认、计量和报告,如实反映符合确认和计量要求的各项会计要素及其他相关信息,保证会计信息真实可靠、内容完整。

可靠性是对会计核算工作的基本要求。会计信息作为会计工作的"产品",其质量高低,取决于真实与否。真实的会计信息有助于会计信息使用者了解企业的实际情况并作出正确的决策;反之,虚假的会计信息不仅不能满足会计信息使用者决策的需要,甚至会误导其作出错误的决策。因此,可靠性是会计信息质量的基础,没有可靠性,其他会计信息质量要求就是无根之木,难以满足信息使用者的需求。

会计核算的各个环节都应遵守可靠性要求。可靠性主要包括以下三层含义:一是会计核算应当以真实的交易或事项为依据,真实地反映企业的财务状况和经营成果以及现金流量,刻画出企业生产经营与财务活动的真实面貌,保证会计信息的真实性;二是会计核算应当在符合重要性和成本效益性原则的前提下,充分披露与决策者相关的信息,不能随意遗漏或减少应予披露的信息,保证会计信息的完整性;三是会计核算应当具有可检验性,即有可靠的凭证证据以复查数据来源和信息的提供过程,保证会计信息的可验证性。

二、相关性

相关性是指企业提供的会计信息应当与财务会计报告使用者的经济决策需要相关,有助于财务会计报告使用者对企业过去、现在或者未来的情况作出评价或者预测。

会计的目标是为会计信息使用者提供对其有用的会计信息。高质量的会计信息不仅应该是可靠的,更应该是与信息使用者的决策需要相关,有助于其作出正确的决策或提高决策水平,即对会计信息使用者有用。如果会计所提供的信息不符合会计信息使用者的要求,即使是客观真实地反映了企业经营情况的会计信息,也毫无价值。因此,是否具有决策价值是判断信息是否相关的首要条件。除此之外,相关的会计信息还应该具有预测价值和反馈价值。所谓的预测价值,是指会计信息应有助于使用者根据财务报告所提供的会计信息预测企业未来的财务状况、经营成果和现金流量;所谓的反馈价值,是指会计信息应有助于使用者评价企业过去的决策,证实或者修正过去的有关预测。

为了满足会计信息质量的相关性要求,企业应当在确认、计量和报告会计信息的过程中,充分考虑使用者的决策模式和信息需要。但是,相关性要求并不是要求企业提供的会计信息完全满足所有会计信息使用者的要求,这是因为会计信息的使用者是众多的,而不同的会计信息使用者有着不同的需要。事实上,即使再全面的财务报告也不可能完全满足所有方面的需要。因此,会计核算的资料,特别是企业对外报送的财务报告只能是提供通用的会计信息。财务报告的使用者通过对通用财务报告中的信息进行加工整理,能够得到其所需要的会计信息,这样的会计信息即符合相关性的质量要求。

三、可理解性

可理解性是指企业提供的会计信息应当清晰明了,便于会计信息使用者理解使用。

企业提供会计信息的目的在于信息的使用,高质量的会计信息应便于不同层次的使用者弄清会计信息的内容,了解会计信息的内涵,否则就谈不上信息的使用。随着我国经济体制改革的不断深入,会计信息的使用者也越来越广泛,不仅包括企业内部管理部门、国家财税部门等,而且还包括社会公众、企业员工等,这就从客观上对会计信息的简明和通俗易懂提出了较高的要求。可理解性要求会计核算所提供的信息简明、易懂,能够简单明了地反映企业的财务状况和经营成果,并容易为人们所理解。清晰明了的会计信息有利于会计信息使用者准确、完整地把握会计信息所要说明的内容,从而更好地加以利用。

四、可比性

可比性要求企业提供的会计信息应当具有可比性。可比性要求包括以下两方面的内容:

第一,对于同一个企业而言,会计信息质量的可比性要求企业对不同时期发生的相同或者类似的交易或者事项,应当采用一致的会计政策,不得随意变更。在会计核算中坚持前后期信息可比,不仅可以有效地制约企业利用会计政策变更弄虚作假、粉饰业绩,更有利于提高会计信息的使用价值。因为会计信息使用者只有了解同一企业前后期的财务状况和经营成果的变化趋势,比较企业在不同时期的财务报告信息,才可以全面、客观地评价过去、预测未来,更好地利用会计信息作出正确决策。当然,满足会计信息可比性的要求,并不表明不允许企业变更会计政策,当企业的经营情况、经营范围和经营方式,或国家有关政策规定发生重大变化时,企业可以根据实际情况,选择使用更能可靠相关地反映企业经营情况的会计程序和会计处理方法进行会计核算,但必须将变更的理由、情况及影响在会计报表附注中予以说明,以便于会计信息使用者的理解与使用。

第二,对于不同企业而言,会计信息质量的可比性要求不同企业对发生的相同或者相似的交易或者事项,应当采用国家规定的会计政策进行核算,以确保会计信息口径一致,相互可比。在会计核算中坚持不同企业会计信息的相互可比,有助于会计信息使用者通过汇总分析比较不同企业的会计信息而作出最佳的决策,如银行在不同的企业之间通过比较选择最佳的贷款对象,国家机关在不同的企业之间通过比较选择最佳的资金受托对象。

可比性是以可靠性为基础的。真实可靠地反映企业的经营情况是会计的目标，可比性应当服务和服从于这一目标。这就要求企业选择使用的会计处理方法应当有利于会计目标的实现，保证可靠性目标的实现，不能为了追求可比性，过分强调使用统一的会计处理方法，而使会计核算不能真实可靠地反映实际情况。

五、实质重于形式

实质重于形式是指企业应当按照交易或者事项的经济实质进行会计确认、计量和报告，不应仅以交易或者事项的法律形式为依据。在实际工作中，交易和事项的实质与它们的法律形式或人为形式的明显外表并不总是一致的。例如，融资租入的固定资产，在租期未满以前，从法律形式上讲，所有权并没有转移给承租人，但是从经济实质上讲，与该项固定资产所有权相关的报酬和风险已经转移给承租人，承租人实际上能行使对该项固定资产的控制，控制该资产所带来的经济利益，因而其实质上已是企业的资产。实质重于形式要求企业对于这样的经济业务活动，应按照交易或者事项的实质进行核算，将融资租入的固定资产视为自有固定资产进行核算，并计提折旧，而不是按其法律形式作为租赁资产进行核算。反之，仅按照法律形式对交易或者事项进行会计核算，其结果不仅不会有利于会计信息使用者的决策，反而会误导会计信息使用者的决策。

六、重要性

重要性是指企业提供的会计信息应当反映与企业财务状况、经营成果和现金流量等有关的所有重要交易或者事项。在会计核算过程中对交易或者事项应当区别其重要程度，采用不同的核算方式。对资产、负债、损益等有较大影响，并进而影响会计信息使用者据以作出合理判断的重要会计事项，必须按照规定的会计方法和程序进行处理，并在财务报告中予以充分、准确地披露；对于次要的会计事项，在不影响会计信息可靠性和不至于误导会计信息使用者作出正确判断的前提下，可适当简化处理。

全面、准确地反映企业经济活动的全过程，固然是会计核算的基本要求，但从会计信息使用者的角度来看，重要的是通过会计信息了解会计主体的生产经营情况，特别是那些对其经营决策有重要影响的会计信息，而并不要求面面俱到。如果会计信息不分主次，有时反而会有损其使用价值，甚至影响决策。从核算效益来看，对一切会计事项的处理，一律不分轻重主次和繁简详略，采取完全相同的处理方法，必将耗费过多的人力、物力和财力，增加许多不必要的工作量，影响会计核算工作效率。企业将工作重心放在提供反映重要交易或事项的会计信息，能够使会计核算在全面反映企业财务状况和经营成果的基础上，保证重点，有助于加强对经济活动和经营决策有重大影响和有重要意义的关键性问题的核算，达到事半功倍的效果，并有助于简化核算，节约人力、物力，提高会计工作效率。

企业要提供重要交易或事项的会计信息，就会涉及对经济业务或会计事项的重要性判断的问题。对于不同会计主体和不同经济业务或会计事项来说,重要与不重要是相对的。对判断某项会计事项是否具有重要性,在很大程度上取决于会计人员的职业判断。

七、谨慎性

谨慎性是指企业对交易或者事项进行会计确认、计量和报告应当保持应有的谨慎,不应高估资产或者收益、低估负债或者费用。

谨慎性又称稳健性或保守主义,它是针对经济活动中的不确定因素要求人们在会计处理上保持谨慎小心的态度,要充分估计到可能发生的风险和损失,尽量少计或不计可能发生的收益,使会计信息使用者、决策者提高警惕,以应付纷繁复杂的外部经济环境的变化,把风险损失缩小到或限制在极小的范围内。从谨慎性角度来看,会计在一定程度上核算经营风险,提供反映经济风险的信息,有利于提高企业在市场上的竞争能力。谨慎性包括会计确认、计量、报告等方面的谨慎和稳健。从会计确认来说,要求确认标准建立在稳妥合理的基础上;从会计计量来说,要求会计计量不得高估资产、负债、所有者权益和利润的数额,不得低估成本、费用和负债;从会计报告来说,要求会计报告向会计信息使用者提供尽可能全面的会计信息,特别是应报告有关可能发生的风险损失。

八、及时性

及时性是指企业对于已经发生的交易或者事项,应当及时进行会计确认、计量和报告,不得提前或者延后。

会计信息具有较强的时效性,高质量的会计信息不仅要求其真实可靠,而且还在于必须保证时效,及时将信息提供给使用者使用。特别是在市场经济条件下,市场瞬息万变,企业竞争日趋激烈,各方面对会计信息的及时性要求越来越高。及时性的要求有三个层次:一是要求会计人员及时收集会计信息,即在经济业务发生后,及时收集整理各种原始单据;二是要求及时对会计信息进行加工处理,及时编制各种财务报告;三是要求及时传递会计信息,将编制出的财务报告及时传递给会计信息使用者。

模块三

会计要素、会计等式

任务一　明确会计要素及其确认和计量

能力目标：

1. 能够理解会计核算对象。
2. 能够掌握会计要素由哪几部分构成。
3. 能够掌握会计要素的计量属性。

一、会计对象

会计对象是指会计所要核算和监督的内容，即会计所要反映和监督的客体，它界定了会计工作的内容和范围。会计的对象总的来说是再生产过程中可以用货币进行计量的经济活动，如购买机器设备、销售商品等。但如果某些经济活动不可以用货币表现，则无法成为会计的对象，如签订合同、招聘人员等业务活动。企业、行政、事业等经济单位可以货币计量的经济业务活动各不相同，下面我们将通过对典型经济单位主要经济业务内容的认识来了解会计的对象，明确会计核算和监督的内容。

（一）制造业的主要经济业务活动

制造企业是为了销售而生产新产品的企业。制造业的经济业务活动主要包括筹集资金业务、生产准备业务、生产经营业务、产品销售业务、利润形成与分配业务，可用图3-1表示。

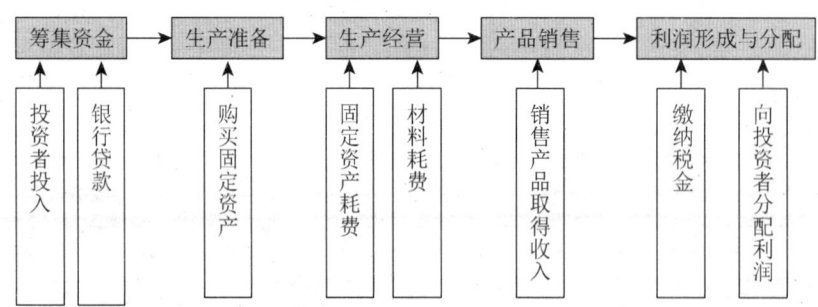

图3-1　制造业经济业务活动简图

如图3-1所示，制造业的经济业务活动主要经过了筹集资金、生产准备、生产经营、产品销售、利润形成与分配（退出企业）等过程。第一，企业为了进行生产经营活动,必须先筹集一定数量的资金,这些资金可以由投资者投入,也可向银行等金融机构贷款,它是一个企业生产经营的物质前提;第二,企业拥有一定资金后,为了进行生产活动必须购买或建造生产所需的厂房、机器设备、汽车等运输设备及各种原材料,以为生产做好准备,这就是生产准备业务;第三,具备生产条件后,生产车间的生产人员根据产品设计,运用机器设备对原材料进行生产加工,企业将会支付给职工薪酬、耗费原材料和机器设备,并发生水电费、差旅费等生产经营费用,最终生产出新的产品,这就是制造业的核心业务——生产经营业务;第四,当企业生产出一定的产品后,必须通过各种渠道销售商品,取得一定的销售收入,并收回一定数量的货币资金;第五,企业通过所得与所耗之间的比较,将确定经营成果是盈利还是亏损,并将企业取得的经济利益按税法的规定向国家交纳税款,向投资者分配股利,并将未分配的资金重新投入上述阶段的运营中,从而形成一个由筹集资金—生产准备—生产经营—产品销售—利润形成与分配—生产经营的一个经济活动的循环过程。上述可以用货币计量的经济业务活动,如买了多少钱的材料,发了多少钱的工资等就是会计核算与监督的内容,即会计对象。但需要注意的是,在这个过程中还有一些经济业务活动无法用货币反映,如招工、签订采购合同等,则不可以成为会计核算与监督的对象,企业需要通过其他的手段对这些活动进行控制。

（二）商品流通业的主要经济业务活动

商品流通既包括从生产者—消费者的直接流通,也包括由生产者—批发商—零售商—消费者的间接流通。商品流通企业是指间接流通中的批发商和零售商。商品流通业的经济业务活动主要包括筹集资金业务、商品采购业务、商品储存业务、商品销售业务、利润形成与分配业务,可用图3-2表示。

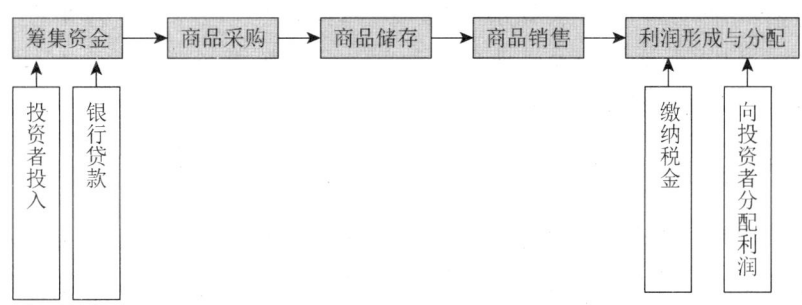

图3-2 商品流通业经济业务活动简图

如图3-2所示,与制造业相比,商品流通企业的经济业务活动除包括与制造业相同的筹集资金和利润形成与分配(退出企业)等过程外,其主要经济业务活动包括"购、销、存"三个环节,即商品流通企业从生产者、其他批发商处购进商品,再以较高的价格出售,赚取购销差价,形成了商品采购—商品储存—商品销售—商品采购的经济业务循环过程,也就是商品流通业会计核算与监督的主要内容。

（三）服务业的主要经济业务活动

服务业是指除了农业、制造业、建筑业、商品流通业之外的所有其他产业部门,如住宿和餐饮业、交通运输业、仓储和邮政业、文化体育和娱乐业、租赁和商务服务业等。服务业为了向消费者提供服务必须租赁或建造服务场地,购买各种服务设备和物料,支付员工薪酬,并发生各种支出,在提供服务的同时取得劳务收入。同其他类型的企业相比,服务业会计核算与监督的主要内容就是提供服务所发生的支出与取得的收入。

（四）行政机关与事业单位的主要经济业务活动

行政机关是国家机构的基本组成部分,是依法成立的行使国家行政职权的行政组织,包括政府以及有关功能部门,如国务院、财政部、省政府等。事业单位是指国家为了社会公益目的,由国家机关举办或者其他组织利用国有资产举办的,从事教育、科技、文化、卫生等活动的社会服务组织,如学校、医院等。行政机关、事业单位的主要经济业务活动是取得国家预算拨款收入,并形成其房屋建筑物、办公设备、物料、货币资金等一系列资产;同时,行政机关与事业单位将按照国家预算支出的安排发生各项行政、事业支出,如向下级拨付预算款、发生人员支出、办公支出、公共事业支出等各项支出。除了预算内的拨款收入与支出外,行政事业单位有时还会取得预算外收入和发生预算外支出。因此,行政事业单位会计以预算收支及预算外收支核算与监督为重点,反映其各项占用并使用的财产物资的形成与使用情况。由于行政事业单位是不以盈利为目的,与企业单位有明显不同,本书将以企业会计核算对象为主要介绍内容。

综上所述,我们看到,无论是制造业、商品流通业、服务业等企业还是行政事业单位,其要进行生产、销售、施工、服务和公共事务,都必然会发生各种各样的经济业务活动,这些可以货币计量的经济业务活动就是会计核算与监督的内容,即会计的对象。

二、会计要素及其确认

会计要素是对会计核算和监督的内容按照一定的标准进行基本分类以后所形成的若干个要素,是会计对象的具体化,是用于反映会计主体财务状况,确定经营成果的基本单位,是会计报表内容的基本框架,也是账户的归并和概括。会计要素可分为静态会计要素与动态会计要素两大类。

（一）资产

1. 资产的定义

资产是指企业由过去的交易或事项形成的,由企业拥有或控制的,预期会给企业带来经济利益的资源。资产是会计六要素中最重要的要素。一个企业若没有资产,就没有经营的基础,也就不会产生其他会计要素。

2. 资产的特征

1）资产能够给企业带来未来经济利益

资产预期会给企业带来经济利益,是指资产单独或与其他资产相结合,直接或间接使得现金和现金等价物流入企业的潜力。资产的本质就是可以在未来给企业带来经济利益。带来未来经济利益的资产可以是有形的,也可以是无形的,但必须是具有交换价值或使用价值,是可以给企业带来现金流入的资源。没有交换价值或使用价值的物品,不能给企业带来未来效益的,应作为企业的损失或费用进行确认,而不应作为资产。如一条在技术上已经被淘汰的生产线,尽管在实物上仍旧存在,但它实际上已经不能用于产品生产,不能给企业带来经济利益,所以不应将其确认为企业的资产,而应确认为一项资产损失。

2）资产是由企业拥有或者控制的

企业拥有或者控制,是指企业享有某项资源的所有权,或者虽然不享有某项资源的所有权,但该资源能被企业所控制。资产能够给企业带来未来经济利益的本质,决定了一个会计主体要确认某项资产,就必须能够享有该项资产未来所带来的经济利益(报酬)。需要注意的是,这里的控制权并不是指对该项资产的所有权,而是指实质上控制该项资产所带来的经济利益的权利。例如,融资租入的固定资产,企业虽不具有该项资产的所有权,但是该项资产所生产的产品由企业控制,企业实质上享有了其所带来的经济利益,因而企业对融资租入的固定资产具有控制权,应将其确认为一项固定资产进行核算。而经营租赁的资产则不能确认为企业的资产入账。

3）资产是由过去的交易或者事项形成的

企业过去的交易或者事项包括购买、生产、建造行为或其他交易或者事项。资产是由过去的交易或者事项所产生的结果。也就是说,资产必须是现实的资产,而不能是预期的资产,是由于过去已经发生的交易所产生的结果。至于未来交易或者事项以及未发生的交易或者事项可能产生的结果,则不属于现实的资产,不得作为资产确认。如企业在5月与他人签订一项购买房屋的合同,约定的购买时间是6月,则在5月不能将房屋作为资产入账。

3. 资产的分类

资产按其流动性划分,可分为流动资产和非流动资产。

1）流动资产

流动资产是指预计在一个正常营业周期中能够变现、出售或耗用的资产,或者主要为交易目的而持有,或者预计在资产负债表日起1年内(含1年)变现的资产,以及自资产负债表日起1年内用于交换其他资产或清偿负债的能力不受限制的现金和现金等价物,主要包括货币资金、交易性金融资产、应收及预付款项、存货等。

（1）货币资金,包括库存现金、各种银行存款等。

（2）交易性金融资产是指企业为了近期内出售而持有的金融资产。比如,企业以赚取差价为目的从二级市场购入的股票、债券、基金等。

（3）应收及预付款项是指企业在日常生产经营过程中发生的各项债权，包括应收账款、应收票据、应收利息、应收股利、其他应收款和预付账款等。

（4）存货是指企业在日常活动中持有以备出售的产成品或商品、处在生产过程中的在产品、在生产过程或提供劳务过程中耗用的材料和物料等，包括各类材料、商品、在产品、半成品、产成品等。

2）非流动资产

非流动资产是指流动资产以外的资产，主要包括长期股权投资、固定资产、在建工程、工程物资、无形资产等。

（1）长期股权投资通常为企业长期持有、不准备随时出售，投资企业成为被投资企业股东按所持有的股份比例享有权益并承担责任的投资。

（2）固定资产是指同时具有下列特征的有形资产：为生产商品、提供劳务、出租或经营管理而持有；使用寿命超过一个会计年度。

（3）无形资产是指企业拥有或者控制的没有实物形态的可辨认非货币性资产。

由此可见，资产的表现形式可以是实物形态，如厂房设备、材料；也可以是债权形态，如应收账款、应收利息；还可以是无形的，如专利权、商标权等无形资产。

（二）负债

1. 负债的定义

负债是指企业由过去的交易或事项形成的、预期会导致经济利益流出企业的现时义务。

2. 负债的特征

（1）负债是由过去的交易或者事项形成的。换言之，导致负债的交易或者事项必须已经发生。例如，购置货物或使用劳务会产生应付账款（已经预付或是在交货时支付款项的除外），接受银行贷款则会产生偿还贷款的义务。只有源于已经发生的交易或者事项，会计上才有可能确认为负债。正在筹划的未来交易或者事项，如企业的业务计划、与供货单位签订的供货合同等，不能确认为负债。

（2）负债是企业承担的现时义务，而不是潜在义务。现时义务是指企业在现行条件下已承担的义务。这是由"负债是由过去的交易或者事项所形成的"的特征所决定的。只有过去的交易或者事项才可能形成企业的现时义务。而如果是"未来承诺"，则不可能形成现时义务，如企业计划向银行借款，则在未借款时不会形成对银行的偿还义务，因而不能确认为企业的负债。所以，未来发生的交易或者事项形成的义务，不属于现时义务，不应确认为负债。

（3）负债的清偿预期会导致经济利益流出企业。负债的清偿也就是现时义务的履行，通常关系到企业放弃含有经济利益的资产，如用现金、固定资产、原材料等进行债务的清偿。除此以外，企业还可以用多种形式进行负债的清偿，但最终都会导致经济利益流出企业，如企业可以通过提供劳务的方式进行负债的清偿，然而却需要支付工资,从而导致经济利益流出企业。

3. 负债的分类

负债按其偿还期限的长短,可以分为流动负债和非流动负债。

1）流动负债

流动负债是指预计在一个正常营业周期中清偿,或者主要为交易目的而持有,或者自资产负债表日起1年内（含1年）到期应予以清偿,或者企业无权自主地将清偿日期推迟至资产负债表日后1年以上的负债。流动负债主要包括短期借款、应付票据、应付账款、预收账款、应付职工薪酬、应交税费、应付利息、应付股利、其他应付款等。

2）非流动负债

非流动负债是指流动负债以外的负债,主要包括长期借款、应付债券、长期应付款、预计负债等。

（三）所有者权益

1. 所有者权益的定义

所有者权益是指企业资产扣除负债后由所有者享有的剩余权益。公司的所有者权益又称为股东权益,其金额为资产减去负债后的余额。可见,所有者权益的计量取决于资产与负债的计量。

2. 所有者权益的特征

（1）除非发生减资、清算或分派现金股利,企业不需要偿还所有者权益。

（2）企业清算时,只有在清偿所有的负债后,所有者权益才能返还给所有者。

（3）所有者凭借所有者权益能够参与企业利润的分配。

由以上特征可以比较得出所有者权益与负债的区别:

（1）负债是企业对债权人所承担的经济责任,企业负有偿还的义务;而所有者权益是企业对投资人所承担的经济责任,在一般情况下不需要归还投资者。

（2）在企业清算时,负债拥有优先求偿权,即企业的资产只有在清偿所有的负债后,才返还给投资者。在偿还顺序上,负债具有优先权,所有者权益是剩余权。

（3）债权人只享有按期收回利息和债务本金的权利,而无权参与企业的利润分配和经营管理;投资者则既可以参与企业的利润分配,也可以参与企业的经营管理。

3. 所有者权益的内容

对任何企业而言,其资产形成的资金来源不外乎两个:一是债权人;二是所有者。债权人对企业资产的要求权形成企业的负债,所有者对企业资产的要求权形成企业的所有者权益。所有者权益的来源包括所有者投入的资本（包括实收资本和资本溢价等资本公积）、其他综合收益和留存收益（包括盈余公积和未分配利润）等。

（1）投入资本是指投资者投入企业经营活动的各种财产物资。

（2）资本公积,包括企业收到投资者出资额超过其在注册资本中所占份额的部分以及其他资本公积。企业收到投资者出资超过其在注册资本中所占份额的部分称为资本或股本的溢价,应作为资本公积进行核算。

(3) 其他综合收益是指企业根据《企业会计准则》规定未在损益中确认的各项利得和损失扣除所得税影响后的净额。利得是指由企业非日常活动所形成的、会导致所有者权益增加的、与所有者投入资本无关的经济利益的流入。损失是指由企业非日常活动所形成的、会导致所有者权益减少的、与所有者分配利润无关的经济利益的流出。

(4) 留存收益是指企业从历年实现的利润中提取或留存于企业的内部积累,它来源于企业的生产经营活动所实现的利润,包括企业的盈余公积和未分配利润两部分。盈余公积是指按照国家有关规定从利润中提取的公共积累;未分配利润是指企业本期未分配完的或待以后年度分配的利润。

资产、负债、所有者权益三个要素反映了企业在某一特定时点拥有的经济资源及其分布情况,以及经济资源的来源结构,表明了投资者在企业资产中所占的份额及将来为偿还债务预期流出的经济资源数额,反映了企业在某一特定时点的偿债能力和支付能力,也反映了企业财务状况的会计要素,被称作静态要素、资产负债表要素。

(四) 收入

1. 收入的定义

收入是指企业在日常活动中形成的、会导致所有者权益增加的、与所有者投入资本无关的经济利益的总流入,包括销售商品收入、劳务收入、利息收入、商标等无形资产的使用费收入、租金收入、股利收入等,但不包括为第三方或客户代收的款项。

2. 收入的特征

(1) 收入是在企业日常的经营活动中形成的,而不是从偶发的交易或事项中形成的。企业为完成其经营目标而从事的经济活动称为日常活动,在日常活动中形成的经济利益的流入称为收入。

(2) 收入最终会导致所有者权益的增加。收入可以为企业带来经济利益,其表现形式是多种多样的:有时表现为资产的增加,如企业销售商品并收到银行存款,在销售收入发生的同时增加了企业的资产;有时也表现为负债的减少,如以销售商品抵偿债务;或者两者兼而有之,如商品销售的货款中部分抵偿债务,部分收到现金。由于收入是企业经济利益的流入,收入的发生必然会导致企业利润的增加,收入无论表现为资产的增加还是负债的减少,最终都会导致企业所有者权益的增加。

(3) 收入所导致的所有者权益的增加与所有者投入资本无关。收入是企业经营现有资产的所得,而非所有者投入资本带来的经济利益的流入。所有者向企业投入资本虽然也可以导致所有者权益的增加,但它不是企业日常经营的成果,因而不能作为收入要素。

（4）收入只包括本企业经济利益的流入，不包括为第三方或客户代收的款项。代收的款项，一方面增加企业的资产，另一方面增加企业的负债。因此，代收的款项不增加企业的所有者权益，也不属于本企业的经济利益，不能作为本企业的收入，如商业银行代委托贷款企业收取利息、旅行社代客户购买门票而收取票款等。

3. 收入的分类

依据企业经营业务的主次分类，收入要素包括主营业务收入、其他业务收入及股利、利息等投资收益。其中，主营业务收入一般占企业收入的比重较大，对企业的经济效益产生较大的影响。

（五）费用

1. 费用的定义

费用是指企业在日常活动中发生的、会导致所有者权益减少的、与向所有者分配利润无关的经济利益的总流出。

2. 费用的特征

（1）费用是企业在日常活动中形成的经济利益的流出。费用是企业在日常活动中形成的经济利益的流出，而不是在偶发的交易或事项中发生的经济利益的流出。换言之，日常活动形成的经济利益的流出才称为费用，如企业支付当期的借款利息所导致的经济利益的流出应作为费用；反之，企业在非日常活动中发生的经济利益的流出称为损失，损失不能作为费用要素，如支付赔偿款、罚款等。

（2）费用最终导致所有者权益的减少。费用导致企业经济利益流出的形式也是多种多样的：有时表现为资产的减少，如企业用银行存款支付当期的办公费，则费用发生的同时减少了企业的资产；有时也表现为负债的增加，如企业当期发生租赁费，但没有实际支付，则费用发生的同时增加了企业的负债。由于费用是企业经济利益的流出，费用的发生必然会导致企业利润的减少，费用无论表现为资产的减少还是负债的增加，最终都会导致企业所有者权益的减少。

（3）费用所导致的所有者权益的减少与向所有者分配利润无关。费用是企业经营现有资产的耗费，而非因向所有者分配利润而流出的经济利益。向所有者分配利润虽然也可以导致所有者权益的减少，但这种减少属于所有者权益的抵减项目，不能作为费用要素。

3. 费用的分类

按照费用与收入的关系，费用可以分为营业成本、营业税费和期间费用。

营业成本是指所销售商品或提供劳务的成本。营业成本按照其所销售商品或提供劳务在企业日常活动中所处地位可以分为主营业务成本和其他业务成本。企业已销商品或已提供劳务的成本包括为生产该商品或劳务所发生的直接费用和间接费用。其中，直接费用是直接为生产商品和提供劳务而发生的费用，包括直接材料费用、直接人工费用及其他直接费用；间接费用是生产部门（如车间）为组织和管理生产而发生的费用,称为制造费用,其通过分配计入生产成本。企业发生的直接费用和间接费用应先计入产品或劳务的成本,待其销售或对外提供后转为营业成本。

营业税费是指企业在生产经营活动过程中产生的税金及附加费。

期间费用是指为取得本期收入所发生的费用,包括管理费用、财务费用与销售费用。管理费用是指企业行政管理部门为组织和管理整个企业的生产经营活动而发生的各种费用,如行政管理人员的工资、办公费、管理用固定资产折旧费与维修费等。财务费用是指企业为筹集生产经营所需资金等而发生的筹资费用,如借款的利息费用等。销售费用是指在销售商品和材料、提供劳务的过程中发生的各种费用,如广告费、展览费、销售过程中的保险费、包装费、运输费、装卸费以及专设销售机构的经常性费用等。

(六) 利润

1. 利润的定义

利润是指企业在一定会计期间的经营成果,包括收入减去费用后的净额、直接计入当期利润的利得和损失等。

2. 利润的构成

利润由营业利润、利润总额和净利润构成。

营业利润是指营业收入减去营业成本、税金及附加、销售费用、管理费用、财务费用、资产减值损失,加上公允价值变动收益(或减去损失)、投资收益(或减去损失)后的金额。其中,营业收入为主营业务收入与其他业务收入之和,营业成本为主营业务成本和其他业务成本之和。

利润总额是指营业利润加上营业外收入减去营业外支出后的金额。营业外收入包括非流动资产处置利得、非货币性资产交换利得、债务重组利得、政府补助、盘盈利得、捐赠利得等。营业外支出包括非流动资产处置损失、非货币性资产交换损失、债务重组损失、公益性捐赠支出、非常损失、盘亏损失等。

净利润是指利润总额减去所得税费用后的金额。所得税费用是指企业按照国家规定计算缴纳的应计入当期损益的所得税费用。

收入、费用、利润三个会计要素可以及时反映企业在一定会计期间的经营成果和获利能力,反映企业的投入产出效率和经济效益,有助于企业投资者和债权人据此进行盈利预测,评价企业经营绩效,作出正确的决策,是反映企业经营成果的会计要素,也称为动态要素、利润表要素。

三、会计要素计量属性

会计计量是为了将符合确认条件的会计要素登记入账并列报于财务报告而确定其金额的过程。企业应当按照规定的会计计量属性进行计量,确定相关金额。计量属性是指所予计量的某一要素的特性方面,如桌子的高度、产品的重量、房子的面积等。从会计的角度来讲,计量属性反映的是会计要素金额的确定基础,主要包括历史成本、重置成本、可变现净值、现值及公允价值等。

(一)历史成本

历史成本又称为实际成本,是指取得或建造某项财产物资时所实际支付的现金或现金等价物。在历史成本计量下,资产按照购置时支付的现金或现金等价物的金额,又或者按照购置资产时所付出的对价的公允价值计量。负债按照因承担现时义务而实际收到的款项或者资产的金额,又或者应承担现时义务的合同金额,再或者按照日常活动中为偿还负债预期需要支付的现金或现金等价物的金额计量。

(二)重置成本

重置成本又称为现行成本,是指按照当前市场条件,重新取得同样一项资产所需支付的现金或现金等价物。在重置成本计量下,资产按照现在购买相同或者相似资产所需支付的现金或现金等价物的金额计量。负债按照现在偿付该项债务所需支付的现金或现金等价物的金额计量。

(三)可变现净值

可变现净值是指在正常生产经营过程中,以预计售价减去进一步加工成本和预计销售费用以及相关税费后的净值。在可变现净值计量下,资产按照其正常对外销售所能收到现金或现金等价物的金额扣减该资产至完工时估计将要发生的成本、估计的销售费用以及相关税费后的金额计量。可变现净值通常应用于存货减值情况下的后续计量。

(四)现值

现值是指对未来现金流量以恰当的折现率进行折现后的价值,是考虑货币时间价值的一种计量模式。在现值计量下,资产按照预计从其持续使用和最终处置中所产生的未来净现金流入量的折现金额计量。负债按照预计期限内需要偿还的未来净现金流出量的折现金额计量。现值通常用于非流动资产可收回金额和以摊余成本计量的金融资产价值的确定等。

(五)公允价值

公允价值是指市场参与者在计量日发生的有序交易中,出售一项资产所能收到或者转移一项负债所需支付的价格。公允价值主要用于交易性金融资产、可供出售金融资产的计量等。

会计核算包括确认、计量和报告,会计计量决定资产、负债的"多少",即会计采用不同的计量属性就会得出不同的资产、负债金额。因此,为了保证会计信息的可靠性,会计准则规定,企业在对会计要素进行计量时,一般应当采用历史成本;采用重置成本、可变现净值、现值、公允价值计量的,应当保证所确定的会计要素金额能够取得并可靠计量。

任务二　理解会计等式的意义并应用会计等式

一、基本会计等式

　　会计要素作为会计的具体对象，能够反映企业发生的各项经济业务活动。而会计要素之间存在着一定的内在联系，这里我们用数学等式来反映其内在联系，这就是会计等式。

　　会计等式又称为会计平衡式，是运用数学恒等式的形式反映会计六要素之间内在的数量关系的表达式。

（一）反映资产、负债、所有者权益要素关系的会计等式

　　资产与权益是同一资源的两个方面，资产表明企业所拥有或者控制的资源的规模及其在企业的存在形态，权益则表明企业所拥有或者控制的资源的来源，以及资源提供者对其要求权。因此，资产与权益之间必然存在相互依存、互相制约的关系。没有无权益的资产，也没有无资产的权益。从数量上看，一个单位有多少资产，就必然有多少权益；有多少权益，也必然有多少资产。资产与权益的这种数量关系可以用等式(1)表示如下：

$$资产 ＝ 权益 \tag{1}$$

　　企业为进行生产经营活动，必须拥有一定数量的资产，如库存现金、银行存款、原材料、固定资产等，它们以各种不同的形态分布于生产经营活动的各个方面，成为企业生产经营活动的基础。资产的来源不外乎两个方面：一方面是由企业的投资者(国家、个人或企业法人)投入的；另一方面是向债权人借入的。由于投资者和债权人向企业提供了资产，因此对这些资产具有一定的要求权。我们把投资者和债权人对企业资产的要求权，统称为权益。其中，投资者的权益称为所有者权益，债权人的权益称为负债。

　　由于权益又可分为所有者权益和负债，则上述等式可进一步表示为等式(2)：

$$资产 ＝ 负债 ＋ 所有者权益 \tag{2}$$

　　负债与所有者权益虽然都是对企业资产的要求权，但却是两种性质不同的权益，企业的资产应先满足债权人的权益，剩余的才用来满足投资者的权益。因而所有者

权益是一种剩余权益,其关系可用等式(3)表示如下:

$$资产-负债=所有者权益 \qquad (3)$$

资产、负债和所有者权益之间的等式关系反映了企业在某一特定时点资源的规模及其来源,是反映企业财务状况的会计等式。由于该等式所反映的是在相对静止状态下的资产与权益的关系,因而又被称为静态会计等式。静态会计等式是设置账户、复式记账、设定和编制资产负债表、进行试算平衡的理论基础。

(二) 反映收入、费用、利润要素关系的会计等式

企业将其所拥有或控制的经济资源投入日常生产经营活动,将会给企业带来经济利益,即收入;而为了取得收入,企业在日常生产经营活动中必然会发生经济利益的流出,即费用。企业一定会计期间的收入与费用配比为企业的经营成果。收入、费用、利润之间存在的这种数量关系可用等式(4)表示如下:

$$收入-费用=利润 \qquad (4)$$

收入、费用和利润之间的等式关系反映了企业在某一特定时期的经营成果。广义而言,企业一定时期内所获得的收入扣除与其相关的各项费用后的余额,即为利润。但在我国实务中,由于收入要素和费用要素不包括利得和损失,因此,我们通常将上述公式中的收入、费用作广义化理解,即不仅包括日常活动带来的经济利益流入,还包括非日常活动带来的经济利益收入,其配比结果为企业的利润总额。由于该等式所反映的是在一定时期内企业收入、费用发生的动态过程,因而又被称为动态会计等式。动态会计等式是企业确定利润、设置损益类账户、设定和编制利润表的理论基础。

二、扩展会计等式

上述两类会计等式分别反映了在某一特定时点资产、负债和所有者权益之间的静态会计等式关系,以及在某一特定时期收入、费用和利润之间的动态会计等式关系。将这两类等式的内容相结合,可以得到反映会计六要素关系的扩展会计等式。

在会计期初,企业尚未发生当期的收入与费用,根据等式(1),期初时存在"资产=负债+所有者权益"的平衡关系;在该会计期间内,企业发生了各项收入和费用,其中,收入的发生表现为资产的增加或负债的减少,费用的发生表现为资产的减少或者负债的增加。正因如此,当收入发生时,我们可以在等式(1)的右边加上一定数量的收入,同时该收入的发生,或者使等式左边的资产同量增加,又或者使等式右边的负债同量减少;而当费用发生时,我们在等式(1)的右边减去一定数量的费用,同时由于费用的发生,或者使等式左边的资产同量减少,又或者使等式右边的负债同量增加,因而收入与费用的发生形成了新的平衡关系。此时,会计六要素之间的关系如等式(5)、等式(6)、等式(7)所示:

$$资产 = 负债 + 所有者权益 + 收入 - 费用 \qquad (5)$$

$$资产 = 负债 + 所有者权益 + 利润 \qquad (6)$$

$$资产 + 费用 = 负债 + 所有者权益 + 收入 \qquad (7)$$

上述等式中,随着收入与费用的发生,资产与负债的数量也较期初发生了变化;而至期末,当利润转入所有者权益后,等式则重新回归为:

$$资产 = 负债 + 所有者权益$$

等式(7)进一步反映了在收入与费用发生的情况下,资源的占用与来源之间的恒等关系。等式左边的资产与费用是企业资源的占用形式,等式右边的负债、所有者权益、收入是企业资源的来源形式。由于资源占用与来源是一项资源的两个方面,其间必存在恒等关系。

三、经济业务与会计等式

(一) 经济业务类型与会计等式

在会计上,把凡是应当办理会计手续,也能运用会计方法来反映的经济活动,称为经济业务。经济活动可分为两类:一类是应当办理会计手续,也能运用会计方法进行反映的经济活动,如采购商品、销售商品、支付费用等;另一类是不应当办理会计手续,或不能运用会计方法来反映的经济活动,如签订采购商品、销售商品合同等。只有那些应当办理会计手续,也能运用会计方法进行反映的经济活动,才能称为经济业务(也称交易或者事项)。经济业务根据其对会计等式的影响情况,可以分为以下四种类型。

1. 等式两边同增的经济业务

等式两边同增的经济业务是指使会计等式左、右两方以相等的金额同时增加的经济业务,如投资者向企业投入资金、企业向银行借入借款等业务。该类经济业务的发生虽然会导致资产与权益总额同时增加,但是不会改变资产与权益的平衡关系。

2. 等式两边同减的经济业务

等式两边同减的经济业务是指使会计等式左、右两方以相等的金额同时减少的经济业务,如企业用银行存款偿还借款,退回投资者的资本金等业务。该类经济业务的发生虽然会导致资产与权益总额同时减少,但是不会改变资产与权益的平衡关系。

3. 等式左边此增彼减的经济业务

等式左边此增彼减的经济业务是指使会计等式左方各项目之间以相等的金额一增一减的经济业务,如用银行存款购买原材料、固定资产等业务。该类经济业务的发生只是等式左边项目内部的此增彼减,不会影响资产与权益的金额与平衡关系。

4. 等式右边此增彼减的经济业务

等式右边此增彼减的经济业务是指使会计等式右方各项目之间以相等的金额一

增一减的经济业务,如用资本公积转增实收资本,银行将借款转为对企业的投资等业务。该类经济业务的发生只是等式右边项目内部的此增彼减,不会影响资产与权益的金额与平衡关系。

(二)案例学习

企业在经营过程中,不断发生各种经济业务,如购买材料、归还借款等,其必然会引起各个会计要素之间或自身内部发生相应的增减变化。这些可以引起会计要素发生增减变化的一切业务事项,称为"交易或者事项"或"经济业务"。

经济业务的发生会不会影响会计等式的平衡性呢?答案是不会影响。下面我们将举例说明。

假设佳服有限责任公司 2017 年 12 月月初的资产、负债、所有者权益构成如表3-1 所示。

表 3-1 佳服有限责任公司期初余额表

2017 年 12 月 1 日   单位:元

资 产	金 额	权 益	金 额
库存现金	50 000	短期借款	4 000 000
银行存款	6 000 000	应付账款	3 000 000
应收账款	2 550 000	长期借款	4 000 000
原材料	5 000 000	实收资本	24 000 000
在产品	3 000 000	资本公积	5 000 000
库存商品	2 400 000		
固定资产	21 000 000		
合 计	40 000 000	合 计	40 000 000

12月该公司发生下列业务:

(1)收到投资者投入的资本金 70 000 元,该资本金等于其认缴的注册资本金额,并已存入银行。

这笔经济业务的发生,一方面使资产方的银行存款增加了 70 000 元,另一方面使权益方的实收资本也增加了 70 000 元。由于会计等式左、右两方的资产和所有者权益项目以相等的金额同时增加,因此,会计等式的平衡关系依然成立。

(2)以银行存款 30 000 元偿还银行的短期借款。

这笔经济业务的发生,一方面使资产方的银行存款减少了 30 000 元,另一方面使负债方的短期借款减少了 30 000 元。由于会计等式左、右两方的资产和负债项目以相等的金额同时减少,因此,会计等式的平衡关系依然成立。

(3)购入机器设备一台,价值 40 000 元,已用银行存款支付。

这笔经济业务的发生,一方面使一项资产——固定资产增加了 40 000 元,另一方面也使另一项资产——银行存款减少了 40 000 元。由于资产方一个项目增加,另一个项目减少,而且增减金额相等,因此,会计等式的平衡关系依然成立。

(4) 将资本公积 30 000 元转为实收资本。

这笔经济业务的发生,一方面使一项所有者权益——实收资本增加了 30 000 元,另一方面使另一项所有者权益——资本公积减少了 30 000 元。由于权益方一个项目增加,另一个项目减少,而且增减金额相等,因此,会计等式的平衡关系依然成立。

上述经济业务发生后,佳服有限责任公司 2017 年 12 月 31 日的资产、负债和所有者权益构成如表 3-2 所示。

表 3-2 佳服有限责任公司期末余额表

2017 年 12 月 31 日   单位:元

资　产	金　额	权　益	金　额
库存现金	50 000	短期借款	3 970 000
银行存款	6 000 000	应付账款	3 000 000
应收账款	2 550 000	长期借款	4 000 000
原材料	5 000 000	实收资本	24 100 000
在产品	3 000 000	资本公积	4 970 000
库存商品	2 400 000		
固定资产	21 040 000		
合　计	40 040 000	合　计	40 040 000

从上述经济业务的分析中,我们看到企业无论发生何种经济业务,引起了会计要素相应的变化,都不会破坏会计等式的平衡关系。这是由于会计事项的发生不外乎四种情况,即一项经济业务的发生可能引起等式左、右两边同时增加相等的数额,也可能引起等式左、右两边同时减少相等的数额;或者可能引起等式左边项目此增彼减相等的数额,也可能引起等式右边项目此增彼减相等的数额。因此,会计等式的平衡关系不会因为经济业务的发生而改变。

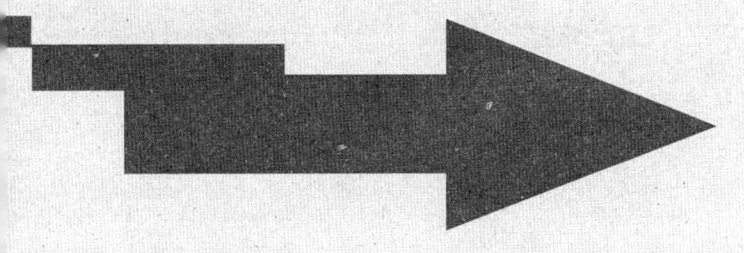

模块四

会计科目和
借贷记账法

任务一 设置会计科目

能力目标：

1. 能够理解会计科目的概念。
2. 能够区分总分类科目和明细分类科目。

一、认知会计科目

(一) 会计科目的概念与意义

会计科目简称科目，会计科目是按照经济业务的内容和经济管理的要求，对会计要素的具体内容进行科学分类核算的科目。

会计的目标是通过对经济业务进行计量、分类和记录，向本单位和外部相关方面提供有用的会计信息，以满足其管理与决策对会计信息的需要。要实现这个目标，需要先解决的就是分类和记录的标准问题，即：是直接按照六个会计要素作为标准进行分类与记录，还是按照更具体、更详细的标准来进行分类与记录？

通过对会计要素的分析，我们知道，会计要素是对会计对象所作的基本分类，是按照会计对象具体内容的经济特征对会计对象复杂的具体内容所进行的高度归纳和概括。如果直接按照资产、负债、所有者权益、收入、费用和利润这些会计要素作为分类和记录的标准进行会计核算，其所提供的会计信息就会过于笼统，企业管理当局和外部相关方面依据这样的会计信息根本无法实施任何经济管理和作出任何经营决策。因此，还需要对会计要素作进一步的具体分类，设置会计科目，以提供能够满足管理和决策所需要的各种会计信息。

实际上，每一个会计要素都包括很多内容，各项内容之间都以一定的标志相区别。比如，货币资产是企业随时可以用于支付的现实货币，但有的是以现钞的形式存放于企业内部并由其出纳员经管，有的则是存放在银行，由其代管。会计上就按照其存放地点，将存放于企业内部且由出纳员经管的库存现金作为一类，设置为"库存现金"科目；将存放在银行且由其代管的货币资产作为另外一类，设置为"银行存款"科目。再如，存货已经是对资产要素进行分类的一个类别项目，由于企业存货的具体种类有很多，而且作用也不尽相同，如有的用于产品生产过程形成产品实体，有的用于包装产成品，有的作为商品直接对外销售等。如果直接按照存货作为标准设置会计科目，仍然显得笼统和粗放；而会计上就按照其作用的不同，划分为不同的类别，分别设置"原材料""包装物""库存商品"等会计科目。为此,通过对会计要素作进一步的具体分类,将资产类划分为库存现金、银行存款、固定资产、原材料等;将负债类分为短期借款、长期借款、应付账款等;将所有者权益类分为实收资本、资本公积、未分配利润等。

设置会计科目后,就可以根据会计科目设置会计账户,用于分别记录经济业务的发生情况及其结果,为提供管理和决策所需要的相关会计信息奠定基础。会计科目是进行会计核算的基本依据。任何企业、行政、事业等单位账户的开设、会计凭证的填制、会计账簿的登记、会计报表的编制等日常处理,均要运用会计科目。会计科目贯穿于会计核算的全过程,具有举足轻重的作用。在我国,《企业会计准则》和《企业会计制度》对各个行业的会计科目作了设定,各个单位可以根据会计准则和单位的实际情况参考采用。

(二) 会计科目的分类

对会计要素作进一步分类形成会计科目。为了正确运用会计科目,我们按照会计科目与某一会计要素的关系,即会计科目的经济内容,将会计科目划分为资产类科目、负债类科目、所有者权益类科目、成本类科目、损益类科目五类。

1. 资产类科目

资产类科目是用于反映资产要素内容的会计科目,如:反映货币资产的"库存现金""银行存款"等科目;反映债权资产的"应收账款"等科目;反映存货资产的"原材料""库存商品"等科目;反映非流动资产的"长期股权投资""固定资产""无形资产"等科目。

2. 负债类科目

负债类科目是用于反映负债要素内容的会计科目,如:反映流动负债的"短期借款""应付账款"等科目;反映非流动负债的"长期借款"等科目。

3. 所有者权益类科目

所有者权益类科目是用于反映所有者权益要素内容的会计科目,如:反映企业资本金的"实收资本"等科目;反映留存收益的"盈余公积"等科目。

4. 成本类科目

成本类科目是用于反映产品生产过程中发生的各种直接费用和间接费用的会计科目,如:反映直接费用的"生产成本"等科目;反映间接费用的"制造费用"等科目。

5. 损益类科目

损益类科目是用于反映生产经营过程中的收益及费用,计算确定损益的会计科目,如:反映收入的"主营业务收入"等科目;反映费用的"销售费用""管理费用""财务费用"等科目。

以上五类会计科目构成了一个完整的会计科目体系,各类会计科目相互联系、相互补充,从而为全面、系统地反映各项经济业务内容,为会计信息需求者提供有用的会计信息做好了前提准备。

二、设置会计科目

(一) 会计科目的设置原则

设置会计科目是进行会计核算工作的基础性环节。科学、合理地设置会计科目是保证会计核算的顺利进行、使会计信息最大限度地满足企业进行生产经营管理及外部相关方面进行经营决策需要的重要条件。因此,设置会计科目应遵循下列基本原则:

(1) 合法性原则。它是指所设置的会计科目应当符合国家统一的会计制度的规定。

(2) 相关性原则。它是指所设置的会计科目应当为提供有关各方所需要的会计信息服务,满足对外报告与对内管理的要求。

(3) 实用性原则。它是指所设置的会计科目应符合单位自身特点,满足单位实际需要。

(二) 总分类会计科目

会计信息既是各个企业单位内部加强经济管理和进行经济决算的基础,也是企业外部有关方面对企业进行了解、评价和考核的重要依据。然而,企业内部的经济管理和外部有关方面对会计信息的要求并不完全一致。一般说来,为了加强企业内部经济管理,需要会计核算提供尽可能详细、具体的核算资料,因而就要求会计科目的设置要详细具体一些。但对外提供的会计核算资料,往往只需要比较综合和概括,以便报表使用者了解企业的财务状况和经营成果,这就要求会计科目的设置应当简要概括一些。因此,为了兼顾企业内部和外部两方面对会计信息的要求,就要将会计科目适当分级,根据不同的需要设置总分类科目和明细分类科目。

总分类科目又称一级科目。它是对会计对象具体内容进行总括分类的会计科目,是进行总分类核算的依据。

为了便于编制会计凭证、登记账簿、查阅账目和实行会计电算化,会计科目的开设不仅要有名称,还需要对会计科目实行统一编号。会计科目的编号,就是以数码确定会计科目的所属类别及其在类别中的位置。在使用会计科目编号时,不能随意改变或者乱编号。

总分类科目原则上由国家统一的会计制度进行规定。《企业会计准则》规定企业的总分类科目及其含义如表 4-1 所示。

表 4-1　企业会计科目及核算内容

序号	编号	会计科目	核算内容
		一、资产类	
1	1001	库存现金	企业的库存现金
2	1002	银行存款	企业存入银行或其他金融机构的各种款项

（续表）

序号	编号	会计科目	核算内容
3	1003	存放中央银行款项	企业（银行）存放于中国人民银行（以下简称中央银行）的各种款项，包括业务资金的调拨、办理同城票据交换和异地跨系统资金汇划、提取或缴存现金等
4	1011	存放同业	企业（银行）存放于境内、境外银行和非银行金融机构的款项
5	1012	其他货币资金	企业的银行汇票存款、银行本票存款、信用卡存款、信用证保证金存款、存出投资款、外埠存款等其他货币资金
6	1021	结算备付金	企业（证券）为证券交易的资金清算与交收而存入指定清算代理机构的款项。企业（证券）向客户收取的结算手续费、向证券交易所支付的结算手续费
7	1031	存出保证金	企业（金融）因办理业务需要存出或交纳的各种保证金款项
8	1101	交易性金融资产	企业为交易目的所持有的债券投资、股票投资、基金投资等交易性金融资产的公允价值
9	1111	买入返售金融资产	企业（金融）按照返售协议约定先买入再按固定价格返售的票据、证券、贷款等金融资产所融出的资金
10	1121	应收票据	企业因销售商品、提供劳务等而收到的商业汇票，包括银行承兑汇票和商业承兑汇票
11	1122	应收账款	企业因销售商品、提供劳务等经营活动应收取的款项
12	1123	预付账款	企业按照合同规定预付的款项。预付款项情况不多的，也可以不设置本科目，将预付的款项直接记入"应付账款"科目
13	1131	应收股利	企业应收取的现金股利和应收取其他单位分配的利润
14	1132	应收利息	企业交易性金融资产、持有至到期投资、可供出售金融资产、发放贷款、存放中央银行款项、拆出资金、买入返售金融资产等应收取的利息
15	1201	应收代位追偿款	企业（保险）按照原保险合同约定承担赔付保险金责任后确认的代位追偿款
16	1211	应收分保账款	企业（保险）从事再保险业务应收取的款项
17	1212	应收分保合同准备金	企业（再保险分出人）从事再保险业务确认的应收分保未到期责任准备金，以及应向再保险接受人摊回的保险责任准备金
18	1221	其他应收款	企业除存出保证金、买入返售金融资产、应收票据、应收账款、预付账款、应收股利、应收利息、应收代位追偿款、应收分保账款、应收分保合同准备金、长期应收款等以外的其他各种应收及暂付款项
19	1231	坏账准备	企业应收款项的坏账准备
20	1301	贴现资产	企业（银行）办理商业票据的贴现、转贴现等业务所融出的资金

（续表）

序号	编号	会计科目	核算内容
21	1302	拆出资金	企业(金融)拆借给境内、境外其他金融机构的款项
22	1303	贷款	企业(银行)按规定发放的各种客户贷款
23	1304	贷款损失准备	企业(银行)贷款的减值准备。计提贷款损失准备的资产包括贴现资产、拆出资金、客户贷款、银团贷款、贸易融资、协议透支、信用卡透支、转贷款、垫款等
24	1311	代理兑付证券	企业(证券、银行等)接受委托代理兑付到期的证券
25	1321	代理业务资产	企业不承担风险的代理业务形成的资产
26	1401	材料采购	企业采用计划成本进行材料日常核算而购入材料的采购成本
27	1402	在途物资	企业采用实际成本(或进价)进行材料、商品等物资的日常核算、货款已付尚未验收入库的在途物资的采购成本
28	1403	原材料	企业库存的各种材料
29	1404	材料成本差异	企业采用计划成本进行日常核算的材料计划成本与实际成本的差额
30	1405	库存商品	企业库存的各种商品的实际成本(或进价)或计划成本(或售价)
31	1406	发出商品	企业未满足收入确认条件但已发出商品的实际成本(或进价)或计划成本(或售价)
32	1407	商品进销差价	企业采用售价进行日常核算的商品售价与进价之间的差额
33	1408	委托加工物资	企业委托外单位加工的各种材料、商品等物资的实际成本
34	1411	周转材料	企业周转材料的计划成本或实际成本
35	1421	消耗性生物资产	企业(农业)持有的消耗性生物资产的实际成本
36	1431	贵金属	企业(金融)持有的黄金、白银等贵金属存货的成本
37	1441	抵债资产	企业(金融)依法取得并准备按有关规定进行处置的实物抵债资产的成本
38	1451	损余物资	企业(保险)按照原保险合同约定承担赔偿保险金责任后取得的损余物资成本
39	1461	融资租赁资产	企业(租赁)为开展融资租赁业务取得资产的成本
40	1471	存货跌价准备	企业存货的跌价准备
41	1501	持有至到期投资	企业持有至到期投资的摊余成本
42	1502	持有至到期投资减值准备	企业持有至到期投资的减值准备
43	1503	可供出售金融资产	企业持有的可供出售金融资产的公允价值
44	1511	长期股权投资	企业持有的采用成本法和权益法核算的长期股权投资

(续表)

序号	编号	会计科目	核算内容
45	1512	长期股权投资减值准备	企业长期股权投资的减值准备
46	1521	投资性房地产	企业采用成本模式计量的投资性房地产的成本
47	1531	长期应收款	企业的长期应收款项
48	1532	未实现融资收益	企业分期计入租赁收入或利息收入的未实现融资收益
49	1541	存出资本保证金	企业(保险)按规定比例缴存的资本保证金
50	1601	固定资产	企业持有的固定资产原价
51	1602	累计折旧	企业固定资产的累计折旧
52	1603	固定资产减值准备	企业固定资产的减值准备
53	1604	在建工程	企业基建、更新改造等在建工程发生的支出
54	1605	工程物资	企业为在建工程准备的各种物资的成本
55	1606	固定资产清理	企业因出售、报废、毁损、对外投资、非货币性资产交换、债务重组等原因转出的固定资产价值以及在清理过程中发生的费用等
56	1611	未担保余值	企业(租赁)采用融资租赁方式租出资产的未担保余值
57	1621	生产性生物资产	企业(农业)持有的生产性生物资产原价
58	1622	生产性生物资产累计折旧	企业(农业)成熟生产性生物资产的累计折旧
59	1623	公益性生物资产	企业(农业)持有的公益性生物资产的实际成本
60	1631	油气资产	企业(石油天然气开采)持有的矿区权益和油气井及相关设施的原价
61	1632	累计折耗	企业(石油天然气开采)油气资产的累计折耗
62	1701	无形资产	企业持有的无形资产成本,包括专利权、非专利技术、商标权、著作权、土地使用权等
63	1702	累计摊销	企业对使用寿命有限的无形资产计提的累计摊销
64	1703	无形资产减值准备	企业无形资产的减值准备
65	1711	商誉	企业合并中形成的商誉价值
66	1801	长期待摊费用	企业已经发生但应由本期和以后各期负担的分摊期限在1年以上的各项费用,如以经营租赁方式租入的固定资产发生的改良支出等
67	1811	递延所得税资产	企业确认的可抵扣暂时性差异产生的递延所得税资产
68	1821	独立账户资产	企业(保险)对分拆核算的投资连结产品不属于风险保障部分确认的独立账户资产价值

序号	编号	会计科目	核算内容
69	1901	待处理财产损溢	企业在清查财产过程中查明的各种财产盘盈、盘亏和毁损的价值。物资在运输途中发生的非正常短缺与损耗，也通过本科目核算
		二、负债类	
70	2001	短期借款	企业向银行或其他金融机构等借入的期限在1年以下（含1年）的各种借款
71	2002	存入保证金	企业（金融）收到客户存入的各种保证金
72	2003	拆入资金	企业（金融）从境内、境外金融机构拆入的款项
73	2004	向中央银行借款	企业（银行）向中央银行借入的款项
74	2011	吸收存款	企业（银行）吸收的除同业存放款项以外的其他各种存款
75	2012	同业存放	企业（银行）吸收的境内、境外金融机构的存款
76	2021	贴现负债	企业（银行）办理商业票据的转贴现等业务所融入的资金
77	2101	交易性金融负债	企业承担的交易性金融负债的公允价值
78	2111	卖出回购金融资产款	企业（金融）按照回购协议先卖出再按固定价格买入的票据、证券、贷款等金融资产所融入的资金
79	2201	应付票据	企业购买材料、商品和接受劳务供应等开出、承兑的商业汇票，包括银行承兑汇票和商业承兑汇票
80	2202	应付账款	企业因购买材料、商品和接受劳务等经营活动应支付的款项
81	2203	预收账款	企业按照合同规定预收的款项
82	2211	应付职工薪酬	企业根据有关规定应付给职工的各种薪酬。本科目可按"工资""职工福利""社会保险费""住房公积金""工会经费""职工教育经费""非货币性福利""辞退福利""股份支付"等进行明细核算
83	2221	应交税费	企业按照税法等规定计算应交纳的各种税费
84	2231	应付利息	企业按照合同约定应支付的利息
85	2232	应付股利	企业分配的现金股利或利润
86	2241	其他应付款	企业除应付票据、应付账款、预收账款、应付职工薪酬、应付利息、应付股利、应交税费、长期应付款等以外的其他各项应付、暂收的款项
87	2251	应付保单红利	企业（保险）按原保险合同约定应付未付投保人的红利
88	2261	应付分保账款	企业（保险）从事再保险业务应付未付的款项
89	2311	代理买卖证券款	企业（证券）接受客户委托，代理客户买卖股票、债券和基金等有价证券而收到的款项
90	2312	代理承销证券款	企业（金融）接受委托，采用承购包销方式或代销方式承销证券所形成的、应付证券发行人的承销资金

（续表）

序号	编号	会计科目	核算内容
91	2313	代理兑付证券款	企业（证券、银行等）接受委托代理兑付证券收到的兑付资金
92	2314	代理业务负债	企业不承担风险的代理业务收到的款项，包括受托投资资金、受托贷款资金等
93	2401	递延收益	企业确认的应在以后期间计入当期损益的政府补助
94	2501	长期借款	企业向银行或其他金融机构借入的期限在 1 年以上（不含 1 年）的各项借款
95	2502	应付债券	企业为筹集（长期）资金而发行债券的本金和利息
96	2601	未到期责任准备金	企业（保险）提取的非寿险原保险合同未到期责任准备金
97	2602	保险责任准备金	企业（保险）提取的原保险合同保险责任准备金
98	2611	保户储金	企业（保险）收到投保人以储金本金增值作为保费收入的储金
99	2621	独立账户负债	企业（保险）对分拆核算的投资连结产品不属于风险保障部分确认的独立账户负债
100	2701	长期应付款	企业除长期借款和应付债券以外的其他各种长期应付款项
101	2702	未确认融资费用	企业应当分期计入利息费用的未确认融资费用
102	2711	专项应付款	企业取得政府作为企业所有者投入的具有专项或特定用途的款项
103	2801	预计负债	企业确认的对外提供担保、未决诉讼、产品质量保证、重组义务、亏损性合同等预计负债
104	2901	递延所得税负债	企业确认的应纳税暂时性差异产生的所得税负债
		三、共同类	
105	3001	清算资金往来	企业（银行）间业务往来的资金清算款项
106	3002	货币兑换	企业（金融）采用分账制核算外币交易所产生的不同币种之间的兑换
107	3101	衍生工具	企业衍生工具的公允价值及其变动形成的衍生资产或衍生负债
108	3201	套期工具	企业开展套期保值业务（包括公允价值套期、现金流量套期和境外经营净投资套期）套期工具公允价值变动形成的资产或负债
109	3202	被套期项目	企业开展套期保值业务被套期项目公允价值变动形成的资产或负债
		四、所有者权益	
110	4001	实收资本	企业接受投资者投入的实收资本。股份有限公司应将本科目改为"4001 股本"科目
111	4002	资本公积	企业收到投资者出资额超出其在注册资本或股本中所占份额的部分

序号	编号	会计科目	核算内容
112	4101	盈余公积	企业从净利润中提取的盈余公积
113	4102	一般风险准备	企业(金融)按规定从净利润中提取的一般风险准备
114	4103	本年利润	企业当期实现的净利润(或发生的净亏损)
115	4104	利润分配	企业利润的分配(或亏损的弥补)和历年分配(或弥补)后的余额
116	4201	库存股	企业收购、转让或注销的本公司股份金额
		五、成本类	
117	5001	生产成本	企业进行工业性生产发生的各项生产成本
118	5101	制造费用	企业生产车间(部门)为生产产品和提供劳务而发生的各项间接费用
119	5201	劳务成本	企业对外提供劳务发生的成本
120	5301	研发支出	企业进行研究与开发无形资产过程中发生的各项支出
121	5401	工程施工	企业(建造承包商)实际发生的合同成本和合同毛利
122	5402	工程结算	企业(建造承包商)根据建造合同约定向业主办理结算的累计金额
123	5403	机械作业	企业(建造承包商)及其内部独立核算的施工单位、机械站和运输队使用自有施工机械和运输设备进行机械作业(包括机械化施工和运输作业等)所发生的各项费用
		六、损益类	
124	6001	主营业务收入	企业确认的销售商品、提供劳务等主营业务的收入
125	6011	利息收入	企业(金融)确认的利息收入
126	6021	手续费及佣金收入	企业(金融)确认的手续费及佣金收入
127	6031	保费收入	企业(保险)确认的保费收入
128	6041	租赁收入	企业(租赁)确认的租赁收入
129	6051	其他业务收入	企业确认的除主营业务活动以外的其他经营活动实现的收入
130	6061	汇兑损益	企业(金融)发生的外币交易因汇率变动而产生的汇兑损益
131	6101	公允价值变动损益	企业交易性金融资产、交易性金融负债,以及采用公允价值模式计量的投资性房地产、衍生工具、套期保值业务等公允价值变动形成的应计入当期损益的利得或损失
132	6111	投资收益	企业确认的投资收益或投资损失
133	6201	摊回保险责任准备金	企业(再保险分出人)从事再保险业务应向再保险接受人摊回的保险责任准备金
134	6202	摊回赔付支出	企业(再保险分人)向再保险接受人摊回的赔付成本

（续表）

序号	编号	会计科目	核算内容
135	6203	摊回分保费用	企业（再保险分入人）向再保险接受人摊回的分保费用
136	6301	营业外收入	企业发生的各项营业外收入
137	6401	主营业务成本	企业确认销售商品、提供劳务等主营业务收入时应结转的成本
138	6402	其他业务成本	企业确认的除主营业务活动以外的其他经营活动所发生的支出
139	6403	税金及附加	企业经营活动发生的消费税、城市维护建设税、资源税和教育费附加等相关税费
140	6411	利息支出	企业（金融）发生的利息支出
141	6421	手续费及佣金支出	企业（金融）发生的与其经营活动相关的各项手续费、佣金等支出
142	6501	提取未到期责任准备金	企业（保险）提取的非寿险原保险合同未到期责任准备金和再保险合同分保未到期责任准备金
143	6502	提取保险责任准备金	企业（保险）提取的原保险合同保险责任准备金
144	6511	赔付支出	企业（保险）支付的原保险合同赔付款项和再保险合同赔付款项
145	6521	保单红利支出	企业（保险）按原保险合同约定支付给投保人的红利
146	6531	退保金	企业（保险）寿险原保险合同提前解除时按照约定应当退还投保人的保单现金价值
147	6541	分出保费	企业（再保险分出人）向再保险接受人分出的保费
148	6542	分保费用	企业（再保险接受人）向再保险分出人支付的分保费用
149	6601	销售费用	企业销售商品和材料、提供劳务的过程中发生的各种费用
150	6602	管理费用	企业为组织和管理企业生产经营所发生的管理费用
151	6603	财务费用	企业为筹集生产经营所需资金等而发生的筹资费用
152	6604	勘探费用	企业（石油天然气开采）在油气勘探过程中发生的地质调查、物理化学勘探各项支出和非成功探井等支出
153	6701	资产减值损失	企业计提各项资产减值准备所形成的损失
154	6711	营业外支出	企业发生的各项营业外支出
155	6801	所得税费用	企业确认的应从当期利润总额中扣除的所得税费用
156	6901	以前年度损益调整	企业本年度发生的调整以前年度损益的事项以及本年度发现的重要前期差错更正涉及调整以前年度损益的事项

（三）明细分类会计科目

对会计要素的具体内容进行分类,设置资产、负债、所有者权益、成本和损益五类会计科目,是会计核算对会计要素所作的第一个层次的分类或者叫总分类。对会计要素进行总分类所设置的会计科目称为总分类科目或一级科目。如前面讲到的"库存现金""应收账款""原材料"等,都是总分类科目。在总分类科目体系中,一些总分类科目所包含的内容比较单一,如"库存现金""银行存款"科目等;而有一些会计科目所包含的内容还比较多也比较复杂,如"应收账款"涉及很多单位、"原材料"包括很多种类等,如果只按照总分类科目设置账户来记录和提供会计信息,还显得不够详细、具体,还不能满足管理上对会计信息详细程度的要求。为了向管理和决策提供既总括又详细的会计信息,就有必要对总分类科目进行再分类,将某些总分类科目所包含的内容再划分为适当的小类,即进行明细分类。因此,明细分类科目是在总分类科目的基础上设置的,根据经营管理和会计核算的需要对总分类科目所反映的经济内容作进一步详细分类的会计科目。

为了适应经营管理和会计核算的需要,明细分类科目可以分设多级。会计科目级次的设置,是由企业规模的大小和业务的繁简决定的。规模大、业务复杂的单位可以按总分类科目、二级科目、三级科目层层开设;规模小、业务简单的单位只需要设置总分类科目和二级科目。在实际工作中,并非所有的总分类科目都需要设置明细分类科目,如"库存现金""银行存款""累计折旧"等会计科目一般不开设明细分类科目。

总分类科目和明细分类科目两者既有区别,又有联系。两者性质相同,所反映的经济内容也相同,只是提供的核算信息详细程度不同而已。总分类科目提供的是总括综合的核算信息,而下属的明细分类科目提供的是详细具体的核算信息。总分类科目对明细分类科目具有统驭作用,明细分类科目对总分类科目具有补充的作用。在我国,总分类科目是由国家制定的《企业会计准则》来统一规定的,不能根据自己的理解起名字;而明细分类科目是由企业根据自己单位内部的具体情况设置的。

任务二　设置会计账户

一、认知会计账户

（一）会计账户的概念和意义

通过会计科目的学习,我们知道,会计科目是对会计对象的具体内容进行分类,但它只有分类的名称而没有一定的格式,还不能把发生的经济业务连续、系统地记录下来。所以,要怎样才能对经济业务进行连续地记录呢? 这时就需要设置账户了。

账户是用来记录会计科目所反映的经济业务内容的工具。它是根据会计科目开设的。账户以会计科目作为名称,同时又具备一定的格式。因此,根据规定的会计科目来设置账户,利用账户来记账,有利于分门别类、连续、系统地记录和反映各项经济业务,以及由此而引起的有关会计要素具体内容的增减变化及其结果。例如,"企业从银行取回现金 10 000 元"是一笔现金增加了 10 000 元、银行存款减少了 10 000 元的经济业务,要记录这笔经济业务,就需要根据"库存现金"科目和"银行存款"科目分别设置"库存现金"账户和"银行存款"账户,并在"库存现金"账户中登记增加10 000 元,同时在"银行存款"账户中登记减少 10 000 元。

账户与会计科目两者之间又存在区别和联系。会计科目和账户所反映的会计对象的具体内容是相同的,都是体现对会计要素具体内容的分类,会计科目是账户的名称,而账户是根据会计科目来设置的。因此,会计科目的性质决定了账户的性质,账户的分类和会计科目的分类一样,可分为资产类账户、负债类账户、所有者权益类账户、成本类账户和损益类账户。按会计科目提供核算资料的详细程度分类,相应地分为总分类账户和明细分类账户。会计科目和账户对会计对象的经济内容分类的方法和分类的用途及分类的结果是完全相同的。但是,账户除了有与会计科目相同的方面以外,还具有其自身的特征,即有自己的格式或结构,用来连续、系统、全面地记录和反映某种经济业务的增减变化及其结果。不过,在实际工作中,账户和会计科目这两个概念已不加严格区别,往往是互相通用的。

账户是用来连续、系统地记录经济业务的增减变动情况及其结果的载体,而企业的经济业务虽然复杂,但在数量上的变化归纳起来,不外乎增加和减少两种情况。例如,企业购入材料验收入库时,原材料的数量及金额就会增加,而当生产领用材料时,材料出库,原材料的数量及金额就会减少。因此,账户的基本结构即通过两列分别记录经济内容的增加(减少)与减少(增加)。但在在实际工作中,为了随时考查引起会计要素增减变动的经济业务事项的内容、记账时间与记账依据,账户中除"增加""减少"基本部分外,还应包括"日期""凭证号数""摘要""账户余额"等内容,这样就形成了账户的一般格式,如表 4-2 所示。

表 4-2　账户的一般格式

年		凭证号数		摘　要	增　加	减　少	余　额
月	日	字	号				

为了便于理论与教学,也为了日常业务汇总与试算平衡的方便,账户的格式常常可以简化为左、右两方,形成一个"T"型账户,如图4-1所示。

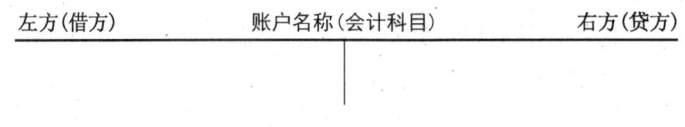

左方(借方)　　　　账户名称(会计科目)　　　　右方(贷方)

图4-1　"T"形账户的基本结构

账户通过左、右两边分别记录经济内容的增加(减少)与减少(增加),它是账户的基本结构,而具体是左边记录增加还是右边记录增加,这取决于企业所采用的记账方法与账户的性质。

账户作为连续、系统记录经济业务增减变动情况的工具,在一定时期内,一般要具备四个金额要素,即期初余额、本期增加发生额、本期减少发生额、期末余额。每个账户的本期发生额反映的是该类经济内容在本期内变动的情况,而期末余额反映的是经济内容变动的结果。会计事项发生后,应将增加与减少额记在相应的栏目内,一定期间记录在账户增加方的数额合计数,称为本期增加发生额;一定期间记录在账户减少方的数额合计数,称为本期减少发生额。本期增加发生额与本期减少发生额的差额就是账户的期末余额,因而账户的余额在方向上应与增加方一致。账户的本期期末余额转入下期即为下期的期初余额。期初余额、本期增加发生额、本期减少发生额、期末余额之间的关系如下:

期末余额 ＝ 期初余额＋本期增加发生额－本期减少发生额

综上所述,账户的基本结构是指账户记录增减变动情况的部位与方向。账户的格式是在账户基本结构的基础上,为了全面反映经济业务内容发生及完成情况,将经济业务发生的时间、记账凭证号数、摘要等因素考虑进去后形成的。

例如,2018年9月,佳服有限公司的银行存款期初余额为147 000元,发生如下变动情况:

(1) 支付欠款50 000元。

(2) 购买包装物10 000元。

(3) 销售商品收到货款100 000元。

(4) 支付广告费10 000元。

上述内容分别用账户的一般形式以及"T"形账户的形式表示(见图4-2)。

(二) 账户的分类

所谓账户分类,是指对账户按性质、核算内容、用途和结构进行的归类。账户分类的主要方法有两种,即按经济内容分类和按用途和结构分类。其中,按经济内容分类又是账户分类的基础。

借方	银行存款	贷方
期初余额：147 000		
		(1) 50 000
		(2) 10 000
(3) 100 000		(4) 10 000
本期借方发生额：100 000		本期贷方发生额：70 000
期末余额：177 000		

图 4-2 "银行存款"账户的变动情况

1. 按经济内容分类

账户按经济内容分类的实质是按照会计对象的具体内容进行的分类。如前所述,经济组织的会计对象就其具体内容而言,可以归结为资产、负债、所有者权益、收入、费用和利润六个会计要素。由于利润一般隐含在收入与费用的配比中,因此,从满足管理和会计信息使用者需要的角度考虑,账户按其经济内容可以分为资产类账户、负债类账户、所有者权益类账户、成本类账户和损益类账户五类。

资产类账户按照反映流动性快慢的不同可以再分为流动资产类账户和非流动资产类账户。流动资产类账户主要有"库存现金""银行存款""短期投资""应收账款""原材料""库存商品""待摊费用"等账户;非流动资产类账户主要有"长期投资""固定资产""累计折旧""无形资产""长期待摊费用"等账户。

负债类账户按照反映流动性强弱的不同可以再分为流动负债类账户和长期负债类账户。流动负债类账户主要有"短期借款""应付账款""应付工资""应交税费""预提费用"等账户;长期负债类账户主要有"长期借款""应付债券""长期应付款"等账户。

所有者权益类账户按照来源和构成的不同可以再分为投入资本类所有者权益账户和资本积累类所有者权益账户。投入资本类所有者权益账户主要有"实收资本""资本公积"等账户;资本积累类账户主要有"盈余公积""本年利润""利润分配"等账户。

成本类账户按照是否需要分配可以再分为直接记入类成本账户和分配记入类成本账户。直接记入类成本账户主要有"生产成本"账户(包括"基本生产成本""辅助生产成本"等明细分类账户);分配记入类成本账户主要有"制造费用"等账户。

损益类账户按照性质和内容的不同可以再分为营业损益类账户和非营业损益类账户。营业损益类账户主要有"主营业务收入""主营业务成本""税金及附加""其他业务收入""其他业务支出""投资收益"等账户;非营业损益类账户主要有"营业外收入""营业外支出""销售费用""管理费用""财务费用""所得税费用"等账户。

2. 账户按用途和结构分类

账户按用途和结构分类的实质是依照账户在会计核算中所起的作用和账户在使

用中能够反映的什么样的经济指标进行的分类。账户按照用途和结构可以分为盘存类账户、结算类账户、跨期摊提类账户、资本类账户、调整类账户、集合分配类账户、成本计算类账户、集合配比类账户和财务成果类账户九类。

1）盘存类账户

盘存类账户是指可以通过实物盘点进行核算和监督的各种资产类账户。主要有"库存现金""银行存款""原材料""库存商品""固定资产"等账户。盘存类账户的期初如果有余额在借方,本期发生额的增加数在借方,本期发生额的减少数在贷方,期末如果有余额在借方。

盘存类账户的一般特点如下:

（1）期末余额在借方。

（2）大多能够通过实地盘点来确定核算对象的实际结存数额,并通过账实核对来检查账户记录的正确性和保护财产物资的安全完整。

（3）核算货币资产的账户需要设置日记账;核算实物资产的账户需要按实物的品名设置数量金额式明细分类账户,同时采用实物和货币两种计量单位进行明细核算。

2）结算类账户

结算类账户是指用来核算和监督一个经济组织与其他经济组织或个人以及经济组织内部各单位之间债权债务往来结算关系的账户。按照结算性质的不同,结算类账户可以分为债权结算账户、债务结算账户和债权债务结算账户三种。

（1）债权结算账户主要有"应收账款""应收票据""预付账款""其他应收款"等账户。债权结算账户的基本格式及运用同盘存类账户,即:期初如果有余额在借方,本期发生额的增加数在借方,本期发生额的减少数在贷方,期末如果有余额在借方。

债权结算账户的一般特点如下:①只需核算金额;②必须进行明细核算,明细分类账户一般按欠款单位名称或者人名设置;③余额一般在借方,但也可能出现贷方余额。当出现贷方余额时,账户就具有了债务结算账户的性质。

（2）债务结算账户主要有"应付账款""应付票据""预收账款""其他应付款""应交税费"等账户。债务结算账户的期初如果有余额在贷方,本期发生额的增加数在贷方,本期发生额的减少数在借方,期末如果有余额在贷方。

债务结算账户的一般特点如下:①只需核算金额;②需进行明细核算,一般按照债权单位名称或者人名设置明细分类账户;③余额一般在贷方,但也可能出现借方余额。当出现借方余额时,账户就具有了债权结算账户的性质。

（3）债权债务结算账户是一类比较特殊的结算类账户,它是对经济组织在与其他经济组织或个人之间,同时具有债权又有债务结算情况,需要在同一账户进行核算与监督而运用的一种账户。债权债务结算账户的期初余额可能在借方(表示债权大于债务的差额),也可能在贷方(表示债务大于债权的差额)。本期借方发生额表示债权的增加或债务的减少。本期贷方发生额表示债务的增加或债权的减少。期末如果是借方余额,表示债权大于债务的差额;如果是贷方余额,则表示债务大于债权的差额。

3)跨期摊提类账户

跨期摊提类账户是指用来核算和监督应由若干个会计期间共同负担而又在某个会计期间一次支付费用的账户。跨期摊提类账户主要有"长期待摊费用"账户和"应付利息"账户。

"长期待摊费用"账户的格式和运用方法同盘存类账户,即:期初如果有余额在借方,本期发生额的增加数在借方,本期发生额的减少数在贷方,期末如果有余额在借方。

"应付利息"账户是指用来核算和监督按规定预先提取计入当期但需要在未来一定时点才能一次支付的费用。"应付利息"账户的结构和运用与债务结算类账户相同,即:期初如果有余额在贷方,本期发生额的增加数在贷方,本期发生额的减少数在借方,期末如果有余额在贷方。

4)资本类账户

资本类账户是指用来核算和监督经济组织从外部取得的或内部形成的资本金增加变动情况及其实有数的账户。资本类账户主要有"实收资本(或股本)""资本公积""盈余公积""利润分配"等账户。资本类账户期初如果有余额在贷方,本期发生额的增加数在贷方,本期发生额的减少数在借方,期末如果有余额在贷方。

资本类账户的一般特点如下:

(1)只需核算金额。

(2)期末余额在贷方。

(3)"实收资本(或股本)"账户按投资单位名称或者人名设置明细分类账户,其余账户按统一规定的明细分类科目设置明细分类账户。

5)调整类账户

调整类账户是为了调整被调整账户的余额,以求得一项新数据而设置的账户。被调整账户是反映原始数据的账户,是调整关系中的主账户;调整类账户是反映需对原始数据进行调整的数据的账户。调整是通过账外计算进行的,通过调整后可得到对管理和决策有用的新数据。例如,"固定资产"账户的余额反映的是固定资产原值,"累计折旧"账户的余额反映的是固定资产的损耗价值,用"固定资产"账户的(借方)余额减去"累计折旧"账户的(贷方)余额,就得到"固定资产净值"这个新数据。按调整方式的不同,调整类账户可分为备抵账户、附加账户和备抵附加账户三类。

(1)备抵账户又称抵减账户,是指用于抵减被调整账户的余额,以求得某项新数据的账户。其调整关系如下:

$$被调整账户的余额 - 备抵账户的余额 = 某项新数据$$

例如,如果"固定资产"账户的年末借方余额为 10 000 万元,"累计折旧"账户的年

末贷方余额为 4 000 万元,则:

$$固定资产净值 = 10\ 000 - 4\ 000 = 6\ 000(万元)$$

备抵账户的特点是备抵账户与被调整账户的余额在相反的方向,因为被调整账户都是资产类账户,余额一定在借方,故备抵账户的余额一定是贷方余额。

除"累计折旧"账户以外,"坏账准备"(被调整账户是"应收账款")、"存货跌价准备"(被调整账户是"原材料"等存货类账户)、"固定资产减值准备"(被调整账户是"固定资产")等账户都属于备抵账户。在正常情况下,商品流通企业的"商品进销差价"账户(被调整账户是"库存商品")也属于备抵账户。

(2)附加账户又称补充账户,是指用于与被调整账户的余额相加,以求得某项新数据的账户。其调整关系如下:

$$被调整账户余额 + 附加账户余额 = 某项新数据$$

纯粹的附加账户在实际工作中很少见,这里不再举例说明。不过,根据备抵账户与被调整账户的关系推论,附加账户与被调整账户的余额方向是一致的,即都是借方余额。

(3)备抵附加账户是指通过与被调整账户的余额进行抵减或附加来求得某项新数据的账户。备抵附加账户兼有备抵账户和附加账户的作用,但到底是起备抵作用还是起附加作用,需在期末时根据其余额的实际方向来确定。备抵附加账户在设置时不能确定其余额的方向,而是要根据经济业务的发生情况到期末时才能确定出余额的方向。当备抵附加账户的余额与被调整账户的余额方向相同时,该账户起附加的作用,是附加账户;当备抵附加账户的余额与被调整账户的余额方向相反时,该账户起备抵的作用,是备抵账户。也就是说,备抵附加账户不是同时起备抵和附加两种作用,而是可能起备抵作用,也可能起附加作用,两者只居其一。

当备抵附加账户为借方余额时,按照上述附加账户的调整公式计算新的数据;当备抵附加账户为贷方余额时,按照上述备抵账户的调整公式计算新的数据。制造企业的"材料成本差异"账户属于备抵附加账户。该账户是"原材料"账户在采用计划成本核算时的备抵附加账户。备抵附加账户的特点是:其余额的方向需到期末时才能予以确定。

调整类账户的一般特点如下:①调整类账户依被调整账户的存在而存在,两者紧密联系,共同提供一项新数据;②调整类账户与被调整账户反映的是同一会计要素的不同方面,两者的余额方向可能相同,也可能相反,相同时相加调整,相反时则相减调整;③被调整账户都是资产类账户,调整类账户不论余额在哪方,都归入资产类账户;④只需核算总括金额,不需设置明细分类账户。

6)集合分配类账户

集合分配类账户是指用来归集和分配经济组织经营过程中某个阶段所发生的相

关费用的账户,主要有"制造费用"等账户。集合分配类账户的结构和运用方法基本同盘存类账户。其区别在于所记录的费用属于当期的开支,应当在当期分配完毕,因此,这类账户没有期末和期初余额。

集合分配类账户的一般特点如下:

(1) 只需核算金额。

(2) 期末一般无余额。

(3) 明细分类账户一般采用借方多栏式,按统一规定的费用项目进行明细核算。

7) 成本计算类账户

成本计算类账户是指用来归集经营过程中某个阶段所发生的全部费用,并据以计算和确定出各个对象成本的账户,主要有"生产成本""物资采购""在建工程"等账户。

成本计算类账户的一般特点如下:

(1) 需要按成本计算对象设置明细分类账户。

(2) 明细分类账户一般采用多栏式,以反映金额为主,也可进行实物数量登记。

(3) 在产品可以进行实地盘点。

8) 集合配比类账户

集合配比类账户是指用来核算和监督经营过程中发生的损益,并借以在期末计算和确定其财务成果的账户。集合配比类账户按其性质不同,又可以分为收入类账户、成本类账户、费用类账户和支出类账户。

收入类账户主要有"主营业务收入""其他业务收入""营业外收入""投资收益"等账户。收入类账户的结构和运用方法同权益类账户,但是由于其核算内容属于当期结转的经济业务,故期末没有余额。

成本类账户、费用类账户、支出类账户主要有"主营业务成本""其他业务成本""营业外支出""销售费用""管理费用""财务费用""所得税费用"等账户。成本类、费用类、支出类账户的结构和运用同集合分配类账户。

9) 财务成果类账户

财务成果类账户是指用来核算和监督经济组织在一定时期内财务成果形成,并确定最终成果的账户。典型的财务成果类账户是"本年利润"账户。该账户的贷方登记转入的各项收入和营业外利得额,借方登记转入的费用或损失额;余额在贷方表示本年度累计实现的净利润额,如果在借方则表示本年度累计发生的亏损额。年末结转全年利润及其分配额后,该账户无余额。

财务成果类账户的一般特点如下:

(1) 只需核算金额。

(2) 年度内各月月末有余额,盈利企业的余额在贷方,亏损企业的余额在借方。年末将余额转入"利润分配"账户后无余额。

二、设置会计账户

会计科目包括总分类科目和明细分类科目。会计账户是依据会计科目设置的,依据总分类科目设置的账户称为总分类账户,依据明细分类科目设置的账户称为明细分类账户。

(一)总分类账户

总分类账户又称总账账户、一级账户,是根据总分类科目设置的,用于提供某类核算对象总括资料的会计账户。在我国,为了保证会计核算资料的可比性,便于企业编制会计凭证,登记会计账簿和编制会计报表,总分类账户的名称、核算内容及使用方法通常是由国家有关部门统一制定的。

(二)明细分类账户

明细分类账户又称明细账户,是根据总分类科目所属的明细分类科目开设的,按照明细分类账户详细记录某一类经济业务的发生。明细分类账对于加强监督财产的收发和保管、往来款项的结算、收入的取得以及费用的开支等,都起着重要的作用,是总分类账户的必要补充。因此,各个单位在设置总分类账户的基础上,还应根据会计核算和经营管理的需要设置明细分类账,进行明细分类核算。

在设置明细分类账户时,各单位的经济业务的具体内容不同,经营管理水平不同,明细分类账户的名称、核算内容及使用方法也一般不能统一规定,只能由各单位根据经营管理的实际需要和经济业务的具体内容自行设置。需要说明的是,只有那些既需要提供总括资料,又需要提供详细资料的核算对象,才设置明细分类账户。而不需要提供详细资料的核算对象,只需设置总分类账户。

(三)总分类账户和明细分类账户的平行登记

1. 平行登记的概念

总分类账户和明细分类账户,反映的核算对象相同,核算的内容相同,两者结合起来,既总括又详细地反映同一事物。因此,总分类账户和明细分类账户必须平行登记。所谓平行登记,就是指对于每一项经济业务,都要根据同一会计凭证,一方面要在有关的总分类账户中进行总括登记,另一方面还要在有关的总分类账户所属的有关明细分类账户中进行详细登记的方法。平行登记的最大特点是:总分类账户和明细分类账户是各自独立的、以凭证为依据所进行的登记,也就是既不根据总分类账户登记明细分类账户,也不根据明细分类账户登记总分类账户。这样的登记方法,可以通过总分类账户和明细分类账户的核对来验证其登记结果的正确性。

2. 平行登记的要点

总分类账户和明细分类账户必须平行登记。归纳起来,平行登记有以下几个要点。

1) 同期登记

对于需要提供其详细资料的每一项经济业务,应根据审核无误的凭证,在同一会计期间内,一方面记入有关的总分类账户,另一方面记入有关总分类账户所属的各明细分类账户。

此处需要说明两个问题:第一,该要点称为同期登记而不叫同时登记,原因在于明细分类账户一般根据凭证于平时登记;而总分类账户,因会计核算形式不同,可能在平时登记,也可能定期登记,登记的时间不一定相同。但是,登记总分类账户和明细分类账户必须在同一会计期间完成。第二,只有需要提供详细资料的经济业务,才实行平行登记;而不需提供详细资料的,在有关的总分类账户中登记即可。

2)方向一致

登记总分类账户和明细分类账户的方向应当一致。这里的方向是指会计事项的变动方向,而不一定是记账方向。一般情况下,总分类账户与其所属明细分类账户都按借方、贷方和余额设栏登记。这时,在总分类账户及其所属的明细分类账户中的记账方向是相同的,即总分类账户记入借方,明细分类账户也记入借方;总分类账户记入贷方,明细分类账户也记入贷方。比如应收账款、应付账款等账户即属于这种情况。但是,有些明细分类账户不按借方、贷方和余额设栏登记,而是按收入、发出和结存或者其他的增减符号设栏登记,比如"原材料"账户,其明细分类账户就是按收入、发出和结存设栏登记。这时,总分类账户和明细分类账户的记账方向不能说是相同的,但可以说方向是一致的,因为"原材料"总分类账户的借方表示材料的增加,其明细分类账户的"收入"方也表示材料的增加;"原材料"总分类账户的贷方表示材料的减少,其明细分类账户的"发出"方也表示材料的减少。由此可见,其记录的方向是一致的。

3)金额相等

对于每一项经济业务,记入总分类账户的金额必须与记入其所属的有关明细分类账户的金额之和相等。总分类账户提供总括的资料,而明细分类账户提供总分类账户所记录内容的详细资料,因而记入总分类账户的金额与记入其所属各明细分类账户的金额之和相等。

(四)总分类账户与明细分类账户的核对

总分类账户和明细分类账户的核对,是检查总分类账户和明细分类账户登记是否完整和准确的一种方法。

由于平行登记要求记入总分类账户及其所属的有关明细分类账户的期间相同,方向一致,金额相等,因而其记账的结果,会使总分类账户和明细分类账户形成如下的数量关系:①总分类账户本期发生额合计数与其所属各明细分类账户本期发生额的合计数必然相等;②总分类账户期末余额与其所属各明细分类账户期末金额之和必然相等。

总分类账户和明细分类账户的核对,就是利用总分类账户和明细分类账户的这种数量关系,来验证总分类账户和明细分类账户的记录是否完整和准确。在实务中,该项工作一般是通过编制总分类账户与明细分类账户本期发生额及余额对照表来完成的。

下面以"应收账款"账户和"原材料"账户为例,说明总分类账户与明细分类账户的平行登记,以及总分类账户和明细分类账户的核对。

例如,佳服有限公司 2018 年 8 月"应付账款"与"原材料"总分类账户及其所属明细分类账户的期初余额如图 4-3 至图 4-9 所示。本月发生如下与应付账款和原材料有关的经济业务(不考虑其他经济业务):

(1) 3 日,向发达公司购买布料 C 20 000 元,款暂欠。

(2) 8 日,向北河公司购买布料 A 30 000 元,布料 B 10 000 元,款暂欠。

(3) 13 日,以存款归还发达公司货款 10 000 元,北河公司货款 40 000 元。

(4) 16 日,本月生产产品等耗用布料 C 28 000 元,布料 A 36 000 元,布料 B 19 000 元。

分析:对于业务(1),企业一方面应记入"原材料"总分类账户的借方 20 000 元,同时还应记入其所属明细分类账户"原材料——原料及主要材料——布料 C"的收入方 20 000 元;另一方面应记入"应付账款"总分类账户的贷方 20 000 元,同时还应记入其所属明细分类账户"应付账款——发达公司"的贷方 20 000 元。

对于业务(2),企业一方面应记入"原材料"总分类账户的借方 40 000 元,同时还应记入其所属明细分类账户"原材料——原料及主要材料——布料 A"的收入方 30 000元、"原材料——原料及主要材料——布料 B"的收入方 10 000 元;另一方面应记入"应付账款"总分类账户的贷方 40 000 元,同时还应记入其所属明细分类账户"应付账款——北河公司"的贷方 40 000 元。

对于业务(3),企业一方面应记入"应付账款"总分类账户的借方 50 000 元,同时还应记入其所属明细分类账户"应付账款——发达公司"的借方 10 000 元、"应付账款——北河公司"的借方 40 000 元;另一方面应记入"银行存款"总分类账户的贷方 50 000 元。

对于业务(4),企业一方面应记入"生产成本"总分类账户的借方 83 000 元;另一方面应记入"原材料"总分类账户的贷方 83 000 元,同时还应记入其所属明细分类账户"原材料——原料及主要材料——布料 C"的发出方 28 000 元、"原材料——原料及主要材料——布料 A"的发出方 36 000 元、"原材料——原料及主要材料——布料 B"的发出方 19 000 元。

将以上分析结果登记"T"型账户,并结算出各"T"型账户的本期发生额和期末余额(见图 4-3 至图 4-9)。

"应付账款"总分类账户及其所属各明细分类账户本期发生额及余额,如表 4-3 所示。

借方	应付账款		贷方
		期初余额:	30 000
③	50 000	①	20 000
		②	40 000
本期发生额合计	500 000	本期发生额合计	60 000
		期末余额	40 000

图 4-3 "应付账款"总分类账户

借方	应付账款——发达公司		贷方
		期初余额:	10 000
③	10 000	①	20 000
本期发生额合计	10 000	本期发生额合计	20 000
		期末余额	20 000

图 4-4 "应付账款——发达公司"明细分类账户

借方	应付账款——北河公司		贷方
		期初余额:	20 000
③	40 000	②	40 000
本期发生额合计	40 000	本期发生额合计	40 000
		期末余额	20 000

图 4-5 "应付账款——北河公司"明细分类账户

借方	原材料		贷方
期初余额:	150 000		
①	20 000	④	83 000
②	40 000		
本期发生额合计	60 000	本期发生额合计	83 000
期末余额:	127 000		

图 4-6 "原材料"总分类账户

借方	原材料——原料及主要材料——布料C		贷方
期初结存:	50 000		
①	20 000	④	28 000
本期收入合计	20 000	本期发出合计	28 000
期末结存	42 000		

图 4-7 "原材料——原料及主要材料——布料 C"明细分类账户

借方		原材料——原料及主要材料——布料A		贷方
期初结存:	60 000			
②	30 000	④		36 000
本期收入合计	30 000	本期发出合计		36 000
期末结存	54 000			

图4-8 "原材料——原料及主要材料——布料 A"明细分类账户

借方		原材料——原料及主要材料——布料B		贷方
期初结存:	40 000			
②	10 000	④		19 000
本期收入合计	10 000	本期发出合计		19 000
期末结存	31 000			

图4-9 "原材料——原料及主要材料——布料 B"明细分类账户

表4-3 "应付账款"总分类账户与明细分类账户发生额及余额　　　　单位:元

账户名称	期初余额	本期发生额		期末余额
		借方	贷方	
发达公司	10 000	10 000	20 000	20 000
北河公司	20 000	40 000	40 000	20 000
合计	30 000	50 000	60 000	40 000
总分类账户金额	30 000	50 000	60 000	40 000

"原材料"总分类账户及其所属各明细分类账户本期发生额及余额,如表 4-4 所示。

表4-4 "原材料"总分类账户与明细分类账户发生额及余额　　　　单位:元

账户名称	期初结存	本期发生额		期末结存
		收入	发出	
布料 C	50 000	20 000	28 000	42 000
布料 A	60 000	30 000	36 000	54 000
布料 B	40 000	10 000	19 000	31 000
合计	150 000	60 000	83 000	127 000
总分类账户金额	150 000	60 000	83 000	127 000

注:"原材料"所属各明细分类账户部分还应有数量和单价,为简化起见从略。

任务三　认知单式记账法和复式记账法的区别

一、认知记账方法

（一）记账方法

通过会计科目以及会计账户的学习，我们已经知道，为核算和监督会计的具体内容，就必须根据规定的会计科目设置账户，以提供信息使用者所需要的会计信息。但是，要把会计对象的具体内容即各单位的经济业务登记到账户中去，则必须采用一定的记账方法。

记账方法是指按照一定的记账规则，使用一定的记账符号，在账户中登记各项经济业务的技术方法。它是记录经济业务，完成会计任务的基本手段。会计在计量和记录各类经济业务时，必须运用科学合理的记账方法。按照登记经济业务方式的不同，记账方法可分为单式记账法和复式记账法。复式记账法又因其构成要素的不同而分为借贷记账法、增减记账法和收付记账法。借贷记账法是目前世界上通用的记账方法。收付记账法和借贷记账法都是由单式记账法逐步发展、演变为复式记账法的。

（二）单式记账法

随着社会剩余产品与私有制的结合，造成了私人财富的积累，进而导致了受托责任会计的产生，会计逐渐从生产职能中分离出来，成为特殊的、专门委托有关当事人从事的一项独立的活动。这时的会计，不仅应该保护奴隶主物质财产的安全，还应反映那些受托管理这些财产的人是否认真履行了他们的职责。所有这些都要求采用较先进、科学的计量与记录方法，从而促使原始计量、记录行为向单式簿记体系演变。从奴隶社会的繁盛时期到 15 世纪末，单式记账法应运而生并且得到发展。

单式记账法是对每一项经济业务只在一个账户进行登记的方法。这种记账方法一般只记录银钱收付和债权债务结算业务。例如，企业以现金 100 元支付本月水电费，对于这一项经济业务，在单式记账法下只记录"现金"减少 100 元，而不记录现金减少的去向——"费用"增加 100 元。

单式记账法是一种不完整的简易记账方法，有以下显著的缺陷：

（1）账户设置不完整。单式记账法通常只设置"库存现金""银行存款""应收账款""应付账款"等少数账户,其他账户都不设置。

(2)按时序反映一部分经济业务。单式记账法只反映能引起货币资金、债权、债务增减变化的经济业务。

(3)反映一部分经济业务的一个方面。单式记账法只反映货币资金、债权、债务等的增减变动,对导致其发生变动的原因不予反映。

(4)不能进行总体试算平衡。因为单式记账法没有记录所有的经济业务,所反映的经济业务也只是一个方面,因此不能进行全面的试算平衡。

这些缺陷使单式记账法的账户与账户之间没有必然的内在联系,也没有相互对应平衡的概念,只能反映经济业务的一个侧面,会计记录之间不存在相互勾稽关系。因此,单式记账法不能全面、系统地反映经济业务的来龙去脉,也不便于检查账簿记录的正确性。单式记账法的这些缺陷使其难以适应社会化大生产的需要,进而被复式记账法所取代。

二、复式记账法

(一)复式记账法的概念

复式记账法是指对每一项经济业务,都要在两个或两个以上的账户中相互联系进行登记,系统地反映资金运动变化结果的一种记账方法。

(二)复式记账法的理论基础

复式记账法的理论基础是会计恒等式,即"资产=负债+所有者权益"。

这一会计等式反映了会计要素之间的相互联系,构成了会计对象的基本组成部分。任何一项经济业务,都会对会计等式产生双重的影响。这种双重影响,有时是在等式左右两方,有时是在等式一方,而且任何经济业务都不会破坏会计等式中原会计要素之间的平衡关系。为了如实反映各项经济业务对会计等式的影响,保持会计等式的平衡关系不被破坏,在记录每项经济业务时,必须使用复式记账法。

"资产=负债+所有者权益"所反映的资金平衡关系。复式记账法的经济内容是会计要素,它们是相互联系、相互依存的,各自具有独立的含义,并以不同的具体形式存在着。企业发生的经济业务,都会引起每一个会计要素具体形式的价值数量变化。也就是说,无论在何种情况下发生的经济业务,总会有一定量的价值从一处来到另一处去,是一个具体过程的两个方面。只有把这两方面同时记录下来,才能全面地反映这一具体过程,如实描述每一项经济业务所引起的会计对象的变化。因此设置相应的账户进行登记,就可使复式记账法组成一个完整的、系统的记账组织体系。有了这样一个记账组织体系,不仅能反映了资产、负债和所有者权益的增减变化和结存情况,而且还能确认收入、费用和利润的数额及其形成原因。这是复式记账法能够全面地核算和监督企业的经济活动的根本原因。

复式记账法通过价值形式的计算和记录,为经济管理提供核算指标,因此,复式记账法必然具有一定的记账技术方法。它是以记账内容之间所表现出的数量上的平稳关系，作为记账技术方法的基础。会计恒等式即是各会计要素之间的关系表达式，它不仅有价值数量的关系表现，还有经济性质上的说明。会计恒等式的等量双方，必然要求经济事物发生相互联系和等量的变化，为此，必须通过两个或两个以上的账户，相互联系地进行双重记录，才能得到全面的反映。显然，这是由复式记账法本身的要求所决定的。它如实地反映了经济事物的客观联系，也说明复式记账法是科学的。

（三）复式记账法的特点

复式记账法与单式记账法相比有两个明显的特征：一是对发生的各项经济业务，都要按规定的会计科目，至少在两个账户上相互联系地进行分类记录；二是可以对记录的结果进行试算平衡。

按照复式记账原理处理经济业务，能够把所有经济业务相互联系地、全面地记入有关账户中，这不仅可以了解每一项经济业务的来龙去脉，而且通过账户记录还可以完整地、系统地反映各项经济活动的过程和结果。同时，由于对每项经济业务都以相等的金额在两个或两个以上相互联系的账户上进行记录，这样，所有账户的有关发生额必然保持一种平衡关系。根据这种必然相等的关系，就可以检查账户中的记录是否正确，便于及时查找原因，加以更正。

应用复式记账法记录各项经济业务，还可以通过账户对应关系了解经济业务的内容，检查经济业务是否合理、合法。复式记账法在会计核算方法体系中占有重要地位。在日常会计核算工作中，从编制会计凭证到登记账簿，都要运用复式记账原理。

因此，复式记账法是一种科学的记账方法，被世界各国广泛采用。复试记账法又因其构成要素的不同而分为借贷记账法、增减记账法和收付记账法。借贷记账法是目前世界上通用的记账方法。由于多种记账方法并存，国内记账方法不统一，而且与国际会计惯例不一致。1992 年 11 月 30 日，财政部发布的《企业会计准则》第八条规定了"会计记账采用借贷记账法"，这就统一了我国会计记账方法，逐步取消了增减记账法和收付记账法，在所有企业、行政事业单位和各类社会组织中统一使用借贷记账法这一国际通行的复式记账法。

任务四　掌握借贷记账法的原理

能力目标：

1. 能够理解借贷记账法的含义。

2. 能够掌握各类会计要素账户的借贷记账法记账原则。

3. 能够掌握借贷记账法下的会计试算平衡原理。

4. 能够编写会计分录。

一、认知借贷记账法

（一）借贷记账法的产生与发展

借贷记账法是以会计恒等式为理论依据，以"借""贷"两字作为记账符号来记录经济业务的一种复式记账法。

（二）借贷记账法的记账符号

记账符号表示应记入各账户数额增减变动的方向。借贷记账法以"借""贷"作为记账符号，分别作为账户的左方和右方，用来指明应记入各账户的方向，指明其增减变化情况。对每一个账户来说，如果规定"借"表示增加额，则"贷"就表示减少额；如果规定借表示减少额，则贷就表示增加额。对一个账户而言，"借"和"贷"哪个代表增加，哪个代表减少，要根据账户的性质及其核算内容来确定。

借贷记账法以"借""贷"两字作为记账符号，并不是"纯粹的""抽象的"记账符号，而是具有深刻经济内涵的科学的记账符号。从字面含义上看，"借""贷"两字的确是历史的产物，其最初的含义同债权和债务有关。随着商品经济的发展，借贷记账法得到广泛的运用，记账对象不再局限于债权、债务关系，而是扩大到要记录财产物资增减变化和计算经营损益。原来仅限于记录债权、债务关系的"借""贷"两字已不能概括经济活动的全部内容。它表示的内容应该包括全部经济活动资金运动变化的来龙去脉，它们逐渐失去了原来字面上的含义，并在原来含义的基础上进一步升华，获得了新的经济含义：

第一，代表账户中两个固定的部位。一切账户，均需设置两个部位以记录某一具体经济事项数量上的增减变化（来龙去脉）。账户的左方一律称为借方，账户的右方一律称为贷方。第二，具有一定的确切的、深刻的经济含义。"贷"字表示资金运动的"起点"（出发点），即表示会计主体所拥有的资金（某一具体财产物资的货币表现）的"来龙"（资金从哪里来）；"借"字表示资金运动的"驻点"（即短暂停留点，因资金运动在理论上没有终点），即表示会计主体所拥有的资金的"去脉"（资金的用途、去向或存在形态）。这是由资金运动的内在本质决定的。会计既然要全面反映与揭示会计主体的资金运动，在记账方法上就必须体现资金运动的本质要求。

（三）账户的分类及结构

在借贷记账法下，按照经济业务内容的不同，应设置资产类、负债类、所有者权益类、成本类和损益类账户，其中损益类又可分为收入类和费用类两类。为便于学习和使用，我们将每一账户划分为左、右两方，这就是账户的基本结构，并且用借贷记账法的符号"借"和"贷"为记号，规定左方为"借方"，右方为"贷方"。由于每一账户反映的经济内容即账户的类别不同，其"借方"和"贷方"记录的内容也不同。账户的基本结构如图 4-10 所示。

确立账户具体结构的理论依据是会计等式。根据会计等式"资产＋费用＝负

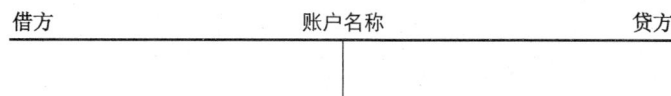

图 4-10 账户的基本结构

债＋所有者权益＋收入",可以将全部账户分为等式左边的账户和等式右边的账户。处于等号左边的资产、费用类账户,其借方记录增加,贷方记录减少,余额一般在借方;处于等号右边的负债、所有者权益和收入类账户,其贷方记录增加,借方记录减少,余额一般在贷方。具体情况如表 4-5 所示。

表 4-5 记账符号含义

账户类别	"借"字的含义	"贷"字的含义
资产	增加	减少
负债	减少	增加
所有者权益	减少	增加
收入	减少	增加
费用(成本)	增加	减少

1. 资产类账户结构

资产类账户的结构是:借方登记各项资产的增加额,贷方登记各项资产的减少额。在每一会计期内,将资产类账户借方数额加总称为借方发生额;将资产类账户贷方数额加总称为贷方发生额;会计期末将每一资产账户的期初余额加上借方发生额减去贷方发生额即为期末余额。资产账户的余额一般在借方,每一会计期末的余额转入下一会计期间,称为下一会计期间的期初余额。

资产类账户的结构如图 4-11 所示。

借方	资产类账户名称	贷方	
期初余额	×××		
本期增加额	×××	本期减少额	×××
本期借方发生额	×××	本期贷方发生额	×××
期末余额	×××		

图 4-11 资产类账户的结构

2. 负债及所有者权益类账户的结构

负债及所有者权益类账户的结构是:贷方登记各项负债和各项所有者权益的增加额,借方登记各项负债及各项所有者权益的减少额。在每一会计期间内,将各负债及所有者权益类账户贷方数额加总称为贷方发生额;将各负债及所有者权益类账户借方数额加总称为借方发生额,会计期末将其期初余额加上贷方发生额减去借方发生额即为期末余额。负债及所有者权益类账户的余额一般在贷方,各会计期末的余额转入下一会计期间,称为下一会计期间的期初余额。

负债及所有者权益类账户的结构如图 4-12 所示。

借方	负债及所有者权益类账户名称		贷方
		期初余额	×××
本期减少额 ×××		本期增加额	×××
本期借方发生 ×××		本期贷方发生额	×××
		期末余额	×××

图 4-12　负债及所有者权益类账户的结构

3. 成本类账户的结构

成本类账户用来反映生产经营过程中应计入成本的各项耗费。成本是资产的一种转化并在产品生产完工时又转化为资产。因此,成本类账户的结构和资产类账户的结构基本相同。

成本类账户的结构是:借方登记成本的增加额,贷方登记结转完工产品的成本。在每一会计期内,将成本类账户借方数额加总称为借方发生额;将成本类账户贷方转出数加总称为贷方发生额,会计期末将每一成本账户的期初余额加上借方发生额减去贷方发生额即为期末余额。成本类账户的期末余额表示期末在产品的成本,成本类账户的余额一般在借方。期末余额在会计期末转入下一会计期间,称为下一会计期间的期初余额。

成本类账户的结构如图 4-13 所示。

借方	成本类账户名称		贷方
期初余额	×××		
本期增加额	×××	本期转出额	×××
本期借方发生额	×××	本期贷方发生额	×××
期末余额	×××		

图 4-13　成本类账户的结构

4. 损益类账户的结构

损益类账户用来反映企业生产经营过程中实现的收入和发生的按配比要求确定的各项费用。损益类账户可分为收入类账户和费用类账户。企业在生产经营过程中要不断地实现收入,同时为了实现收入就要发生费用,收入和费用相抵即为企业实现的利润。企业实现利润会使所有者权益增加。因为收入的增加意味着利润的增加,利润最终是归所有者享有的,所以最终会导致所有者权益的增加;而费用的增加会使利润减少,也最终使所有者权益减少。因此,收入类账户的结构和所有者权益类账户的结构基本相同；费用类账户的结构则与所有者权益类账户的结构相反，而与资产类账户的结构基本相同。

需要说明的是，收入类账户从其经济内容看只反映企业生产经营过程中实现的收入，费用类账户也只反映企业生产经营过程中发生的费用。为了期末能够计算当期实现的利润，必须把两类账户中记录的收入和费用集中在一起进行对比，并计算出各期的利润。因此，会计期末要将所有本期实现的收入全部从收入类账户转出至反映利润的所有者权益类账户；将所有本期发生的费用也全部从费用类账户转出至反映利润的所有者权益类账户，并通过所有者权益类账户中的"本年利润"账户对比计算各期的利润，因而会计期末所有损益类账户是没有余额的。

1）收入类账户的结构

收入类账户的结构是：贷方登记各项收入的增加额，借方登记各项收入的减少额及转出额。期末结转后收入类账户无余额。收入类账户的结构如图 4-14 所示。

借方	收入类账户名称	贷方
本期减少额及转出额　×××		本期增加额　×××
本期借方发生额　×××		本期贷方发生额　×××

图 4-14　收入类账户的结构

2）费用类账户的结构

费用类账户的结构是：借方登记各项费用的增加额，贷方登记各项费用的减少额及转出额。期末结转后费用类账户无余额。

费用类账户的结构如图 4-15 所示。

借方	费用类账户名称	贷方
本期增加额　×××		本期减少额及转出额　×××
本期借方发生额　×××		本期贷方发生额　×××

图 4-15　费用类账户的结构

二、掌握借贷记账法

（一）掌握记账规则

借贷记账法是以复式记账原理，即会计恒等式为基础的。具体的记账规则可概括为"有借必有贷，借贷必相等"。这一记账规则包含了两方面的要求：

其一，对任何一项经济业务，必须同时在两个或两个以上相互联系的账户中以相反的方向进行登记，即在一个账户中记入借方（或贷方），在另一个或几个相互联系的账户中记入贷方（或借方）。

其二,以相等的金额同时记入相关账户的借方和贷方,即记入相关账户的借方金额和贷方金额相等。由于借贷记账法的理论基础是"资产＝负债＋所有者权益",因此,反映经济业务的发生而引起各项目变动时,只有以相等的金额登记,才能保持会计等式两端要素之间的平衡关系。

实际工作中,企业每天发生的经济业务是多种多样的,但无论怎样变化,均可归纳为以下几种类型。

【例 4-1】 2018 年 9 月 1 日,佳服有限公司向银行借入期限为 3 个月的借款100 000 元。

这项经济业务的发生,使企业的银行存款和短期借款同时增加,增加金额均为100 000 元,属于资产项目和负债项目同时增加的业务。按照借贷记账法账户结构,资产类账户增加记借方,负债类账户增加记贷方。该项经济业务使银行存款增加了100 000 元,应记入"银行存款"账户的借方。同时短期借款增加了 100 000 元,应记入"短期借款"账户的贷方。其账户记录如图 4-16 所示。

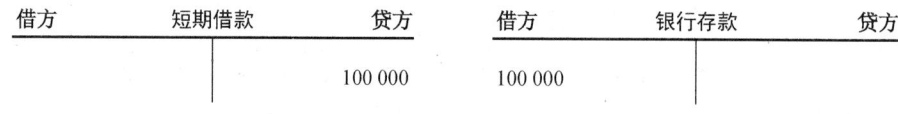

图 4-16 资产项目和负债项目同增

【例 4-2】 2018 年 9 月 5 日,佳服有限公司收到投资人投入的机器设备 10 台,价值 40 000 元。

这项经济业务,一方面使企业的固定资产,即机器设备增加,同时投资人投入作为所有者权益实收资本增加,增加金额为 40 000 元。该业务属于资产项目和所有者权益项目同时增加的业务。按照借贷记账法下账户的结构,资产类账户增加记借方,所有者权益类账户增加记贷方。该项经济业务使固定资产增加了 40 000 元,应记入"固定资产"账户的借方。实收资本增加了 40 000 元,应记入"实收资本"账户的贷方。其账户记录如图 4-17 所示。

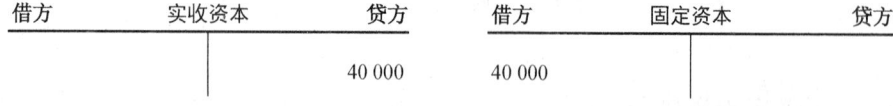

图 4-17 资产项目和所有者权益项目同增

【例 4-3】 2018 年 9 月 5 日,佳服有限公司从银行提取现金 8 000 元,以备零星使用。

这项经济业务的发生,使企业的银行存款和库存现金这两个资产项目此增彼减,增减金额均为 8 000 元。按照借贷记账法账户结构,资产类账户增加记借方,减少记贷方。该项经济业务使库存现金增加了 8 000 元,应记入"库存现金"账户的借方;使银行存款减少了 8 000 元,应记入"银行存款"账户的贷方。其账户记录如图 4-18 所示。

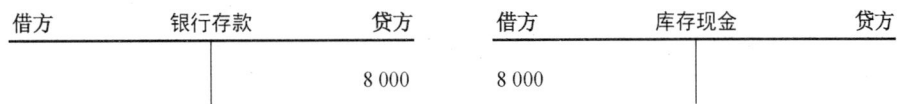

图 4-18　资产项目内部此增彼减

【例 4-4】　2018 年 9 月 7 日,佳服有限公司向银行借入短期借款 20 000 元,直接用于偿还上月购买材料欠款。

这项经济业务的发生,使企业的短期借款和应付账款这两个负债项目此增彼减,增减金额均为 20 000 元。按照借贷记账法账户结构,负债类账户增加记贷方,减少记借方。该项经济业务使短期借款增加了 20 000 元,应记入"短期借款"账户的贷方;使应付账款减少了 20 000 元,应记入"应付账款"账户的借方。其账户记录如图4-19所示。

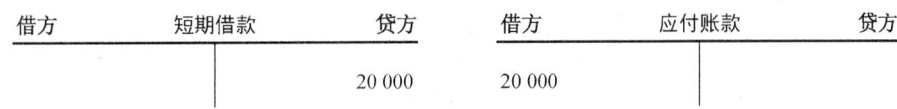

图 4-19　负债项目内部此增彼减

【例 4-5】　2018 年 9 月 15 日,佳服有限公司用银行存款 16 000 元交纳上月应交增值税。

这项经济业务的发生,使企业的银行存款和应交税费同时减少,减少金额均为 16 000 元。按照借贷记账法账户结构,资产类账户减少记贷方,负债类账户减少记借方。该项经济业务使银行存款减少了 16 000 元,应记入"银行存款"账户的贷方;使应交税费减少了 16 000 元,应记入"应交税费"账户的借方。其账户记录如图 4-20 所示。

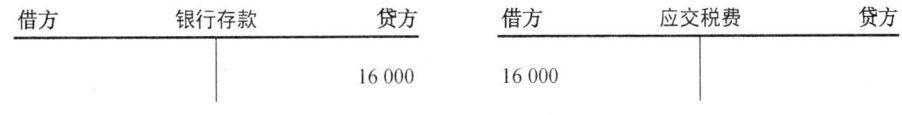

图 4-20　资产和负债同时减少

【例 4-6】　2018 年 9 月 20 日,佳服有限公司以银行存款支付 7 月欠供应单位材料款 4 500 元。

这项经济业务的发生,使企业的银行存款和应付账款同时减少,减少金额均为 4 500 元。按照借贷记账法下账户的结构,资产类账户减少记贷方,负债类账户减少记借方。该项经济业务使银行存款减少了 4 500 元,应记入"银行存款"账户的贷方;

使应付账款减少了 4 500 元,应记入"应付账款"账户的借方。其账户记录如图 4-21 所示。

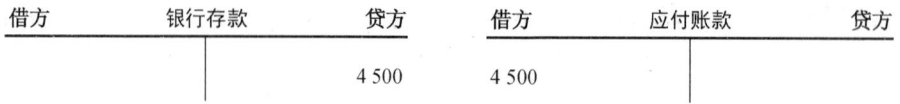

图 4-21　资产和负债同时减少

【例 4-7】　2018 年 9 月 23 日,佳服有限公司购进布匹材料共计 30 000 元,材料已入库,货款尚未支付。

这项经济业务的发生,使企业的原材料和应付账款同时增加,增加金额均为 30 000 元。按照借贷记账法账户结构,资产类账户增加记借方,负债类账户增加记贷方。该项经济业务使原材料增加了 30 000 元,应记入"原材料"账户的借方;使应付账款增加了 30 000 元,应记入"应付账款"账户的贷方。其账户记录如图 4-22 所示。

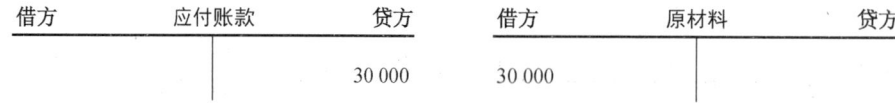

图 4-22　资产和负债同时增加

【例 4-8】　2018 年 9 月 25 日,佳服有限公司又购进布匹材料一批,价款 15 000 元,材料已验收入库,货款已用银行存款支付。

这项经济业务的发生,使企业的银行存款和原材料这两个资产项目此增彼减,增减金额均为 15 000 元。按照借贷记账法账户结构,资产类账户增加记借方,减少记贷方。该项经济业务使原材料增加了 15 000 元,应记入"原材料"账户的借方;使银行存款减少了 15 000 元,应记入"银行存款"账户的贷方。其账户记录如图 4-23 所示。

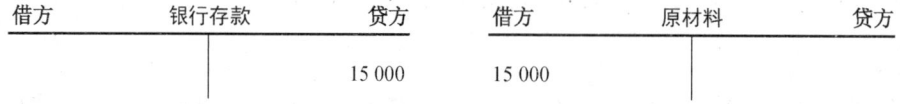

图 4-23　资产内部此增彼减

通过以上举例可以看出,对于每一项经济业务运用借贷记账法记账时,记入一个账户的借方(或贷方)的同时,必须记入另一个或几个账户的贷方(或借方),即有借必有贷;记入借方的金额和记入贷方的金额相等,即借贷必相等。因此,借贷记账法的记账规则是"有借必有贷,借贷必相等"。

(二)掌握试算平衡

1. 试算平衡的概念

试算平衡是借贷记账法下,根据会计等式和记账规则,检查会计记录是否正确的一种专门方法。在运用借贷记账法处理经济业务的过程中,由于会计人员在审核、计算、记录等工作中违反有关规定或由于疏忽可能会出现这样那样的错误,为了保证会计处理的正确性,必须运用科学的方法来检查和验证会计处理的正确性,具体可运用借贷记账法的借贷试算平衡方法进行检查。

2. 试算平衡的方法

试算平衡的方法包括"账户发生额试算平衡法"和"账户余额试算平衡法"两种方法。

1) 账户发生额试算平衡法

账户发生额试算平衡法是指以借贷记账法记账规则"有借必有贷,借贷必相等"为理论依据,对一定时期会计记录进行检查和验证的方法。按照借贷记账法的记账规则,会计人员在记账时,对每一经济业务都以相等的金额记入一个或几个账户的借方(或贷方)和另一个或几个账户的贷方(或借方),即每一笔经济业务都按照"有借必有贷,借贷必相等"的规则处理,那么,一定时期内全部经济业务登记入账后,所有账户的借方发生额合计与贷方发生额合计必然相等,即:

$$全部账户本期借方发生额合计 = 全部账户本期贷方发生额合计$$

2) 账户余额试算平衡法

账户余额试算平衡法是指以会计等式"资产=负债+所有者权益"为理论依据,对某一特定日期资产类账户、负债类账户及所有者权益类账户余额进行检查和验证的方法。根据借贷记账法的账户结构,会计期末资产类账户和成本类账户余额一般在借方(成本类账户的余额代表的也是企业的资产),负债类账户和所有者权益类账户余额一般在贷方,损益类账户期末没有余额。根据会计等式"资产=负债+所有者权益"可知,每一会计期初、期末,所有账户的借方余额合计数与所有账户的贷方余额合计数必然相等,即:

$$全部账户期初借方余额合计 = 全部账户期初贷方余额合计$$
$$全部账户期末借方余额合计 = 全部账户期末贷方余额合计$$

3. 试算平衡表

实际工作中,运用试算平衡的方法进行检查和验证时,通常是通过编制试算平衡表进行的。

编制试算平衡表,是为了在结算利润以前及时发现错误并予以更正。同时,它汇集了各账户的资料,依据试算平衡表编制会计报表将比直接依据分类账户编制会计报表更为方便,对于拥有大量分类账的企业尤其如此。

试算平衡表可定期或不定期地编制,它是经营性企业的会计工作之一。因为试算平衡表使用频繁,所以企业大多事先印好企业名称、试算平衡表名称、账户名称,实际编制时只要填入各账户余额或发生额并予以汇总即可。编制试算平衡表将运用账户发生额试算平衡法和账户余额试算平衡法。试算平衡表一般设为六栏,既可以进行总分类账户本期发生额的试算平衡,又可以进行总分类账户期初余额和期末余额的试算平衡。

把一定时期如一个月或一个年度的各项经济业务,按照"有借必有贷,借贷必相等"的记账规则做成会计分录,并全部登入总账以后,在每一会计期末,会计人员在全部经济业务登记入账后结出每一账户的本期发生额和余额,将全部账户本期发生额和余额填制在表4-6中,并分别计算期初借贷方余额、本期借贷方发生额及期末借贷方余额合计,以检查和验证账户记录的正确与否。如果不发生错误,那么,每一笔会计分录中的借贷两方金额及全部账户中借方发生额合计和贷方发生额合计都应能自动保持平衡。在此基础上,企业便可结算出本期利润,编制会计报表。

试算平衡表如表4-6所示。

表4-6　试算平衡表
年　　　月　　　日

账户名称	期初余额		本期发生额		期末余额	
	借方	贷方	借方	贷方	借方	贷方
合计						

需要说明的是,试算平衡只是通过账户的借贷发生额和余额来检查账户记录是否正确的基本方法。

如果试算平衡表借方余额合计数和贷方余额合计数不相等,说明肯定存在错误,应当予以查明纠正。一般地,应先检查试算平衡表本身有无差错,即借方余额和贷方余额的合计数有无漏加或错加。如果试算平衡表本身没有计算错误,现用下列方法依次进行检查,直至找出错误为止。

(1)检查全部账户是否都已列入了试算平衡表,并检查各个账户的发生额和期末余额是否都已正确地抄入试算表。

(2)复核各个账户的发生额和期末余额是否计算正确。

(3)追查由记账凭证转记分类账的过程,核对后应在已核对数旁作核对记号。追查结束后,再查寻一下记账凭证、分类账上有无未核对的金额。追查记账过程时,不仅要注意金额是否无误,而且要核对过账时借方和贷方有无错置。

(4)核实记账凭证编制是否正确,有无记账方向差错,是否违反"有借必有贷,借贷必相等"的记账规则,排除凭证编制错误。

通过上述检查,一般说来,错误可以查出。

如果借贷方合计数相等,则说明账务处理基本正确,但不能肯定其完全正确,因为有些会计处理不会影响平衡关系。例如,某些业务重记、漏记、借贷方向记反或记错账户名称等,试算结果仍然是平衡的。因此,为保证会计记录的正确性,还应采用其他方法对会计资料进行定期或不定期核对。但是,会计记录上的大多数错误往往会使借贷失衡,试算平衡表在验证会计处理正确性方面仍有其重要的功效,不失为简便、有效的验证工具。

不能通过试算平衡表发现错误的情形有:①漏记某项经济业务,使本期借贷双方的发生额出现等额减少,借贷双方仍然平衡;②重记某项经济业务,使本期借贷双方的发生额出现等额虚增,借贷双方仍然平衡;③某项经济业务记错有关账户,借贷双方仍然平衡;④某项经济业务在账户记录中,颠倒了记账方向,借贷双方仍然平衡;⑤借方或贷方发生额中,偶然发生多记或少记并相互抵销,借贷仍然平衡。

【例 4-9】 假定佳服有限公司 9 月初有关账户余额如表 4-7 所示,要求结合[例 4-1]至[例 4-8]9 月发生的经济业务,对其会计处理进行试算平衡,检查会计处理的正确性。

表 4-7　9 月月初总分类账户期初余额　　　　　　　　单位:元

资产	余额方向	金额	负债及所有者权益	余额方向	金额
库存现金	借	1 000	短期借款	贷	50 000
银行存款	借	80 000	应付账款	贷	25 000
应收账款	借	20 000	应交税费	贷	16 000
原材料	借	60 000	长期借款	贷	70 000
库存商品	借	40 000	实收资本	贷	150 000
固定资产	借	150 000	资本公积	贷	40 000
合　计		351 000	合　计		351 000

（1）设置 T 型账户并登记各账户期初余额和本期发生额,如图 4-24 所示。

借方	库存现金	贷方
期初余额 1 000		
③ 8 000		
本期发生额 8 000	本期发生额	
期末余额 9 000		

借方	短期借款	贷方
	期初余额 50 000	
	① 100 000	
	② 20 000	
	本期发生额 120 000	
	期末余额 170 000	

借方	银行存款	贷方
期初余额 80 000	③ 8 000	
① 100 000	⑤ 16 000	
⑧ 15 000	⑥ 4 500	
本期发生额 100 000	本期发生额 435 000	
期末余额 136 500		

借方	应付账款	贷方
	期初余额 25 000	
④ 20 000		
⑥ 4 500	⑦ 30 000	
本期发生额 24 500	本期发生额 30 000	
	期末余额 30 500	

借方	应收账款	贷方
期初余额 20 000		
本期发生额	本期发生额	
期末余额 20 000		

借方	应交税费	贷方
	期初余额	16 000
⑤ 16 000		
本期发生额 16 000	本期发生额	
	期末余额	0

借方	原材料	贷方
期初余额 60 000		
⑦ 30 000		
⑧ 15 000		
本期发生额 45 000	本期发生额	
期末余额 105 000		

借方	长期借款	贷方
	期初余额	70 000
本期发生额	本期发生额	
	期末余额	70 000

借方	库存商品	贷方
期初余额 40 000		
本期发生额	本期发生额	
期末余额 40 000		

借方	实收资本	贷方
	期初余额	15 000
	②	40 000
本期发生额	本期发生额	40 000
	期末余额	190 000

借方	固定资产	贷方
期初余额 150 000		
② 40 000		
本期发生额 40 000	本期发生额	
期末余额 190 000		

借方	资本公积	贷方
	期初余额	40 000
本期发生额	本期发生额	
	期末余额	40 000

图 4-24　登记各账户期初余额和本期发生额

（2）编制 2018 年 9 月账户发生额及余额试算平衡表，如表 4-8 所示。

表 4-8　账户发生额及余额试算平衡表

2018 年 9 月　　　　　　　　　　　　　　单位:元

账户名称	期初余额		本期发生额		期末余额	
	借方	贷方	借方	贷方	借方	贷方
库存现金	1 000		8 000		9 000	
银行存款	80 000		100 000	43 500	136 500	
应收账款	20 000				20 000	
原材料	60 000		45 000		105 000	

（续表）

账户名称	期初余额		本期发生额		期末余额	
	借方	贷方	借方	贷方	借方	贷方
库存商品	40 000				40 000	
固定资产	150 000		40 000		190 000	
短期借款		50 000		120 000		170 000
应付账款		25 000	24 500	30 000		305 000
应交税费		16 000	16 000			0
长期借款		70 000				70 000
实收资本		150 000		40 000		190 000
资本公积		40 000				40 000
合　计	351 000	351 000	233 500	233 500	500 500	500 500

（三）掌握借贷记账法下的会计分录

1. 会计分录的概念

会计分录（简称分录），是对经济业务应借、应贷的账户名称以及金额的一种记录。每笔会计分录包括三个要素，即账户的名称、记账符号和记账金额。

会计分录在实际工作中，是通过填制记账凭证来实现的，它是保证会计记录正确可靠的重要环节。会计核算中，不论发生什么样的经济业务，都需要在登记账户以前，按照记账规则，通过填制记账凭证来确定经济业务的会计分录，以便正确地进行账户记录和事后检查。

根据借贷记账法"有借必有贷、借贷必相等"这一记账规则，对每一项经济业务，都要以相等的金额同时在两个或两个以上相互联系的账户中以相反的方向进行登记，即登记时的方向为"借方"和"贷方"；且记入借方账户的金额与记入贷方账户的金额相同。

2. 编制格式

第一，应是先借后贷，借贷分行，借方在上，贷方在下。

第二，贷方记账符号、账户、金额都要比借方退后一格，表明借方在左，贷方在右。

会计分录按其涉及对应账户的多少可分为简单分录和复合分录两种。简单分录是指一笔会计分录中，只有一个借方账户和一个贷方账户，即一借一贷的会计分录。复合分录是指在一笔会计分录中，有两个以上账户的分录，即一借多贷、一贷多借或多借多贷的分录。

需要指出的是，为了保持账户对应关系的清楚，一般不宜把不同经济业务合并在一起，编制多借多贷的会计分录。但在某些特殊情况下，为了反映经济业务的全貌，也可以编制多借多贷的会计分录。

3. 编制步骤

运用借贷记账法编制会计分录,一般应按以下步骤进行:

(1) 分析发生的经济业务所涉及的账户及其性质。在经济业务发生后,分析该项业务涉及的会计要素是资产、成本、费用,还是负债、所有者权益、收入。

(2) 确定涉及账户的金额是增加还是减少。

(3) 根据该账户的性质,确定增加或减少的金额应记入账户的借方还是贷方。

(4) 检查会计分录中的应借、应贷账户是否正确,借贷双方金额是否相等。

以[例 4-1]为例,分析会计分录的编制步骤:

(1) 分析涉及要素──→资产　　　　　　　　负债
(2) 确定登记账户──→"银行存款"　　　　"短期借款"
(3) 分析增减变化──→增　　　　　　　　　增
(4) 确定记账方向──→借　　　　　　　　　贷
(5) 确定登记金额──→100 000　　　　　　100 000
(6) 写出完整分录──→借:银行存款　　　　　　　　　　　　　　100 000
　　　　　　　　　　　贷:短期借款　　　　　　　　　　　　　　100 000

同理,将[例 4-2]至[例 4-8]以会计分录的形式表示如下:

[例 4-2]　借:固定资产　　　　　　　　　　　　　　　40 000
　　　　　　贷:实收资本　　　　　　　　　　　　　　　40 000

[例 4-3]　借:库存现金　　　　　　　　　　　　　　　8 000
　　　　　　贷:银行存款　　　　　　　　　　　　　　　8 000

[例 4-4]　借:应付账款　　　　　　　　　　　　　　　20 000
　　　　　　贷:短期借款　　　　　　　　　　　　　　　20 000

[例 4-5]　借:应交税费　　　　　　　　　　　　　　　16 000
　　　　　　贷:银行存款　　　　　　　　　　　　　　　16 000

[例 4-6]　借:应付账款　　　　　　　　　　　　　　　4 500
　　　　　　贷:银行存款　　　　　　　　　　　　　　　4 500

[例 4-7]　借:原材料　　　　　　　　　　　　　　　　30 000
　　　　　　贷:应付账款　　　　　　　　　　　　　　　30 000

[例 4-8]　借:原材料　　　　　　　　　　　　　　　　15 000
　　　　　　贷:银行存款　　　　　　　　　　　　　　　15 000

从上述编制的每一笔会计分录可以看出,反映每一项经济业务时都以两个或两个以上相互联系的账户来记录,在有关的账户之间就发生了应借、应贷的相互关系,我们把这种相互关系称为账户的对应关系。具有对应关系的账户,称为对应账户。账户之间的对应关系反映了经济业务的来龙去脉。

任务五　应用借贷记账法对制造企业进行日常会计核算

制造企业是以生产和销售产品为主要活动内容的经济组织。该类企业的主要经济业务内容包括:筹集资金、供应业务、生产业务、销售业务、利润形成与分配等业务;企业的资金运动表现为筹集资金、使用资金和收回资金的过程。

本任务将以佳服有限公司为例,介绍制造企业对其发生的各项经济业务如何进行会计核算。

一、核算筹资业务

(一)认知业务内容

企业作为独立核算、自负盈亏的经济实体,要进行生产经营活动,必须拥有必需的资金,用于购买固定资产、材料,支付工资和其他支出。企业筹集资金的渠道主要有两个:一是向投资人筹集,投资人投入的资金形成投入资本;二是向债权人借款,向债权人借入的资金形成负债。

企业对于实际收到的投入资本,应视其与注册资本的关系分别处理。投入资本中相当于注册资本的份额应作为实收资本(股本)核算,超过注册资本的部分应作为资本公积——资本溢价(股本溢价)核算。

企业在生产经营过程中,向银行或其他金融机构借款,按归还期限长短不同,可分为长期借款和短期借款。短期借款是指企业向银行或其他金融机构等借入的期限在1年以下(含1年)的各种款项。短期借款主要是企业为了满足正常生产经营所需的资金或者是为了抵偿某项债务而借入的资金。长期借款是指企业向银行或其他金融机构等借入的期限在1年以上的各种款项。长期借款主要用于固定资产的购建、改扩建工程、大修理工程、对外投资以及为了保持长期经营能力等方面的需要。

(二)设置会计账户

企业根据筹集资金的不同方式设置相应的会计账户。

1. 接受投资者投入资本

企业应设置"银行存款""实收资本(或股本)""资本公积"等账户,用于核算企业接受投资者投入资本的相关业务。

1)"银行存款"账户

"银行存款"账户属于资产类账户,用于核算企业存入银行或其他金融机构的各种款项。该账户借方登记银行存款的增加数;贷方登记银行存款的减少数;期末借方余额,表示银行存款的实际结余数。

2)"实收资本"账户

"实收资本"账户属于所有者权益类账户,用于核算企业接受投资者投入企业的作为注册资金的资本额。投资者投入资本金额超过其在注册资本或股本中所占份额的部分应记入"资本公积——资本溢价"账户。该账户贷方登记实收资本的增加额;借方登记实收资本的减少额;期末贷方余额,表示实收资本的实有数额。该账户可按照投资人的类别设置明细账户。

3)"资本公积"账户

"资本公积"账户属于所有者权益类账户,用于核算企业收到投资者出资额超出其在注册资本或股本中所占份额的部分。该账户贷方登记资本公积的增加额;借方登记资本公积的减少额;期末贷方余额,表示企业的资本公积实有数。该账户应分别"资本溢价(股本溢价)""其他资本公积"账户进行明细核算。

2. 向银行或其他金融机构借款

企业应设置"短期借款""长期借款""财务费用""应付利息"等账户,用于核算企业长短期借款的相关业务。

1)"短期借款"账户

"短期借款"账户属于负债类账户,用于核算企业向银行或其他金融机构借入的期限在1年以内(含1年)的各种借款。该账户贷方登记借入的本金;借方登记偿还的本金;期末贷方余额,反映企业尚未偿还的短期借款本金。该账户应按债权人和借款种类设置明细账户,进行明细分类核算。

2)"长期借款"账户

"长期借款"账户属于负债类账户,用于核算企业向银行或其他金融机构借入的期限在1年以上(不含1年)的各种借款。该账户贷方登记借款的本金及应付利息;借方登记偿还的借款本金及利息;期末贷方余额,反映企业尚未归还的长期借款本金及利息。该账户按贷款单位和贷款种类进行明细核算。

3)"财务费用"账户

"财务费用"账户属于损益类账户,用于核算企业为筹集生产经营所需资金等而发生的费用,包括利息支出(减利息收入)和相关的手续费等。该账户借方登记发生的各项财务费用;贷方登记期末转入"本年利润"账户的财务费用;期末结转后本账户无余额。该账户按费用项目进行明细核算。

4)"应付利息"账户

"应付利息"账户属于负债类账户,用于核算企业按照合同约定应付利息的发生、支付。该账户贷方登记按照合同约定计算的应付利息;借方登记实际支付的利息;期末贷方余额反映企业应付未付的利息。该账户按债权人设置明细账户进行明细核算。

(三) 核算经济业务

1. 接受投资者投入资本

【例4-10】 2018年10月1日,佳服有限公司为了下一年扩大生产规模筹备资金,引入新投资者王府实业有限公司。该投资者投入银行存款4 000 000元,其中,作为注册资本金的份额为3 000 000元。

该项经济业务的发生,引起资产类账户"银行存款"账户和所有者权益类账户"实收资本""资本公积"账户同时增加。

编制会计分录如下:

借:银行存款 4 000 000
　贷:实收资本——王府实业 3 000 000
　　资本公积——资本溢价 1 000 000

2. 向银行或其他金融机构借款

【例4-11】 2018年10月3日,佳服有限公司向民生银行借入短期借款300 000元,用于临时性生产周转。

该项经济业务的发生,引起资产类账户"银行存款"账户和负债类账户"短期借款"同时增加。根据借款借据编制会计分录如下:

借:银行存款 300 000
　贷:短期借款——民生银行 300 000

【例4-12】 2018年10月5日,佳服有限公司为建造一座厂房向光大银行借入1 200 000元,期限为2年,年利率为5%,所借款项已存入银行。

该项经济业务的发生,引起资产类账户"银行存款"账户和负债类账户"长期借款"账户同时增加。

根据借款借据编制会计分录如下:

借:银行存款 1 200 000
　贷:长期借款——光大银行 1 200 000

【例4-13】 佳服有限公司预计2018年10月月末应负担的银行借款利息5 750元,其中民生银行预计利息费用750元,光大银行预计利息费用5 000元。

该项经济业务的发生,引起负债类账户"应付利息"账户和费用类账户"财务费用"账户增加。

根据转账支票存根和接受公益捐赠专用收据,编制会计分录如下:

借:财务费用 5 750

　　贷:应付利息——民生银行 750

　　　　　——光大银行 5 000

(四)实训任务

根据模块十实训资料1核算筹资业务。

二、核算供应业务

(一)认知业务内容

企业的供应业务是指在生产之前应准备好生产产品过程中所需的材料、生产线等物质资源,主要包括材料采购和购建固定资产业务。如佳服有限公司为生产需要准备原材料、生产设备、厂房等。生产产品所需的原材料主要由采购取得,所需的生产设备、厂房等固定资产通常由外购或自建方式取得。

1. 设置会计账户

企业应设置"原材料""在途物资""应交税费""应付账款""预付账款"等账户,核算企业采购材料的相关业务。

1)"原材料"账户

"原材料"账户属于资产类账户,用于核算企业库存各种材料的收发与结存情况。该账户借方登记已验收入库的材料的成本;贷方登记发出材料的成本;期末借方余额,反映期末库存材料的成本。该账户按材料类别设二级账户,如"原料及主要材料""辅助材料"等,按材料的品种和规格设明细分类账户,如"甲材料""乙材料"等。

2)"在途物资"账户

"在途物资"账户属于资产类账户,用于核算企业购入但尚未验收入库的各种材料物资的采购成本。该账户借方登记在途物资的增加;贷方登记在途物资的减少(即验收入库);期末借方余额,反映在途物资的采购成本。该账户按供应单位物资品种进行明细核算。

3)"应交税费"账户

"应交税费"账户属于负债类账户,用于核算企业按照税法等规定计算应交纳的各种税费,包括增值税、消费税、所得税等。该账户贷方登记应交的税费;借方登记实际交纳的税费;期末余额一般在贷方,表示尚未交纳的税费,期末余额若在借方,反映企业多交或尚未抵扣的税费。该账户按税费项目设置明细账户进行明细核算。

4)"应付账款"账户

"应付账款"账户属于负债类账户,用于核算企业因购买材料、商品和接受劳务供应等经营活动应付未付的款项。该账户贷方登记应付而未付给供应单位的款项;借方登记已支付的应付款项;期末余额一般在贷方,反映企业尚未支付的应付账款余额。该账户应按供应单位名称设置明细账户进行明细核算。

5)"预付账款"账户

"预付账款"账户属于资产类账户,用于核算企业按照合同规定预付的款项。该账户借方登记预付的款项及补付的款项;贷方登记收到所购物资时根据有关发票账单结算的货款及收回多付款项的金额;期末余额一般在借方,反映实际预付的款项。该账户应按供应单位名称设置明细分类账户进行明细核算。

2. 购建固定资产

企业应设置"在建工程""固定资产""累计折旧"等账户,用于核算企业购建固定资产的相关业务。

1)"在建工程"账户

"在建工程"账户属于资产类账户,用于核算企业自建固定资产、购入需要安装的固定资产等在建工程所发生的支出。该账户借方登记企业各项在建工程的实际支出;贷方登记完工工程转出的成本;期末借方余额反映企业尚未达到预定可使用状态的在建工程的成本。

2)"固定资产"账户

"固定资产"账户属于资产类账户,用于核算企业持有的固定资产原价。该账户借方登记企业增加的固定资产原价;贷方登记企业减少的固定资产原价;期末借方余额,反映企业期末固定资产的账面原价。该账户应按固定资产类别和项目进行明细核算。

3)"累计折旧"账户

"累计折旧"账户属于资产类账户,是"固定资产"账户的调整账户,用于核算企业固定资产的累计折旧。该账户贷方登记企业计提的固定资产折旧;借方登记处置固定资产转出的累计折旧;期末贷方余额,反映企业固定资产的累计折旧额。

(二)核算经济业务

1. 采购材料

1)计算材料采购成本

材料的采购成本由购买价款和采购费用两个成本项目构成。

材料的购买价款是指企业购入材料的发票账单上列明的价款,但对于增值税一般纳税人而言,不包括材料购买时同时支付的增值税进项税额。材料的采购费用是指材料采购过程中发生的应归属于材料成本负担的各项费用,包括运输费、装卸费、保险费、包装费、运输途中的合理损耗、入库前的整理挑选费用、应负担的税费等。

2)账务处理

在采购材料过程中,原材料入库的时间与付款的时间可能一致,也可能不一致,因此,其账务处理也有所不同。

(1)货款支付同时材料已验收入库。

【例 4-14】 2018 年 10 月 2 日,佳服有限公司以转账支票从发达有限公司购入 50 罐衣服胶,发票及账单已收到,增值税专用发票上注明的价款为 10 000 元,增值税 税额为 1 600 元,材料已验收入库。

该项经济业务的发生,引起资产类账户"原材料"账户增加和"银行存款"账户减 少,负债类账户"应交税费"账户减少。

编制会计分录如下:

借:原材料——衣服胶　　　　　　　　　　　　　　　　　　　　　　　10 000
　　应交税费——应交增值税(进项税额)　　　　　　　　　　　　　　1 600
　　贷:银行存款　　　　　　　　　　　　　　　　　　　　　　　　　　11 600

(2)货款已支付,材料尚未验收入库。

【例 4-15】 2018 年 10 月 3 日,佳服有限公司以网银支付北河公司采购布匹 A 和布匹 B,增值税专用发票上注明的价款为 70 000 元,增值税税额为 11 200 元,材料 尚未验收入库。

该项经济业务的发生,引起资产类账户"在途物资"账户增加和"银行存款"账户 减少,负债类账户"应交税费"账户减少。

编制会计分录如下:

借:在途物资——布匹 A　　　　　　　　　　　　　　　　　　　　　　40 000
　　　　　　——布匹 B　　　　　　　　　　　　　　　　　　　　　　30 000
　　应交税费——应交增值税(进项税额)　　　　　　　　　　　　　　11 200
　　贷:银行存款　　　　　　　　　　　　　　　　　　　　　　　　　　81 200

【例 4-16】 承[例 4-15]2018 年 10 月 6 日,购入的布匹 A 和布匹 B 已收到,全 部验收入库。

该项经济业务的发生,引起资产类账户"原材料"账户增加和"在途物资"账户 减少。

编制会计分录如下:

借:原材料——布匹 A　　　　　　　　　　　　　　　　　　　　　　　40 000
　　　　　　——布匹 B　　　　　　　　　　　　　　　　　　　　　　30 000
　　贷:在途物资——布匹 A　　　　　　　　　　　　　　　　　　　　40 000
　　　　　　　　——布匹 B　　　　　　　　　　　　　　　　　　　　30 000

(3)货款尚未支付,材料已验收入库。

【例 4-17】 2018 年 10 月 10 日,佳服有限公司从东方有限公司购入装饰配件 4 000 套,取得的增值税专用发票上注明的价款为 20 000 元,增值税税额为 3 200 元, 材料已验收入库,款项尚未支付。

该项经济业务的发生,引起资产类账户"原材料"账户增加,负债类账户"应交税费"账户减少和"应付账款"账户增加。

根据增值税专用发票和材料入库单编制会计分录如下:

借:原材料——装饰配件 20 000
　　应交税费——应交增值税(进项税额) 3 200
　　贷:应付账款——东方有限公司 23 200

【例4-18】 承[例4-17],2018年10月13日,以网银结算方式偿还前欠东方公司货款23 200元。

该项经济业务的发生,引起资产类账户"银行存款"账户减少,负债类账户"应付账款"账户减少。

编制会计分录如下:

借:应付账款——东方有限公司 23 200
　　贷:银行存款 23 200

(4)预付材料款。

【例4-19】 2018年10月15日,佳服有限公司以网银结算方式向飞远有限公司预付采购布匹C货款300 000元。

该项经济业务的发生,引起资产类账户"银行存款"账户减少和"预付账款"账户增加。

编制会计分录如下:

借:预付账款——飞远有限公司 300 000
　　贷:银行存款 300 000

【例4-20】 承[例4-19],2018年10月18日,收到布匹C,已验收入库。取得的增值税专用发票上注明的价款为300 000元,增值税税额为48 000元;同时对方代垫运费6 600元,并转交的一张运输业增值税专用发票上注明运费为6 000元,增值税税额为600元,所欠款项当日以网银支付。

采购布匹C的成本应包括购买价和运费,所以计入该材料的成本为306 000元。

该项经济业务的发生,引起资产类账户"原材料"账户增加,"预付账款"账户减少和"银行存款"账户减少,负债类账户"应交税费"账户减少。

根据增值税专用发票、材料入库单和银行业务回单,编制会计分录如下:

借:原材料——布匹C 306 000
　　应交税费——应交增值税(进项税额) 48 600
　　贷:预付账款——飞远有限公司 354 600
借:预付账款——飞远有限公司 54 600
　　贷:银行存款 54 600

2. 购建固定资产

1) 计算固定资产取得成本

企业外购固定资产的成本,包括购买价款、相关税费以及使固定资产达到预定可使用状态前所发生的可归属于该项资产的运输费、装卸费、安装费、专业人员服务费等。

企业自行建造固定资产的成本,由建造该项资产达到预定可使用状态前所发生的必要支出构成,主要包括工程物资成本、人工成本等。

2) 账务处理

企业购入需要安装的固定资产,应先通过"在建工程"账户核算,待安装完毕达到预定可使用状态时,再由"在建工程"账户转入"固定资产"账户。

【例 4-21】 2018 年 10 月 9 日,佳服有限公司从山西设备有限公司购入一台需要安装的生产专用机器,取得的增值税专用发票上注明的价款为 290 000 元,增值税税额为 46 400 元,款项已用转账支票支付。

该项经济业务的发生,引起资产类账户"在建工程"账户增加和"银行存款"账户减少,负债类账户"应交税费"账户减少。

编制会计分录如下:

借:在建工程——生产专用设备   290 000
　　应交税费——应交增值税(进项税额)   46 400
　　贷:银行存款   336 400

【例 4-22】 承[例 4-21],2018 年 10 月 10 日,佳服有限公司开出转账支票支付安装费用 10 000 元。

该项经济业务的发生,引起资产类账户"在建工程"账户增加和"银行存款"账户减少。

根据安装费发票和转账支票存根编制会计分录如下:

借:在建工程——生产专用设备   10 000
　　贷:银行存款   10 000

【例 4-23】 承[例 4-21]和[例 4-22],2018 年 10 月 11 日,这台生产专用设备安装完毕,交付使用。

该项经济业务的发生,引起资产类账户"固定资产"账户增加和"在建工程"账户减少。

根据安装费发票和转账支票存根编制会计分录如下:

借:固定资产——生产专用设备   300 000
　　贷:在建工程——生产专用设备   300 000

(三) 实训任务

根据模块十实训资料 1,核算供应业务。

三、核算生产业务

(一) 认知业务内容

制造企业的生产过程是从投入材料到产品完工并验收入库的全过程。在生产过程中,会因生产产品而发生各种耗费,包括各种材料的耗费、人工的耗费、机器设备的磨损及其他耗费等,这些耗费形成了企业的生产费用。企业将这些生产费用归集、分配到各种产品中去,便形成了各种产品的成本。因此,生产过程的主要业务:一是生产费用的发生,包括材料费、人工费、折旧费以及其他费用;二是产品成本的计算,以及完工产品成本的结转。

以佳服有限公司生产上衣和裤子为例:首先,需要领用构成产品实体的材料物资;其次,生产车间工人利用生产设备加工材料以生产产品;再次,生产车间为生产产品发生物料消耗、折旧费等其他费用;最后,生产出产成品上衣和裤子。作为佳服有限公司的财务人员应如何计算产成品的成本?对于在生产产品过程中发生的费用应如何进行账务处理?

(二) 设置会计账户

企业应设置"生产成本""制造费用""应付职工薪酬""库存商品""管理费用"等账户,用于核算企业生产产品过程中各项生产费用的发生情况,正确及时地计算各种产品成本。

1. "生产成本"账户

"生产成本"账户属于成本类账户,用于核算企业进行工业性生产发生的各项生产费用。该账户借方登记本期发生的各种直接材料、直接人工等直接费用及由"制造费用"账户归集后分配转入的制造费用;贷方登记已完工并验收入库的产品的实际生产成本;期末借方余额,反映企业尚未加工完成的各项在产品的成本。为了正确核算各种产品的生产数量、生产费用和实际生产成本,还应按照产品的种类或类别分别设置明细账户,并按规定的成本项目("直接材料""直接人工"和"制造费用"等项目)设置专栏。

2. "制造费用"账户

"制造费用"账户属于成本类账户,用于核算企业生产车间为生产产品(或提供劳务)而发生的应计入产品成本但没有专设成本项目的各项间接费用。主要包括车间管理人员的薪酬、机器设备及车间厂房的折旧费、车间办公费、水电费、机物料消耗、劳动保护费等以及其他不能直接计入产品生产成本的生产费用。该账户借方登记发生的各种制造费用;贷方登记分配转出由生产产品成本负担的制造费用的数额;除季节性生产外期末一般无余额。该账户应按车间划分费用项目进行明细核算。

3. "应付职工薪酬"账户

"应付职工薪酬"账户属于负债类账户,用于核算企业应付给职工的各种薪酬的计提和发放等情况。职工薪酬主要包括短期薪酬、离职后福利、辞退福利和其他长期职工福利。该账户贷方登记已分配计入有关成本费用项目的应付职工薪酬数额;借方登记实际发放职工薪酬的数额;期末贷方余额,反映企业应付未付的职工薪酬。该账户应按应付职工薪酬项目,设置明细账户进行明细核算。

4."库存商品"账户

"库存商品"账户属于资产类账户,用于核算企业库存商品的增减变动及其结存情况。该账户借方登记验收入库的库存商品成本;贷方登记发出的库存商品成本;期末借方余额,反映期末库存商品的成本。该账户按库存商品的品种和规格设置明细分类账户。

5."管理费用"账户

"管理费用"账户属于损益类账户,用于核算企业为组织和管理企业生产经营所发生的管理费用,包括行政管理部门职工薪酬、物料消耗、办公费、差旅费、咨询费、业务招待费等。该账户借方登记发生的各项管理费用;贷方登记期末转入"本年利润"账户的管理费用;期末结转后本账户无余额。该账户按费用项目进行明细核算。

(三) 核算经济业务

1. 材料费用

1) 材料费用归集与分配

生产产品领用的材料是指构成产品实体的原材料以及有助于产品形成的主要材料和辅助材料。

生产产品领用直接材料主要有两种情况:一是分产品领用,应将耗用材料的费用直接计入相应产品的成本中;二是为生产多种产品而共同耗用材料,应将耗用材料的费用采用适当的分配标准在各种产品之间进行分配,然后计入各相关产品的成本中。

材料的分配标准可采用产品的重量、体积、产量、材料定额耗用量和材料定额成本等。共同耗用材料分配的计算公式如下:

材料分配率 = 材料费用消耗总额 ÷ 分配标准(产品的重量、数量等) 之和

某种产品应负担的材料费用 = 该产品的重量、数量等 × 材料分配率

生产车间一般耗用的材料,应先计入制造费用;月末,将制造费用分配计入产品成本。

行政管理部门领用的消耗性材料,应作为当期费用计入管理费用。

2) 账务处理

【例 4-24】 2018 年 10 月 1 日,佳服有限公司生产领用各种原材料用于生产产品。原始单据为领料单(见表 4-9、表 4-10)。

根据上述领料单,生产上衣、裤子各领用的两种材料在生产成本计算时应直接计入两种产品成本。

表 4-9 领料单

领用单位:生产车间

用 途:上衣   2018 年 10 月 1 日   编号 1201

材料名称	单位	数 量		成 本		此联交成本组
		请领	实发	单位成本	总成本	
布料 A	米	600	600	80	48 000	
纽扣	个	12 000	12 000	5	60 000	

采供部主管:赵海   领料:张华   仓库:孙陆

表 4-10 领料单

领用单位:生产车间

用 途:裤子   2018 年 10 月 1 日   编号 1202

材料名称	单位	数 量		成 本		此联交成本组
		请领	实发	单位成本	总成本	
布料 B	米	900	900	60	54 000	
棉线	米	14 400	14 400	5	72 000	

采供部主管:赵海   领料:张华   仓库:孙陆

【例 4-25】 2018 年 10 月 12 日,生产领用各种原材料用于生产产品。原始凭证为领料单(见表 4-11、表 4-12、表 4-13)。

表 4-11 领料单

领用单位:生产车间

用 途:上衣、裤子   2018 年 10 月 12 日   编号 1203

材料名称	单位	数 量		成 本		此联交成本组
		请领	实发	单位成本	总成本	
布料 C	米	1 200	1 200	150	180 000	
衣服胶	罐	30	30	200	6 000	
装饰配件	套	1 200	1 200	5	6 000	

采供部主管:赵海   领料:张华   仓库:孙陆

表 4-12 领料单

领用单位:生产车间

用 途:一般消耗   2018 年 10 月 12 日   编号 1204

材料名称	单位	数 量		成 本		此联交成本组
		请领	实发	单位成本	总成本	
一般工具	套	100	100	20	2 000	
劳保用品	套	40	40	100	400	

采供部主管:赵海   领料:张华   仓库:孙陆

表 4-13　领料单

领用单位:行政管理部

用　　途:一般消耗　　　　　　2018 年 10 月 12 日　　　　　　编号 1205

材料名称	单位	数量		成本		此联交成本组
		请领	实发	单位成本	总成本	
一般工具	套	10	10	20	200	

采供部主管:赵海　　　　　　领料:张华　　　　　　仓库:孙陆

根据领料单可知上衣、裤子共同耗用了三种材料,这三种材料需要按一定的标准分配计入两种产品成本,本例中以产品产量为分配标准进行分配。

【例 4-26】 2018 年 10 月 31 日,汇总本月"领料单"(见图 4-25 至图 4-29),根据基本生产车间为生产产品领用材料、车间一般耗用材料、行政管理部门领用材料情况编制"发出材料汇总表"和"材料费用分配表"(见表 4-14、表 4-15)。原始单据为领料单、发出材料汇总表和材料费用分配表。

表 4-14　发出材料汇总表

2018 年 10 月 31 日　　　　　　　　　　　　　　　　单位:元

借方 \ 贷方		直接材料项目					间接计入	一般工具	劳保用品	合计
		直接计入								
		布料 A	纽扣	布料 B	棉线	小计				
生产成本	上衣	48 000	60 000			108 000	48 000			156 000
	裤子			54 000	72 000	126 000	144 000			270 000
制造费用								2 000	400	2 400
管理费用								200		200
合计		48 000	60 000	54 000	72 000	234 000	192 000	2 200	400	428 600

制表:　　　　　　　　审核:

表 4-15　间接分配计入成本材料费用分配表

2018 年 10 月 31 日　　　　　　　　　　　　　　　　单位:元

产品名称 \ 材料名称	间接计入成本材料费用分配总额				分配标准(产量)	分配率	分配额
	布料 C	衣服胶	装饰配件	小计			
上衣	45 000	1 500	1 500	48 000	300	160	48 000
裤子	135 000	4 500	4 500	144 000	900	160	144 000
小计	180 000	6 000	6 000	192 000	1 200		192 000

综合分析该项经济业务,成本类账户"生产成本"账户和"制造费用"账户增加,费用类账户"管理费用"账户增加,资产类账户"原材料"账户减少。

根据领料单、发出材料汇总表和材料费用分配表编制会计分录如下:

借:生产成本——上衣	156 000
——裤子	270 000
制造费用——材料费	2 400
管理费用——材料费	200
贷:原材料——布料 A	48 000
——纽扣	60 000
——布料 B	54 000
——棉线	72 000
——布料 C	180 000
——衣服胶	6 000
——装饰配件	6 000
周转材料——一般工具	2 200
——劳保用品	400

2. 人工费用

1) 人工费用的归集与分配

人工费用应按受益对象即职工的服务对象进行归集和分配。

直接人工的会计处理主要有两种情况:一是生产工人为生产某种产品的工人,则其职工薪酬应直接计入该产品成本中;二是生产工人同时为生产多种产品服务,则其职工薪酬应按一定的标准进行分配,分别计入各相关产品成本。

人工费用的分配标准可采用生产工时、产品产量、定额工时等。共同耗用人工费用分配的计算公式如下:

人工费用分配率 = 人工费用总额 ÷ 分配标准(生产工时、产品的产量等) 之和

某种产品应分配的人工费用 = 该产品的生产工时、产量等 × 人工费用分配率

车间管理人员的薪酬支出计入制造费用。

行政管理人员的薪酬支出应作为当期费用直接计入管理费用。

2) 账务处理

【例 4-27】　2018 年 10 月 31 日,佳服有限公司根据人事部门提供的职工薪酬汇总表(见表 4-16)编制职工薪酬分配表(见表 4-17)。

根据职工薪酬汇总表编制职工薪酬分配表,由于生产工人共同生产两种产品,因而该人工费用应按一定标准(本例选用生产工时)在两种产品之间进行分配,并分别计入各产品的成本。

表 4-16　职工薪酬汇总表

2018 年 10 月 31 日　　　　　　　　　　　　　　　　单位:元

部　门		工资	社会保险费	住房公积金	工会经费	职工教育经费	合　计
生产车间	生产工人	90 000	27 000	9 000	1 800	7 200	135 000
	管理人员	30 000	9 000	3 000	600	2 400	45 000
行政管理部门人员		42 000	12 600	4 200	840	3 360	63 000
合　计		162 000	48 600	16 200	3 240	12 960	243 000

审核:　　　　　　　　　　　　　　　　　　　　　　　制单:

注:表 4-16 中,社会保险费、住房公积金、工会经费、职工教育经费分别按工资总额的 30%、10%、2%、8% 计提。

表 4-17　职工薪酬分配表

2018 年 10 月 31 日　　　　　　　　　　　　　　　　单位:元

受益对象		分配标准(工时)	分配率	分配金额
生产车间工人	上衣	1 200	45	54 000
	裤子	1 800	45	81 000
	小　计	3 000	45	135 000
车间管理人员				45 000
行政管理人员				63 000
合　计				243 000

审核:　　　　　　　　　　　　　　　　　　　　　　　制单:

该项经济业务的发生,引起成本类账户"生产成本"账户增加,"制造费用"账户增加,"管理费用"账户增加,引起负债类账户"应付职工薪酬"账户增加。

根据职工薪酬汇总表和职工薪酬分配表编制会计分录如下:

借:生产成本——上衣　　　　　　　　　　　　　　　　54 000
　　　　　　——裤子　　　　　　　　　　　　　　　　81 000
　　制造费用——职工薪酬　　　　　　　　　　　　　　45 000
　　管理费用——职工薪酬　　　　　　　　　　　　　　63 000
　　贷:应付职工薪酬——工资　　　　　　　　　　　　162 000
　　　　　　　　——社会保险费　　　　　　　　　　　48 600
　　　　　　　　——住房公积金　　　　　　　　　　　16 200
　　　　　　　　——工会经费　　　　　　　　　　　　3 240
　　　　　　　　——职工教育经费　　　　　　　　　　12 960

【例 4-28】　2018 年 11 月 1 日,以网银支付 10 月职工工资 162 000 元。

借：应付职工薪酬——工资   162 000

  贷：银行存款   162 000

3. 其他费用的归集与分配

其他费用主要包括固定资产折旧费、水电费、办公费等有关费用。其他费用发生时,应按费用发生的地点和用途,归集分配到有关成本、费用账户。

属于生产车间管理过程中发生的其他费用计入制造费用;属于行政管理部门管理过程中发生的其他费用计入管理费用。

【例4-29】 2018年10月17日,佳服有限公司以转账支票5 000元支付购买办公用品费,其中行政管理部门领办公用品共计2 590元,车间管理部领办公用品共计2 410元。

该项经济业务的发生,引起费用类账户"管理费用"账户和成本类账户"制造费用"账户增加,资产类账户"银行存款"账户减少。

根据超市零售发票和转账支票存根编制会计分录如下:

借：管理费用——办公费   2 590

    制造费用——办公费   2 410

  贷：银行存款   5 000

【例4-30】 2018年10月31日,佳服有限公司以网银结算方式支付本月水费、电费。收到水费增值税专用发票列示单价4.5元,金额1 800元,增值税税率10%,税额180元,价税合计为1 980元,电费增值税专用发票列示单价0.8元,金额4 400元,增值税税率16%,税额704元,价税合计为5 104元。月末,根据车间及行政部门的实际耗用量分配水费和电费,如表4-18所示。

表4-18 外购水电费分配表

2018年10月31日   单位:元

使用对象	外购水费			外购电费			合计
	耗用量	单价	分配额	耗用量	单价	分配额	
生产车间	340	4.50	1 530.00	5 000	0.80	4 000.00	5 530.00
管理部门	60	4.50	270.00	500	0.80	400.00	670.00
合 计	400	4.50	1 800.00	5 500	0.80	4 400.00	6 200.00

该项经济业务的发生,引起费用类账户"管理费用"账户和成本类账户"制造费用"账户增加,资产类账户"银行存款"账户和负债类账户"应交税费"账户减少。

编制会计分录如下:

借：管理费用——水电费   670

    制造费用——水电费   5 530

    应交税费——应交增值税(进项税额)   884

  贷：银行存款   7 084

【例 4-31】 2018 年 10 月 31 日,佳服有限公司计提本月固定资产折旧48 228元,其中车间固定资产折旧 16 800 元,行政管理部门固定资产折旧 31 428 元。原始单据为固定资产折旧计算表(见表 4-19)。

表 4-19　固定资产折旧计算表

2018 年 10 月 31 日　　　　　　　　　　　　　　　　　　单位:元

使用单位和固定资产类别		月初原值	月折旧率	本月应提折旧额
生产车间	厂房	1 500 000.00	0.40%	6 000.00
	生产设备	1 350 000.00	0.80%	10 800.00
	小计	2 850 000.00		16 800.00
管理部门	房屋建筑物	1 200 000.00	0.40%	4 800.00
	运输设备	945 000.00	2.00%	18 900.00
	管理设备	483 000.00	1.60%	7 728.00
	小计	2 628 000.00		31 428.00
合计		5 478 000.00		48 228.00

审核:　　　　　　　　　　　　　　　　　　　　　　制单:

该项经济业务的发生,引起费用类账户"管理费用"账户和成本类账户"制造费用"账户增加,资产类账户"累计折旧"账户增加。

根据固定资产折旧计算表编制会计分录如下:

借:管理费用——折旧费　　　　　　　　　　　　　　　　　31 428

　　制造费用——折旧费　　　　　　　　　　　　　　　　　16 800

　　贷:累计折旧　　　　　　　　　　　　　　　　　　　　　　　48 228

4. 制造费用

制造费用是生产车间发生的直接用于生产但没有专设成本项目的各项费用,需按照一定的方法在车间生产的多种产品间进行分配,并计入各种产品的成本。如乐康自行车有限公司的生产车间共生产男式和女式自行车两种产品,为了生产这两种产品发生了材料的一般消耗、车间管理人员的薪酬支出、车间水电费、固定资产折旧费等费用,这些费用必须按照一定的标准分配后计入上述两种产品的成本。

企业应当根据制造费用的性质,合理选择分配方法。常见的分配方法有生产工人工时比例法、生产工人工资比例法、机器工时比例法等。分配方法一经确定,不得随意变更。如需变更,应当在附注中予以说明。

以生产工人工时比例法为例,制造费用的分配过程如下:

制造费用分配率 = 制造费用总额 ÷ 各产品生产工人工时总数

某产品应负担的制造费用 = 该产品的生产工人工时 × 制造费用分配率

【例4-32】 佳服有限公司10月末将本月发生的制造费用72 140元(2 400＋45 000＋2 410＋5 530＋16 800),采用生产工人工时比例法分配制造费用,如表4-20所示。

制造费用分配率 ＝ 制造费用总额 ÷ 各种产品生产工人工时之和 ＝ 70 490 ÷ 2 890 ＝ 24.39

某产品应负担的制造费用 ＝ 该产品生产工人工时 × 制造费用分配率

表4-20 制造费用分配表

2018年10月31日

分配对象 \ 项目	分配标准(生产工人工时)	分配率	分配额(元)
上衣	1 200	24.05	28 860
裤子	1 800		43 280
合计	3 000		72 140

该项经济业务的发生,引起成本类账户"生产成本"账户增加和"制造费用"账户减少。

根据制造费用分配表编制会计分录如下:

借:生产成本——上衣 28 860
　　　　　——裤子 43 280
　贷:制造费用 72 140

5. 完工产品成本计算与结转

产品制造成本是指企业为制造产品而发生的各种生产费用总和。产品的制造成本一般包括如下几项:

(1)直接材料是指直接形成产品的材料耗费,如原材料、辅助材料、自制半成品、燃料、动力、包装物等。

(2)直接人工是指直接从事产品生产的生产人员的工资、福利费、补贴、奖金和津贴、社会保险费、住房公积金等人工费用。

(3)制造费用是指企业的生产车间为组织和管理生产所发生的各项间接费用,如车间管理人员薪酬、折旧费、办公费、水电费、差旅费、劳动保护费、机物料消耗、季节性及修理期间的停工损失等。

企业月初在产品、本期生产费用、月末在产品和完工产品之间的关系可用下式反映:

期初在产品成本 ＋ 本期的生产费用 ＝ 完工产品成本 ＋ 期末在产品成本

当企业在期末没有在产品时,则完工产品成本计算公式可表示如下:

完工产品成本 ＝ 期初在产品成本 ＋ 本期的生产费用

【例4-33】 佳服有限公司2018年10月末本期生产产品全部完工,完工产品入库单如表 4-21、表 4-22 所示。根据材料费用、人工费用、制造费用核算的内容编制产品成本计算单,计算并结转完工产品成本(见表 4-23、表 4-24)。

表 4-21　产成品入库单

交库单位:生产车间　　　　　　　　2018 年 10 月 31 日　　　　　　　　编号:1201

产品批号	产品名称	计量单位	交付数量	检测情况		实收数量
				合格	不合格	
01	上衣	件	300	300	0	300

交库人:　　　　　　　　　　　　　　　　　　　仓库保管员:

表 4-22　产成品入库单

交库单位:生产车间　　　　　　　　2018 年 10 月 31 日　　　　　　　　编号:1202

产品批号	产品名称	计量单位	交付数量	检测情况		实收数量
				合格	不合格	
02	裤子	条	900	900	0	900

交库人:　　　　　　　　　　　　　　　　　　　仓库保管员:

表 4-23　产品成本计算单

产品名称:上衣　　　　　　　2018 年 10 月　　　　　　　产量:300　　单位:元

成本项目	月初在产品成本	本月发生费用	生产费用合计	完工产品成本	单位成本	期末在产品成本
直接材料		156 000	156 000	156 000	520.0	
直接人工		55 800	55 800	55 800	186.0	
制造费用		28 860	28 860	28 860	96.2	
合计		240 660	240 660	240 660	802.2	

制表:　　　　　　　　　　　　　　　　　　　审核:

表 4-24　产品成本计算单

产品名称:裤子　　　　　　　2018 年 10 月　　　　　　　产量:900　　单位:元

成本项目	月初在产品成本	本月发生费用	生产费用合计	完工产品成本	单位成本	期末在产品成本
直接材料		270 000	270 000	270 000	300.00	
直接人工		74 250	74 250	74 250	82.50	
制造费用		43 280	43 280	43 280	48.09	
合计		387 530	387 530	387 530	430.59	

制表:　　　　　　　　　　　　　　　　　　　审核:

该项经济业务的发生,引起资产类账户"库存商品"账户增加,成本类账户"生产成本"账户减少。

根据产成品入库和产品成本计算单编制会计分录如下:

借:库存商品——上衣 240 660

——裤子 387 530

贷:生产成本——上衣 240 660

——裤子 387 530

(四)实训任务

根据模块十实训资料1,核算生产业务。

四、核算销售业务

(一)认知业务内容

制造企业的销售过程是将产品销售给购货单位,并按销售价格取得销售收入的过程,也是企业产品价值实现过程。通过这一过程,成品资金转化为货币资金,主要内容包括销售收入的确认、销售成本的结转、货款结算及销售税费的核算等。

本书以佳服有限公司销售上衣和裤子为例,讲述销售收入应在何时确认,销售成本应如何结转,在货款结算方式不同情况下如何进行账务处理,以及在销售商品过程中发生的费用应如何记账等问题。

(二)设置会计账户

企业应设置"主营业务收入""主营业务成本""税金及附加""销售费用""应收账款""预收账款"等账户,用于核算企业销售产品业务过程中实现的销售收入、发生的销售成本和销售相关税费以及货款的结算。

1. "主营业务收入"账户

"主营业务收入"账户属于损益类账户,用于核算企业根据收入准则确认销售商品、提供劳务等主营业务的收入。该账户贷方登记企业取得的主营业务收入;借方登记期末从本账户转入"本年利润"账户的数额;结转后本账户期末无余额。该账户应按产品或劳务的类别设置明细账户,进行明细分类核算。

2. "主营业务成本"账户

"主营业务成本"账户属于损益类账户,用于核算企业根据收入准则确认销售商品、提供劳务等主营业务收入时应结转的成本。该账户借方登记已销产品、已提供劳务的实际成本;贷方登记期末从本账户结转"本年利润"账户数额;结转后本账户期末无余额。该账户应按产品或劳务的类别设置明细账户,进行明细分类核算。

3. "税金及附加"账户

"税金及附加"账户属于损益类账户,用于核算企业经营活动发生的消费税、资源税、城市维护建设税、教育费附加等。该账户借方登记经营活动中应负担的各种税费;贷方登记期末从本账户转入"本年利润"账户的数额;结转后本账户期末无余额。该账户应按税种设置明细账户。

4. "销售费用"账户

"销售费用"账户属于损益类账户,用于核算销售费用的发生和结转情况。该账户借方登记销售商品过程中发生的各项费用以及为销售本企业商品而专设销售机构的经费;贷方登记期末从本账户转入"本年利润"账户的本期销售费用;结转后本账户期末无余额。该账户应按费用项目设置明细账户,进行明细分类核算。

5. "应收账款"账户

"应收账款"账户属于资产类账户,用于核算企业因销售商品、提供劳务等经营活动应收取的款项。该账户借方登记发生的应收款项;贷方登记收回的应收款项及确认的坏账损失;期末余额一般在借方,反映企业尚未收回的应收账款。该账户应按照购货单位和个人名称设置明细账户,进行明细分类核算。

6. "预收账款"账户

"预收账款"账户属于负债类账户,用于核算企业按照合同规定向购货单位预收的款项。该账户贷方登记向购货单位预收的款项,借方登记销售实现时,冲销的预收款项;期末余额一般在贷方,反映企业向购货单位预收的款项。该账户应按照购货单位名称设置明细账户,进行明细分类核算。

(三) 核算经济业务

1. 确认销售收入

收入的确认是指收入在什么时间入账,并在利润表上反映。采用现销方式时,应在发出商品并收到销货款时确认销售收入;采用赊销方式时,应在企业已将商品所有权上的主要风险和报酬转移给购买方,并根据有关信息判断销售商品的货款很可能收回时确认收入;采用预收款方式时,应在发出商品时确认收入,提前预收的货款应确认为负债。

【例4-34】 2018年10月6日,佳服有限公司向华联公司销售裤子200条,开出的增值税专用发票上注明售价为120 000元,增值税税额为19 200元;商品已发出,货款已收存银行。

该项经济业务的发生,引起资产类账户"银行存款"账户,收入类账户"主营业务收入"账户和负债类账户"应交税费"账户增加。

根据增值税专用发票、进账单和出库单编制会计分录如下:

借:银行存款   139 200
  贷:主营业务收入——裤子   120 000
    应交税费——应交增值税(销项税额)   19 200

【例4-35】 2018年10月10日,佳服有限公司向美乐百货销售上衣50件、裤子

200 条,开出的增值税专用发票上注明售价为 180 000 元,增值税税额为 28 800 元;商品已发出;货款尚未收到,且美乐百货承诺 15 天后付款。

该项经济业务的发生,引起资产类账户"应收账款"账户,收入类账户"主营业务收入"账户和负债类账户"应交税费"账户增加。

编制会计分录如下:

借:应收账款——美乐百货 208 800
　贷:主营业务收入——上衣 60 000
　　　　　　　　——裤子 120 000
　　应交税费——应交增值税(销项税额) 28 800

【例 4-36】 承[例 4-35],2018 年 10 月 26 日,银行通知收到美乐百货所付的货款。

该项经济业务的发生,引起资产类账户"银行存款"账户增加和"应收账款"账户减少。

编制会计分录如下:

借:银行存款 208 800
　贷:应收账款——美乐百货 208 800

【例 4-37】 2018 年 10 月 20 日,佳服有限公司收到服阁公司预付购货款 400 000元并存入银行。

该项经济业务的发生,引起资产类账户"银行存款"账户增加,负债类账户"预收账款"账户增加。

编制会计分录如下:

借:银行存款 400 000
　贷:预收账款——服阁公司 400 000

【例 4-38】 承[例 4-37],10 月 25 日,向服阁公司交付商品,其中上衣 150 件,裤子 400 条;开出的增值税专用发票上注明售价为 420 000 元,增值税税额为 67 200元;余款 87 200 元已收到。

该项经济业务的发生,引起资产类账户"银行存款"账户,收入类账户"主营业务收入"账户和负债类账户"应交税费"账户增加,负债类账户"预收账款"账户减少。

根据增值税专用发票、进账单和出库单编制会计分录如下:

借:预收账款——服阁公司 487 200
　贷:主营业务收入——上衣 180 000
　　　　　　　　——裤子 240 000
　　应交税费——应交增值税(销项税额) 67 200
借:银行存款 87 200
　贷:预收账款——服阁公司 87 200

2. 结转销售成本

销售成本是指与销售收入相关的、已销售产品的生产成本。销售成本的计算公式如下:

$$销售成本 = 本月销售商品数量 \times 商品单位成本$$

单位成本可采用个别计价法、先进先出法、加权平均法等方法确定,企业一经选择某种方法计算发出库存商品的成本,不得随意变更。

$$单位成本 = \frac{月初商品成本 + 本期增加的商品成本}{月初商品数量 + 本期增加的商品数量}$$

【例4-39】 2018 年 10 月 31 日,佳服有限公司采用加权平均法结转计算本月已销的产品成本。销售成本计算表如表 4-25 所示。

表 4-25 销售成本计算表

2018 年 10 月　　　　　　　　　　　　　　　　　　单位:元

产品名称	期初		本期增加		单位成本 ⑤=(②+④)÷(①+③)	销售数量 ⑥	销售成本 ⑦=⑤×⑥
	数量(件) ①	金额 ②	数量(件) ③	金额 ④			
上衣	100	78 440	300	242 044	801	200	160 200
裤子	300	72 150	900	384 496	381	800	304 800
合计	—	150 590	—	626 540			465 000

该项经济业务的发生,引起资产类账户"库存商品"账户减少,费用类账户"主营业务成本"账户增加。

根据销售成本计算表编制会计分录如下:

借:主营业务成本——上衣　　　　　　　　　　　　　　　　　　160 200
　　　　　　　　　——裤子　　　　　　　　　　　　　　　　　304 800
　　贷:库存商品——上衣　　　　　　　　　　　　　　　　　　　　160 200
　　　　　　　　——裤子　　　　　　　　　　　　　　　　　　　　304 800

3. 销售费用

销售费用是指企业在销售商品、材料及提供劳务过程中发生的各种销售费用,包括保险费、包装费、广告费等以及为销售本企业商品而专设的销售机构的职工薪酬、业务费、折旧费等经营费用。

【例4-40】 2018 年 10 月 19 日,开出转账支票支付广告费,收到的增值税专用发票列示的价款为 10 000 元,增值税税额为 600 元,价税合计为 10 600 元。

该项经济业务的发生,引起费用类账户"销售费用"账户增加,资产类账户"银行存款"账户减少。

编制会计分录如下：

借：销售费用   10 000

  应交税费——应交增值税（进项税额）   600

 贷：银行存款   10 600

4. 税金及附加

税金及附加是指企业经营活动应负担的相关税费，包括消费税、资源税、城市维护建设税、教育费附加等。

【例4-41】 2018 年 10 月 31 日，按税法规定计提本月应交城市维护建设税231 元，应交教育费附加 99 元。税金及附加计算表如表4-26 所示。

表 4-26　税金及附加计算表

2018 年 10 月 31 日   单位:元

税种	计税依据	计税金额	税率	应纳税额
城市维护建设税	增值税	3 300	7%	231
教育费附加	增值税	3 300	3%	99
合计				330

该项经济业务的发生，引起费用类账户"税金及附加"账户和负债类账户"应交税费"账户增加。

编制会计分录如下：

借：税金及附加——应交城市维护建设税   231

      ——应交教育费附加   99

 贷：应交税费——应交城市维护建设税   231

      ——应交教育费附加   99

5. 其他业务

企业除了主营业务活动以外的其他经营活动也会实现收入同时发生相应成本。为了核算企业其他经营活动业务，应设置"其他业务收入""其他业务成本"等账户。

"其他业务收入"账户属于损益类账户，用于核算企业确认的除主营业务活动以外的其他经营活动实现的收入，包括出租固定资产、销售材料等实现的收入。该账户贷方登记企业确认的其他业务收入；借方登记期末转入"本年利润"账户的数额；结转后本账户无余额。该账户应按其他业务收入种类进行明细核算。

"其他业务成本"账户属于损益类账户，用于核算企业确认的除主营业务活动以外的其他经营活动所发生的支出，包括出租固定资产折旧额、销售材料等的成本。该账户借方登记企业发生的其他业务成本；贷方登记期末转入"本年利润"账户的数额，结转后本账户无余额。本账户按其他业务成本的种类进行明细核算。

【例4-42】 2018 年 10 月 28 日，佳服有限公司出售一批不需用的原材料布料 C，开出的增值税专用发票上注明售价为 2 600 元,增值税税额为 416 元;材料已发出,货款已收存银行;该批材料的实际成本为 1 800 元。

该项经济业务的发生,引起资产类账户"银行存款"账户,收入类账户"其他业务收入",负债类账户"应交税费"账户增加;资产类账户"原材料"账户减少,费用类账户"其他业务成本"账户增加。

根据增值税专用发票、进账单和出库单编制会计分录如下:

```
借:银行存款                                          3 016
    贷:其他业务收入——布料 C                          2 600
        应交税费——应交增值税(销项税额)              416
借:其他业务成本——布料 C                            1 800
    贷:原材料——布料 C                               1 800
```

(四) 实训任务

根据模块十资料 1,核算销售业务。

五、利润核算业务

(一) 认知业务内容

利润是企业在一定期间内进行生产经营活动的经营成果。利润包括收入减去费用后的净额、直接计入当期利润的利得和损失等。

1. 利润的构成

利润计算公式如下:

$$营业利润 = 营业收入 - 营业成本 - 税金及附加 - 销售费用 - 管理费用 - 财务费用 - 资产减值损失 + 投资收益(减损失) + 公允价值变动收益(减损失)$$

其中:

$$营业收入 = 主营业务收入 + 其他业务收入$$
$$营业成本 = 主营业务成本 + 其他业务成本$$
$$利润总额 = 营业利润 + 营业外收入 - 营业外支出$$
$$净利润 = 利润总额 - 所得税费用$$

2. 结转本年利润的方法

企业期末利润的结转是将各损益类账户的发生额进行结转,以确定企业的经营成果。会计期末利润的结转有表结法和账结法两种方法。

1) 表结法

表结法是指企业在年终决算以外的月末、年末计算本期利润和本年累计利润时,将全部损益类账户的余额按"利润表"填制的要求,填入"利润表"的各项目中,在表中计算出本期利润和本年累计利润的结转方法。由于在这种方法下每月月末不将损益类账户的期末余额转入"本年利润"账户,因而各损益类账户的期末余额反映本月月末止的本年累计余额。

采用表结法,由于各月月末不结转本年利润,只有在年末时才将所有损益类账户的余额转入"本年利润"账户,因而各损益类账户的月末余额表示累计的收入或费用,"本年利润"账户1~11月不作任何记录。年末时,应使用"账结法"将全部损益类账户结转到"本年利润"账户,通过"本年利润"账户结出本年度利润。

2)账结法

账结法是指企业在每个会计期末(月末、季末、年末)将全部损益类账户的余额转入"本年利润"账户,通过"本年利润"账户结出当期利润和本年累计利润的结转方法。结转后"本年利润"账户的本月余额反映当月实现的利润或发生的亏损,"本年利润"账户的本年余额反映本年累计实现的利润或发生的亏损。

采用账结法,账面上能够直接反映各月月末累计实现的净利润和累计发生的净亏损,但每月结转本年利润的工作量较大。

3. 利润分配

利润分配是指企业根据国家有关规定和企业章程、投资者协议等,对企业当年可供分配的利润所进行的分配。

$$\genfrac{}{}{0pt}{}{可供分配}{的利润} = \genfrac{}{}{0pt}{}{当年实现的净利润}{(或净亏损)} + \genfrac{}{}{0pt}{}{年初未分配利润}{(-年初未弥补亏损)} + \genfrac{}{}{0pt}{}{其他}{转入}$$

(二) 设置会计账户

企业为核算其利润的形成与分配,除前面已经介绍过的损益类(收入类和费用类)账户外,还应设置以下账户。

1."营业外收入"账户

"营业外收入"账户属于损益类账户,用于核算企业发生的各种营业外收入,包括罚款利得、政府补助、盘盈利得。该账户贷方登记企业取得的各项营业外收入,借方登记期末结转"本年利润"账户的数额,结转后本账户无余额。该账户应按营业外收入项目进行明细分类核算。

2."营业外支出"账户

"营业外支出"账户属于损益类账户,用于核算企业发生的各种营业外支出,包括罚款支出、捐赠支出、非常损失等。该账户借方登记企业发生的各项营业外支出,贷方登记期末结转"本年利润"账户的数额,结转后本账户无余额。该账户应按营业外支出项目进行明细分类核算。

3."所得税费用"账户

"所得税费用"账户属于损益类账户,用于核算企业按规定从本期损益中扣除的所得税费用。该账户借方登记按税法规定计算的应由本期负担的所得税费用,贷方登记期末结转"本年利润"账户的数额,结转后本账户无余额。

4. "本年利润"账户

"本年利润"账户属于所有有权益类账户,用于核算企业本年度实现的净利润(或发生的净亏损)。该账户借方登记期末转入的各类费用;贷方登记期末转入的各类收入;平时(1～11月)本账户有余额,贷方余额表示截至某月份累计实际的净利润,借方余额表示当年截至某月累计发生的净亏损。年度终了,将当年实际的净利润或发生的净亏损转入"利润分配"账户,结转后该账户无余额。

5. "利润分配"账户

"利润分配"账户属于所有者权益类账户,用于核算企业利润的分配(或亏损的弥补)和历年分配(或弥补)后的积存余额。该账户借方登记提取盈余公积、向投资者分配利润及年末由"本年利润"账户转入的本年累计亏损额等;贷方登记盈余公积弥补亏损额及年末从"本年利润"账户转入的本年累计净利润额等;期末贷方余额反映历年积存的未分配利润,期末借方余额反映历年积存的未弥补亏损。该账户按利润分配项目,一般需设置"未分配利润""提取法定盈余公积""提取任意盈余公积""应付现金股利(或利润)"等明细账户,进行明细分类核算。

6. "盈余公积"账户

"盈余公积"账户属于所有者权益类账户,用于核算企业从净利润中提取的盈余公积。该账户贷方登记从利润中提取的盈余公积;借方登记盈余公积的支用数额,如转增资本等;期末余额在贷方,反映企业按规定提取的盈余公积余额。

7. "应付股利"账户

"应付股利"账户属于负债类账户,用于核算监督企业分配的现金股利或利润。该账户贷方登记应付现金股利或利润的增加;借方登记应付现金股利或利润的实际支付数;期末贷方余额,反映尚未支付的现金股利或利润。

(三) 核算经济业务

【例 4-43】 2018 年 10 月 16 日,佳服有限公司收到职工王明因违反公司规定交来的罚款 200 元。

该项经济业务的发生,引起资产类账户"库存现金"账户增加,损益类账户"营业外收入"账户增加。

编制会计分录如下:

借:库存现金　　　　　　　　　　　　　　　　　　　　　　　　　200

　贷:营业外收入　　　　　　　　　　　　　　　　　　　　　　　　200

【例 4-44】 2018 年 10 月 24 日,佳服有限公司向当地养老院捐赠 6 000 元。

该项经济业务的发生,引起资产类账户"银行存款"账户减少,费用类账户"营业外支出"账户增加。

编制会计分录如下:

借：营业外支出 6 000

 贷：银行存款 6 000

【例4-45】 以[例4-10]至[例4-44]的资料,2018年10月31日,佳服有限公司将本月各损益类账户余额结转到"本年利润"账户。

(1) 将所有损益类收入账户的贷方余额从该账户借方转入"本年利润"账户的贷方。

借：主营业务收入 720 000

 其他业务收入 2 600

 营业外收入 200

 贷：本年利润 722 800

(2) 将所有损益类费用账户的借方余额从该账户贷方转入"本年利润"账户的借方。

借：本年利润 585 458

 贷：主营业务成本 465 000

  其他业务成本 1 800

  税金及附加 330

  销售费用 10 000

  管理费用 95 578

  财务费用 5 750

  投资收益 1 000

  营业外支出 6 000

【例4-46】 承[例4-45],若佳服有限公司2018年1～9月、11～12月"本年利润"账户反映实现总利润为1 402 788元,2018年10月实现的利润为137 342元(722 800－585 458)。计算并结转本年所得税费用。所得税费用计算表如表4-27所示。

表4-27 所得税费用计算表

2018年12月31日 单位:元

1～9月、11～12月利润	10月利润总额	年度利润总额	税率	应交所得税	所得税费用
1 402 788	137 342	1 540 130	25%	385 032.50	385 032.50
备注	假定无其他纳税调整事项				

该项经济业务的发生,引起负债类账户"应交税费"账户增加,费用类账户"所得税费用"账户增加。

根据所得税费用计算表编制会计分录如下：

借：所得税费用   385 032.50

  贷：应交税费——应交所得税   385 032.50

同时,结转所得税费用:

借：本年利润   385 032.50

  贷：所得税费用   385 032.50

【例 4-47】 承[例 4-45][例 4-46],结转本年净利润,已知佳服有限公司"利润分配——未分配利润"账户 2018 年年初为贷方余额 569 000 元。

该项经济业务的发生,引起所有者权益类账户"本年利润"账户减少和"利润分配"账户增加。

结转本年净利润编制会计分录如下:

借：本年利润   1 155 097.50

  贷：利润分配——未分配利润   1 155 097.50

【例 4-48】 2018 年 12 月 31 日,经股东大会批准,按本年净利润的 10% 计提法定盈余公积,向投资者分配利润 600 000 元。详情见利润分配表(见表 4-28)。

表 4-28 利润分配表

2018 年 12 月 31 日   单位:元

年初未分配利润	本年度净利润	提取法定盈余公积	向投资者分配利润	年末未分配利润
569 000	1 155 097.50	115 509.75	600 000	1 008 587.75

该项经济业务的发生,引起负债类账户"应付股利"账户增加,所有者权益类账户"盈余公积"账户增加和"利润分配"账户减少。

根据利润分配表编制会计分录如下:

借：利润分配——提取法定盈余公积   115 509.75

    ——应付现金股利或利润   600 000.00

  贷：盈余公积   115 509.75

    应付股利   600 000.00

【例 4-49】 2018 年 12 月 31 日,结转"利润分配"账户所属其他明细账户至"利润分配——未分配利润"账户。编制会计分录如下:

借：利润分配——未分配利润   715 509.75

  贷：利润分配——提取法定盈余公积   115 509.75

    ——应付现金股利或利润   600 000.00

(四) 实训任务

根据模块十实训资料 1,利润核算业务。

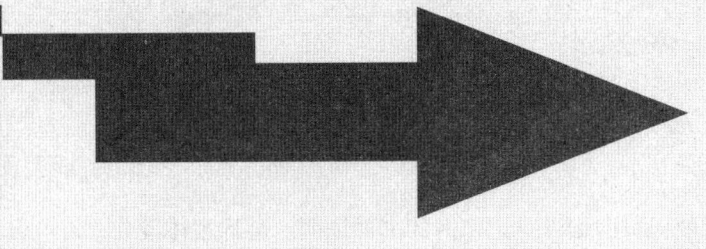

模块五

会计凭证

任务一 认知会计凭证

一、会计凭证的概念

会计凭证是记录经济业务，明确经济责任，据以登记账簿的书面证明。会计主体发生任何一项经济业务，都必须取得或填制会计凭证，保证会计记录有凭有据、真实、准确、客观；并根据审核无误的会计凭证进行账簿登记，如实地反映会计主体的经济业务。

二、会计凭证的作用

会计凭证是会计核算工作的起点，是对经济业务活动进行核算和监督的基本环节，也是会计核算的专门方法之一。它对完成会计工作任务、提高会计核算质量、发挥会计核算和监督的职能起着十分重要的作用。

（一）记录经济业务，提供及时、客观的经济信息

任何单位，经济业务一旦发生，都必须由执行或完成该项经济业务的有关人员按照规定的程序和要求，及时从外部取得或自行填制会计凭证，以书面形式反映或证明经济业务的发生或完成情况，作为会计核算的原始资料和依据，保证会计记录的真实、准确，防止弄虚作假的行为发生。

（二）明确经济责任，强化内部控制

会计在经济管理中所发挥作用的大小，取决于会计信息质量的高低。会计凭证记录了经济业务的内容、数量和金额。经济业务发生后，填制和审核会计凭证的相关人员都必须在会计凭证上签名或盖章，防止弄虚作假和营私舞弊行为，以对会计凭证的真实性和合法性负责，确保经济活动的合理合法以及会计记录的真实性与正确性。这样做可以明确经济责任，促使经办人员在办理经济业务时，认真贯彻执行国家的方针、政策、法令和制度，遵守财经纪律，防止不合理、不合法的经济业务发生，从而充分发挥会计监督的作用。另外，通过会计凭证的签名盖章要求和严格审核，还可以加强企业、事业、行政等单位内部管理的岗位责任制，经办人员之间可以相互牵制，便于检查和及时发现经营管理上存在的问题和管理制度上存在的漏洞，以便采取措施，健全单位内部各项管理制度，改善经营管理，提高经济效益。

（三）为登记账簿提供合法依据

经过审核无误的会计凭证是账簿登记的合法依据。记账人员根据审核无误的会计凭证登记账簿，一方面使账簿记录有据可依，便于今后查对；另一方面可以减少记账错误，提高会计工作效率与质量。经过对会计凭证的审核、整理、归类和汇总后，就能为经济管理提供系统、完整的会计信息。

三、会计凭证的种类

会计主体的经济业务复杂多样，不同性质的经济业务所取得或填制的会计凭证的形状格式、大小、繁简各不相同。按会计凭证的填制程序和用途不同，可以分为原始凭证和记账凭证两大类。

（一）原始凭证

原始凭证俗称"单据"，是业务经办人员在经济业务发生或完成时取得或填制的，用以记录经济业务发生或完成情况，明确经济责任并具有法律效力的书面证明。填制或取得原始凭证是会计核算的基础和前提，是填制记账凭证或登记账簿的原始依据，是重要的会计核算资料。例如，发票、领料单、入库单、差旅费报销单、支票、火车票等都属于原始凭证。凡不能证明经济业务发生或完成情况的各种单证不能作为原始凭证据以记账，如银行对账单、经济合同、购料申请单等。原始凭证是进行会计核算的原始资料，是编制记账凭证的依据。

（二）记账凭证

记账凭证是会计人员根据审核无误的原始凭证填制的，运用复式记账法的基本原理，确定应借、应贷的会计科目及其金额，将原始凭证中的经济信息转化为会计语言，并作为登记账簿的直接依据，是介于原始凭证和账簿之间的中间环节。在借贷记账法中所学到的根据经济业务编制会计分录就是在记账凭证上完成的。

任务二　填制和审核原始凭证

能力目标：

1. 能够理解原始凭证的概念及具体分类。
2. 能够掌握如何填制各类原始凭证。
3. 能够把握原始凭证的审核要求。

一、认知原始凭证

（一）原始凭证的基本内容

由于经济业务的多样性和复杂性，使取得或填制的原始凭证的种类繁多，来源广

泛。原始凭证的具体内容和格式不尽相同。但是,不论何种原始凭证,其基本要素是相同的。原始凭证的基本要素包括:

(1)原始凭证的名称。

(2)填写凭证的日期。

(3)凭证的编号。

(4)填制单位的名称。

(5)对外凭证要有接受单位的名称。

(6)经济业务的内容摘要、所涉及的财物数量和金额。

(7)填制单位及有关人员的签章。

除此之外,某些原始凭证为了满足计划、统计或其他业务工作的需要,还可列入计划指标、合同号码等相关内容,以便使原始凭证发挥更多的作用。

(二)原始凭证的种类

1. 按其来源不同分类

原始凭证按其来源不同,可分为外来原始凭证和自制原始凭证。

1)外来原始凭证

外来原始凭证是指同外部单位发生经济业务往来时,由业务经办人员在业务发生或完成时从外部直接取得的原始凭证。如购买货物时从销货单位取得的增值税专用发票、出差乘车取得的车票、对外支付款项时取得的收据等属于外来原始凭证。

2)自制原始凭证

自制原始凭证是指本单位内部经办业务的部门和个人,在执行或完成某项经济业务时所填制的原始凭证。如单位职工临时借款填写的借款单、差旅费报销单、材料入库单、领料单和产品出库单等属于自制原始凭证。

2. 按其填制方法不同分类

原始凭证按其填制方法不同,可分为一次凭证、累计凭证和汇总原始凭证。

1)一次凭证

一次凭证是指填制手续一次完成,用以记录一项或若干项同类性质经济业务的原始凭证。其填制手续是在经济业务发生或完成时,一次填制完成,不能再次填写使用。它只能一次填制一项经济业务或一次填制多项同一类型的经济业务,即一次有效凭证。所有的外来原始凭证和大部分自制原始凭证都属于一次凭证。

2)累计凭证

累计凭证是指一定时期内在一张凭证中,连续记录同类经济业务,期末按其累计数作为记账依据的自制原始凭证。如限额领料单(见表5-1)。累计凭证主要适用于大量重复发生的经济业务。使用累计凭证不仅减少了凭证的数量,简化了核算手续;而且根据累计凭证可以随时计算累计发生数,及时同计划数或定额数进行比较,便于控制和管理。

表 5-1　限额领料单

领料单位：　　　　　　　　　　　　年　　月　　　　　　　　　　　编号：
产品名称：　　　　　　　　　　　　　　　　　　　　　　　　　　发料仓库：
计划产品：　　　　　　　　　　　　　　　　　　　　　　　　　　单耗定额：

材料名称	材料编号	计量单位	单位成本（　）	领料限额（　）	全月实用	
					数量（　）	金额（　）
领用日期	请领数量	实发数量	累计数量	限额结余	发料人	领料人
累计实发金额（大写）				（小写）¥		

供应部门负责人：　　　　　　生产计划部门负责人：　　　　　　仓库管理员：

3）汇总原始凭证

汇总原始凭证，也称原始凭证汇总表，它是将一定时期内反映同类性质经济业务的若干张同类原始凭证加以汇总编制而成的一张原始凭证。如发出材料汇总表（见表5-2）。编制汇总原始凭证是为了集中反映某项经济业务的总括情况，并简化记账凭证的填制工作。

表 5-2　发出材料汇总表

借方＼贷方		直接材料项目					间接计入	一般工具	劳保用品	合计
		直接计入								
		布料A	纽扣	布料B	棉线	小计				
生产成本	上衣									
	裤子									
制造费用										
管理费用										
合计										

3. 按其用途不同分类

原始凭证按其用途不同，可分为通知凭证、执行凭证和计算凭证。

1）通知凭证

通知凭证是指要求、命令或指示完成某项经济业务的原始凭证。通知凭证由业务主管部门发出，不表明凭证所记载业务已办理完成，只作为办理业务的通知。进行会计核算时,应以执行凭证为依据。常用的通知凭证有银行进账单、罚款通知书、付款通知单、产品订货单、职工调动通知单等。

2) 执行凭证

执行凭证是指详细记载经济业务的具体情况,证明经济业务已经办理完成的原始凭证。执行凭证在原始凭证的各种用途中使用最为普遍,前面所述的外来凭证与自制凭证、一次凭证与累计凭证均属执行凭证。

3) 计算凭证

计算凭证是指对已经发生或完成的经济业务进行计算而编制的原始凭证。常用的计算凭证有产品成本计算单(见表5-3)、固定资产折旧计算表(见表5-4)、工资计算表、待摊费用摊销表、制造费用分配表(见表5-5)等。计算凭证也是会计核算的依据。

表5-3 产品成本计算单

产品名称: 　　　　年　月　　　　产量: 单位:元

成本项目	月初在产品成本	本月发生费用	生产费用合计	完工产品成本	单位成本	期末在产品成本
直接材料						
直接人工						
制造费用						
合计						

制表: 　　　　　　　审核:

表5-4 固定资产折旧计算表

年　月　日 单位:元

使用单位和固定资产类别		月初原值	月折旧率%	本月应提折旧额
生产车间	厂房			
	生产设备			
	小计			
管理部门	房屋建筑物			
	运输设备			
	管理设备			
	小计			
合计				

审核: 　　　　　　制单:

表 5-5 制造费用分配表

年　　月　　日

分配对象 ＼ 项目	分配标准（生产工人工时）	分配率	分配额(元)
合计			

4. 按其格式不同分类

原始凭证按其格式不同,可分为通用凭证和专用凭证。

通用凭证是指由有关主管部门统一印制并在相应范围内使用的具有统一格式和使用方法的原始凭证。这里的相应范围既可以是全国范围,也可以是某省、某市、某地区或某系统,如全国统一使用的银行结算凭证、某一地区统一印制的收款收据等。

专用凭证是指由会计主体自行制作并在本单位范围内使用的具有特殊格式和专门用途的原始凭证。专用凭证一般只用于本单位,一般要在凭证名称前冠以本单位的名称,如产品入库单、差旅费报销单等。

二、取得或填制原始凭证

原始凭证是会计核算的原始依据,是会计信息正确、真实的基础。为了保证原始凭证能够正确地、及时地、清晰地反映各项经济业务的真实情况,提高会计核算的质量,并使其真正具备法律效力,原始凭证的填制必须符合下列要求。

(一) 原始凭证填制的总体要求

1. 真实可靠

原始凭证填列的内容必须与经济业务的实际情况一致,不得变更商品或劳务的名称,不涂改、挖补、脏污。凭证上的日期、经济业务内容、所有数据都必须真实正确,数量、单价、金额数字要计算准确无误,严格遵守客观性原则,不得以匡算或估计的数字填制。经办人员和有关部门的负责人都要在凭证上签字或盖章,对凭证的真实性、正确性负责。

2. 内容完整

原始凭证中应该填写的项目要逐项填写(接收凭证方要注意逐项验明),不可缺漏。确实不需要填写的项目要划线标明。尤其需要注意的是年、月、日要按照凭证填制的实际日期填写;名称要写全,不能简化;品名或用途要填写明确,不许含糊不清;有关人员的签章必须齐全;有大小写金额的,大小写金额必须一致。

3. 填制及时

当每一项经济业务发生或完成时,都要立即填制原始凭证,并按规定程序进行传递、审核。做到不积压、不拖延、不事后补制,以保证正确、完整、如实地反映经济业务,否则事过境迁,记忆模糊,势必容易出错。

4. 书写清楚

原始凭证要用蓝色或黑色钢笔或碳素笔填写,不得使用铅笔或圆珠笔,机制发票例外。书写原始凭证的字迹要端正、工整、简明、易于辨认,做到数字书写符合会计上的技术要求,不造字、不涂改;复写的凭证不串格、不串行、不模糊。原始凭证的填写应当使用中文,民族自治地方可以同时使用当地通用的一种民族文字,外商投资单位和外商单位可以同时使用一种外国文字。

5. 顺序使用

如果原始凭证已有预先编号,比如有关款项收付和购销货物的原始凭证,应按照编号的次序使用原始凭证,不得跳号使用,如有跳号的凭证应加盖"作废"戳记并和存根一同保存,不得撕毁,不得拆本使用原始凭证。

(二) 原始凭证内容填制的具体要求

1. 填写日期

(1) 一般原始凭证的日期应按照经济业务发生的实际日期填写。

(2) 银行结算票据日期的填写。银行结算票据包括支票、汇票和本票,按付款业务发生或完成的日期填写票据日期。出票日期必须大写,大写数字写法为:壹、贰、叁、肆、伍、陆、柒、捌、玖、拾。①年:年份应按阿拉伯数字表示的年份所对应的大写汉字书写,如:贰零壹陆年。②月:壹月、贰月、拾月前必须写"零"字,即零壹月、零贰月、零壹拾月;叁月至玖月前"零"字可写可不写;拾壹月、拾贰月必须写成壹拾壹月、壹拾贰月(前面多写了"零"字也认可,如零壹拾壹月)。③日:1~9 日、10 日、20 日、30 日大写前应加"零"字;11~19 日大写必须写成壹拾壹日及壹拾×日(前面多写了"零"字也认可,如零壹拾叁日),21~29 日大写必须写成贰拾壹日及贰拾×日,31 日大写应写成叁拾壹日。

2. 接收单位名称

接收单位名称应填写全称,不得简写。银行结算票据等原始凭证,应填写其在开户银行预留名称的全称,不得简写。

3. 摘要

摘要应简明扼要填写经济业务的基本内容,购进与销售业务应写明货物的名称,银行结算票据等原始凭证应填写款项的用途。

4. 编号

原始凭证,特别是自制原始凭证,必须连续编号并按顺序使用。凭证如果已有预先编号,在写错作废时,作废的凭证应加盖"作废"戳记,连同存根一起保存,不得撕毁。对预先没有编号的原始凭证,应该手工按经济业务发生顺序编号,如入库单、出库单、借款单等自制原始凭证。

5. 凭证金额

1）数量

在填写销售货物或提供应税劳务的数量，以及入库、出库货物的数量等时，要正确填写计量单位。

2）单价

发票等原始凭证应填写销售或购进货物的单价。其单价应填写该货物或应税劳务不含增值税单位价格。如果纳税人将价格和增值税税额合并定价的，应先计算出不含税单价，然后按不含税单价填写本栏；收料单和领料单等原始凭证应填写材料的单位成本。单价的尾数，"元"以下一般保留到"分"，特殊情况下，也可以适当增加保留的位数。

3）金额

正确计算填写经济业务的金额，凡填有大写和小写金额的原始凭证，大写与小写金额必须相符。

（1）小写金额要填写整齐，不得连写。在小写金额前用"￥"（或其他币种）符号封口，所有以元为单位（其他货币种类为货币基本单位）的阿拉伯数字，一律填写到角分；无角分的，角位和分位可写"00"，或符号"－"；有角无分的，分位应当写"0"，不得用符号"－"代替。空白金额栏用自左下角到右上角的斜线或"S"线注销。

（2）汉字大写数字金额一律用正楷或者行书体书写，如壹、贰、叁、肆、伍、陆、柒、捌、玖、拾、佰、仟、万、亿、元、角、分、零、整等，不得用〇、一、二、三、四、五、六、七、八、九、十等字代替，不得任意自造简化字。如有大写金额栏的原始凭证，应在未填用的大写金额单位前划上"×"符号封顶。没有大写金额栏的原始凭证，大写金额数字前未印有货币名称的，应当加填货币名称，货币名称与金额数字之间不得留有空白，大写金额数字到元或者角为止的，在"元"或者"角"字之后应当写"整"字或者"正"字；大写金额数字有分的，分字后面不写"整"或者"正"字。

小写金额中间有"0"时，大写金额要写"零"字，如￥1 028.33，应写作"人民币壹仟零贰拾捌元叁角叁分"；小写金额中间若有连续几个"0"时，大写金额只需要写一个"零"，如￥2 002.60，应写作"人民币贰仟零贰元陆角整"。另外，"元"字只有在"元位"时才写，如￥100 288.00，应写作"人民币壹拾万零贰佰捌拾捌元整"，不能写为"人民币壹拾万元零贰佰捌拾捌元整"。

6. 签名盖章

自制原始凭证必须有经办单位负责人或其授权人员的签名或盖章。对外开出的原始凭证，必须加盖本单位公章、财务专用章、发票专用章等，同时由经办人员、收款人员签名盖章。

7. 附件

原始凭证除上述要素外，还具有其他附件的，应真实完整准确地填写附件内容。

（三）原始凭证填制的附加要求

（1）从外单位取得的原始凭证，必须加盖有填制单位的公章；从个人处取得的原始凭证，必须有填制人员的签名或盖章。

自制原始凭证必须有经办部门负责人或指定人员的签名或盖章。对外开出的原始凭证，必须加盖本单位的公章。所谓公章，应是具有法律效力和规定用途，能够证明单位身份和性质的印鉴，如业务公章、财务专用章、发票专用章、收款专用章、结算专用章等。

（2）购买实物的原始凭证，必须有验收证明。实物购入以后，要按照规定办理验收手续，这有利于明确经济责任，保证账实相符，防止盲目采购，避免物资短缺和流失。实物验收工作应由有关人员负责办理，会计人员通过有关的原始凭证进行监督检查。需要入库的实物必须填写入库验收单，由仓库保管人员按照采购计划或供货合同验证后，在入库验收单上如实填写实收数额，并签名盖章。不需要入库的实物，由经办人员在凭证上签名或盖章以后，必须交由实物保管人员或使用人员进行验收，并由实物保管人员或使用人员在凭证上签名或盖章。经过购买人以外的第三者查收核实后，会计人员才能据以报销付款并作进一步的会计处理。

（3）支付款项的原始凭证，必须有收款单位和收款人的收款证明。

（4）一式几联的原始凭证，必须注明各联的用途，并且只能以一联作为报销凭证。一式几联的发票和收据，必须用双面复写纸套写，或本身具备复写功能，并连续编号，作废时应加盖"作废"戳记，连同存根一起保存。

（5）发生销货退回及退款时，必须填制退货发票。附有退货验收证明和对方单位的收款收据，不得以退货发票代替收据；对退回的货物，经验收后填制红字"出库单"，作为入库手续。

（6）职工公出借款的收据，必须附在记账凭证之后。职工公出借款时，应由本人按照规定填制借款单，由所在单位领导或其指定的人员审核，并签名盖章，然后办理借款。借款收据是此项借款业务的原始凭证，是办理有关会计手续、进行相应会计核算的依据。在收回借款时，应当另开收据或退还借款收据的副本，不得退还原借款收据。因为借款和收回借款虽有联系，但又有区别，在会计上是分别进行处理的，如果将原借款收据退还给了借款人，就会损害会计资料的完整性，使其中一项业务的会计处理失去依据。

（7）经上级有关部门批准的经济业务，应当将批准文件作为原始凭证。如果批准文件需要单独归档的，应当在凭证上注明批准机关的名称、日期和文件字号，并附其复印件。

（8）原始凭证不得随意涂改、刮擦、挖补。如果发现原始凭证金额有错误的，应当由开出单位重开，不得在原凭证上更正。原始凭证有其他错误的，应当由出具单位重开或者更正，在更正处要加盖开出单位的公章。

三、审核原始凭证

我国《会计法》第十四条规定:会计机构、会计人员必须按照国家统一的会计制度的规定对原始凭证进行审核,对不真实、不合法的原始凭证有权不予接受,并向单位负责人报告;对记载不准确、不完整的原始凭证予以退回,并要求按照国家统一的会计制度的规定更正、补充。

由于原始凭证的种类繁多、来源各异,经办人员水平不一或其他原因,原始凭证可能存在错误、虚假、伪造的情况。为了正确反映经济业务的发生或完成情况,保证会计核算资料的真实、准确和合法,充分发挥会计的监督作用,会计负责人或经其指定的审核人员必须对原始凭证进行严格的审核。只有经审核无误的原始凭证,才能据以支付款项、编制记账凭证和登记账簿。

(一) 原始凭证的审核内容

1. 真实性审核

原始凭证作为会计信息的基本信息源,其真实性对会计信息的质量有着至关重要的影响。所谓真实性审核,主要是审核原始凭证上反映的内容是否同实际情况相符,具体包括:经济业务的双方当事人是否真实;经济业务发生的时间、地点和填制凭证的日期是否真实;经济业务的业务内容是否真实;经济业务的"量"是否真实,这里的量主要是指实物量和价值量。

对外来原始凭证,必须有填制单位公章和填制人员签章;对自制原始凭证,必须有经办部门和经办人员的签名或盖章。此外,对在全国或一定范围内通用的原始凭证,比如发票、车票、统一收据等,还要审核凭证本身是否是"真"的原始凭证,有无假发票、假收据,要注意审核发票有无加盖税务局的监制章,收据有无加盖税务部门、财政部门的监制章,是否已过期或停止使用。

在审核原始凭证时,特别要注意以下几个方面:

(1) 内容记载是否清晰,有无掩盖事情真相的现象。

(2) 单位抬头是不是本单位。

(3) 数量、单价与金额是否相符。

(4) 认真核对笔迹,看有无模仿领导签字冒领现象。

(5) 有无涂改,有无添加内容和金额。

(6) 有无移花接木的凭证。

2. 合法性审核

所谓合法,就是要按会计法规和财务制度办事。合法性审核是以国家制定的各项财经法令、政策、制度和单位编制的计划、预算为依据,审核原始凭证所反映的经济业务是否符合国家有关政策、财经法令、制度和单位编制的计划、预算;审核经济业务是否按规定的程序办理,有无违反制度、手续的现象;有无虽真实但不符合报销比例的情况;经济业务是否符合成本开支范围,是否贯彻增产节约、增收节支的原则,有无贪污盗窃、虚报冒领、伪造凭证等行为。

3. 完整性审核

所谓完整,是指原始凭证应具备内容的完整和手续的齐全。具体包括:审核原始凭证中所有项目内容是否全部填写;手续是否完备;编号是否连续;有关人员及单位是否签名、盖章;主管人员是否审核批准;附件是否齐全等。

4. 正确性审核

正确性审核就是要审核原始凭证记载的各项内容是否正确,具体包括:接受原始凭证单位的名称是否正确;凭证中数字、单价、金额的计算及填写是否正确;小计和总计的加总数是否准确;大、小写金额是否一致;更正是否正确。

5. 及时性审核

原始凭证的及时性是保证会计信息及时性的基础。原始凭证应在经济业务发生或完成时及时填制并及时传递。审核时应注意审查凭证的填制日期,尤其是支票、银行汇票、银行本票等时效性较强的原始凭证,更应仔细验证其签发日期。

(二) 审核后原始凭证的处理

原始凭证的审核是一项十分重要的工作,经审核的原始凭证应根据不同情况予以处理。

1. 对于审核无误的原始凭证的处理

经审核无误的原始凭证,即真实、合法、完整、正确、及时的凭证,会计人员应及时办理各种必要的会计手续。

2. 对于不真实、不合法的原始凭证的处理

对于不真实、不合法的原始凭证,会计人员有权拒绝接受,并向有关单位主管报告。请求查明原因,追究当事人的责任。

3. 对于不完整、不正确的原始凭证的处理

对于不完整、不正确的原始凭证,会计人员有权退回有关经办人员,由经办人员本人或由其退回开具凭证的单位或个人,并要求按照国家统一的会计法规的规定更正、补充或重新填制,不得涂改、挖补、刮擦。

如果原始凭证金额填写错误,不得在原始凭证上进行更正,必须由原开具单位重新开具,并将原错误凭证加盖"作废"戳记,同存根一起保存;如果原始凭证不是金额错误,应由原开具单位重新开具或更正,更正的凭证应在更正处加盖更正单位公章及经办人员签章。单位自行填制的提交银行的各种结算凭证,其填制错误一律不得更改,应加盖"作废"戳记同存根一起保存,并重新填写正确的结算凭证。

审核原始凭证是会计机构、会计人员结合日常业务工作进行会计监督的基本形式。可以保证会计核算的质量,防止发生贪污、舞弊等违法乱纪行为。原始凭证的审核是一件非常严肃的工作,会计人员必须坚持原则、坚持制度、履行职责。

任务三　填制和审核记账凭证

从不同来源取得的原始凭证种类繁多、格式不一。只依靠原始凭证无法系统地反映经济业务,也难以直接作为登记账簿的依据。会计人员应采用统一格式的记账凭证对原始凭证进行分类、整理,按照复式记账原理,将所发生的经济业务转换成会计语言即会计分录,并以此作为登记账簿的直接依据。编制记账凭证是会计核算工作的又一重要环节。

一、认知记账凭证

记账凭证是指根据审核无误的原始凭证或汇总原始凭证填制的,载有反映经济业务的简要说明和会计分录,并作为登记账簿依据的一种会计凭证。其主要作用是对原始凭证进行归类整理,确定应记账户的名称、方向和金额。

(一)记账凭证的基本内容

由于记账凭证所反映的经济业务内容不同,因而在具体格式上也有一些差异。但作为记账凭证,无论反映什么经济业务,都必须满足记账的要求,具备下列基本内容:

(1)记账凭证的名称。

(2)记账凭证的日期。

(3)记账凭证的编号。

(4)经济业务的内容摘要。

(5)应记科目(总分类科目和明细分类科目)的名称、借贷方向和金额(即会计分录)。

(6)所附原始凭证张数。

(7)填制人员、稽核人员、记账人员、会计主管人员签名或盖章。此外,反映收、付款业务的记账凭证还应有出纳人员的签名或盖章。

(二)记账凭证的种类

1. 按其编制方式不同分类

记账凭证按其编制方式不同可分为单式记账凭证和复式记账凭证。

1) 单式记账凭证

单式记账凭证是指将一项经济业务所涉及的每个会计科目,分别编制记账凭证,每张记账凭证只填列一个会计科目的记账凭证。一项经济业务涉及几个科目,就分别填制几张记账凭证,并采用一定的编号方法将它们联系起来。其中,填列借方科目的凭证称为借项记账凭证,填列贷方科目的凭证称为贷项记账凭证,其格式如表5-6和表5-7所示。

表5-6 借项记账凭证

年 月 日   编号:

摘要	总账科目	明细科目	账页	金额	
					附单据 张
对应总账科目:	合计				
会计主管: 记账: 出纳: 审核: 制单:					

表5-7 贷项记账凭证

年 月 日   编号:

摘要	总账科目	明细科目	账页	金额	
					附单据 张
对应总账科目:	合计				
会计主管: 记账: 出纳: 审核: 制单:					

使用单式记账凭证的优点是:内容单一,便于记账工作的分工,也便于汇总每科科目的发生额,并可加速记账凭证的传递。其缺点是:凭证张数多,内容分散,制单工作量大;在一张凭证上不能完整地反映一笔经济业务的全貌,不便于检查账目。故需加强凭证的复核、装订和保管工作。在实务中,使用单式记账凭证的单位较少,大多数单位采用复式记账凭证。

2) 复式记账凭证

复式记账凭证是指将一项经济业务所涉及的全部会计科目都集中在一张凭证上的记账凭证。相比单式记账凭证,它的优点是:可以完整地反映各项经济业务的来龙去脉,即能完整地反映经济业务所涉及的全部科目及其对应关系;并且填写方便,附件集中,便于凭证的分析和审核。其缺点是:不便于分工记账,也不便于科目汇总。

复式记账凭证按照使用范围的不同,可分为专用记账凭证和通用记账凭证。

(1)专用记账凭证是指专门用来记录某一类经济业务的记账凭证。按其所记录的经济业务是否与库存现金和银行存款的收付有关,可分为收款凭证、付款凭证和转账凭证。

收款凭证是指专门用来记录库存现金、银行存款收入业务的记账凭证。收款凭证分为库存现金收款凭证和银行存款收款凭证,它们分别根据有关库存现金和银行存款收入业务的原始凭证填制。收款凭证既是登记库存现金和银行存款日记账、总分类账、明细分类账的依据,也是出纳人员收款的依据和证明。会计人员填制收款凭证后交由审核人员进行审核,并分别在凭证的"制单""审核"处签章。出纳人员必须根据审核无误的收款凭证办理库存现金及银行存款的收入业务,并在收款凭证的"出纳"处签章,同时,还应在原始凭证上加盖"收讫"的戳记,以避免差错。收款凭证的格式如表5-8所示。

表 5-8　收 款 凭 证　　　　　总字　　号

借方科目:　　　　　　　　　　　年　　月　　日　　　　　　　收字　　号

摘　要	贷方科目				金　额										附单据 张
	总分类科目	√	明细科目	√	万	千	百	十	万	千	百	十	元	角	分
合计(人民币大写)															

会计主管:　　　　记账:　　　　出纳:　　　　审核:　　　　制单:

付款凭证是指专门用来记录库存现金、银行存款支出业务的记账凭证。同收款凭证一样,付款凭证分为库存现金付款凭证和银行存款付款凭证,它们分别根据有关库存现金和银行存款支付业务的原始凭证填制。它既是作为登记库存现金和银行存款日记账、总分类账、明细分类账的依据,也是出纳人员支付款项的依据和证明。会计人员填制付款凭证后交由审核人员进行审核,并分别在凭证上的"制单""审核"处签章。出纳人员必须根据审核无误的付款凭证办理库存现金及银行存款支付业务,并在付款凭证的"出纳"处签章,同时,还应在原始凭证上加盖"付讫"的戳记,以避免重复付款。付款凭证的格式如表5-9所示。

转账凭证是指专门用来记录不涉及库存现金和银行存款收付的其他经济业务的记账凭证。它根据有关转账业务的原始凭证填制,是登记总分类账和明细分类账的依据。转账凭证的格式如表5-10所示。

表5-9　付　款　凭　证　　　　　　　　　　　　总字　号

贷方科目：　　　　　　　　　　　年　月　日　　　　　　　　付字　号

摘　要	贷方科目				金　额										附单据 张
	总分类科目	√	明细科目	√	万	千	百	十	万	千	百	十	元	角	分	
合计（人民币大写）																

会计主管：　　　　记账：　　　　出纳：　　　　审核：　　　　制单：

表5-10　转　账　凭　证　　　　　　　　　　　　总字　号

年　月　日　　　　　　　　转字　号

摘　要	会计科目				借方金额										贷方金额										附单据 张
	总分类科目	√	明细科目	√	万	千	百	十	万	千	百	十	元	角	分	万	千	百	十	万	千	百	十	元	角	分	
	合　计																										

会计主管：　　　　记账：　　　　审核：　　　　制单：

专用记账凭证一般适用于规模较大、经济业务较多、会计人员分工较细的单位。规模较大的单位,还可将收款凭证分为现金收款凭证和银行存款收款凭证,付款凭证分为现金付款凭证和银行存款付款凭证。

（2）通用记账凭证是指全部经济业务共同使用的、统一格式的记账凭证。通用记账凭证一般适用于业务比较简单,经营规模比较小的单位使用。

2. 按其是否经过汇总分类

记账凭证按其是否经过汇总可分为汇总记账凭证和非汇总记账凭证。

1）汇总记账凭证

汇总记账凭证是指根据一定时期内的记账凭证按照规定方法加以汇总而重新编制的记账凭证。目的是为了简化总分类账的登记手续。汇总记账凭证根据汇总方法的不同，分为分类汇总凭证和全部汇总凭证两种。

分类汇总凭证是根据一定时期的记账凭证按其种类分别汇总填制的，如根据收款凭证汇总填制的"库存现金汇总收款凭证"和"银行存款汇总收款凭证"；根据付款凭证汇总填制的"库存现金汇总付款凭证"和"银行存款汇总付款凭证"；根据转账凭证汇总填制的各科目的"汇总转账凭证"。

全部汇总凭证是根据一定时期的记账凭证全部汇总填制的，也称科目汇总表。具体格式如表 6-10 和表 6-11 所示。

2）非汇总记账凭证

非汇总记账凭证是没有经过汇总的记账凭证，前面介绍的单式记账凭证和复式记账凭证都是非汇总记账凭证。

二、填制记账凭证

（一）记账凭证的填制依据

记账凭证是根据审核无误的原始凭证或原始凭证汇总表，按记账规则的要求填制的。各种记账凭证可以根据每一张原始凭证单独填制，也可以根据若干张同类原始凭证汇总填制。为了简化和便于记账凭证的填制工作，还可以先将同类的原始凭证编制原始凭证汇总表，再根据原始凭证汇总表填制记账凭证。另外，用于期末损益结转和更正错误的记账凭证可以根据有关账簿记录填制。

（二）记账凭证填制的基本要求

记账凭证是登记账簿的依据，正确填制记账凭证是保证账簿记录正确的基础。填制记账凭证应符合以下基本要求。

1. 审核无误

审核无误即在对原始凭证审核无误的基础上填制记账凭证，这是内部牵制的一个重要环节。

2. 内容完整

内容完整即记账凭证应该包括的内容都要具备。

3. 分类正确

分类正确即根据经济业务的内容，要正确区分不同类型的凭证，正确应用会计科目。

4. 连续编号

连续编号即记账凭证填制时应按全部经济业务的先后顺序连续编号，这有利于分清会计事项处理的先后，便于记账凭证与会计账簿之间的核对，避免凭证散失，确保记账凭证的完整。

（三）记账凭证填制的具体要求

1. 日期

一般应按记账凭证的填制日期填写，与经济业务的发生日期不一定一致，但是收、付款凭证应按收、付款业务发生的日期填写，以保证库存现金、银行存款日记账的及时登记。反映期末结账业务的记账凭证应填写期末日期。

2. 编号

记账凭证应由主管该项业务的会计人员以月为单位，按业务发生的顺序进行编号。每个月都从第一号编起，按顺序编至月末。一张凭证编一个号，不得重号、漏号、错号。每月最后一张记账凭证编号的后面应加注"全"字，以防丢失。记账凭证编号方法主要有以下三种。

1）一类编号法

即每月不分经济业务内容，将所有的记账凭证按照填制日期从 1 号开始顺序编号。在使用通用记账凭证时，可以采用这种方法编号。例如，字第 1 号、字第 2 号等。

2）三类编号法

即使用专用记账凭证时，将每月的记账凭证按照收款凭证、付款凭证和转账凭证三类分别顺序编号，均从第 1 号开始。例如，收字第 1 号、收字第 2 号……付字第 1 号、付字第 2 号……转字第 1 号、转字第 2 号……

3）五类编号法

即将每月的记账凭证按照库存现金收款凭证、库存现金付款凭证、银行存款收款凭证、银行存款付款凭证和转账凭证五类分别顺序编号。例如，现收字第 1 号、现付字第 1 号、银收字第 1 号、银付字第 1 号、转字第 1 号等。

3. 摘要

记账凭证的摘要应与原始凭证内容一致，能简明扼要地反映经济业务的要点，语意准确，使阅读者通过摘要就能了解该项经济业务的基本情况、性质、特征，并判断出会计分录是否正确，一般不必再去翻阅原始凭证或询问有关人员。但需要注意的是，在填制摘要时，既要防止过于繁琐，又要防止简而不明。

4. 会计分录

记账凭证填制时，要根据会计准则的规定和经济业务的内容，正确编写会计分录，正确运用科目、对应关系清楚，并保证借贷平衡，合计数计算正确。具体要求包括以下内容。

1）会计科目

应按记账凭证格式所设计的"会计科目"栏，正确填写总分类科目和明细分类科目的全称，不得省略，不可只填科目代码。

科目对应关系要清楚，这就要求一事一证，不能把不同类型的经济业务合并填制在一张记账凭证中。编制复合会计分录时,应是一借多贷或一贷多借,不宜编制有多借多贷会计分录的凭证,以防止账户关系混淆不清。

2) 记账方向

正确填写应记账户的"借""贷"方向。

3) 金额

(1)"小写金额"栏数字的填写应准确规范,不得连写,不得空栏,如果没有角分的,在"角""分"栏内写"0",如 168.00 元;如果角位有数字,分位没有数字的,则要在分位上写"0",如 168.80 元。数字书写应占行距的 1/2;填写小写金额"合计"栏时,应在第一位数字前填写货币符号,如人民币符号"￥";应按行从上到下逐行填写,不得空行、跳行;各行填写完,应在"合计"栏填写经济业务的合计数额;如果在最后一笔数字和合计数字之间有空行,应当在金额栏从左下角向右上角划斜线或用"s"线注销。

(2)应按凭证格式设计,正确规范地填写大写金额;大写金额数字前未印有货币名称的,应当加填货币名称,货币名称与金额数字之间不得留有空白。大写金额数字到元或角为止的,在"元"或"角"字之后应写"整"或"正"字;大写金额数字有分的,分字后面不写"整"或"正"字。

"有借必有贷,借贷必相等"是借贷记账法的规则,在记账凭证中一定要保持借方总金额等于贷方总金额,明细账户金额合计数等于对应总分类账户的金额。另外,大小写金额要相符。

5. 附原始凭证张数

(1)除结账和更正错账的记账凭证外,其他记账凭证必须附有原始凭证并注明所附原始凭证的张数,以便日后查对。

(2)所附原始凭证张数的计算,一般以原始凭证的自然张数为准。如果记账凭证中附有原始凭证汇总表,则应该把所附的原始凭证和原始凭证汇总表的张数一起计入附件的张数之内。但报销差旅费等的零散票券,可以粘贴在一张纸上,作为一张原始凭证。

(3)如果根据一张原始凭证编制两张或两张以上记账凭证的,可以将该原始凭证附在主要记账凭证的后面,并在未附有原始凭证的记账凭证上注明:"单据×张,附在第×号记账凭证上"或者附上该原始凭证的复印件,以便复核、查阅。

(4)如有重要资料或原始凭证过多,需要另行保管的,也应在记账凭证附件栏目内加以说明。

(5)如果一张原始凭证所列的支出需要由两个以上单位共同负担,应当由保存该原始凭证的单位开给其他应负担部分费用支出的单位原始凭证分割单。原始凭证分割单必须具备原始凭证的基本内容,包括凭证的名称,填制凭证的日期,填制凭证单位的名称或填制人的姓名,经办人员的签名或盖章,接受单位的名称,经济业务内容、数量、单价、金额和费用的分担情况等。原始凭证分割单可作为接收单位填制记账凭证的依据,计算在所附原始凭证张数之内。

6. 过账标记

记账凭证中的过账标记是将其内容过入账簿的结束标记。记账人员应在登记账簿以后,在相应的会计科目"记账符号"栏中划"√"号,以防漏记或重记。

7. 签名盖章

记账凭证应按制单→审核→出纳(收、付款业务)→记账→会计主管的顺序传递,每一个经手人员都应在记账凭证的相关栏目中签名或盖章,以明确责任。

(四)记账凭证填制的附加要求

(1)记账凭证可以根据每一张原始凭证填制,或根据若干张同类原始凭证汇总填制,也可以根据原始凭证汇总表填制;但不得将不同内容和类别的原始凭证汇总填制在一张记账凭证上。

(2)各种记账凭证的使用格式应相对稳定,特别是在同一会计年度内,不宜随意更换,以免引起编号、装订、保管方面的不便与混乱。

(3)记账凭证上必须有填制人员、审核人员、记账人员和会计主管签章。对收款凭证和付款凭证,必须先审核后再办理收付款业务。出纳人员应在有关凭证上签章,以明确经济责任。对已办妥收款或付款的凭证和所附的原始凭证,出纳人员要当即加盖"收讫"或"付讫"戳记,以免重收、重付。

(4)只涉及库存现金和银行存款之间收入或付出的经济业务,应以付款业务为主,只填制付款凭证,不填制收款凭证,以免重复。

(5)填制记账凭证时如果发生错误,应当根据发现错误的时间和错误类型,采用恰当的更正方法进行更正。

(五)记账凭证的填制方法

1. 复式记账凭证的填制

1)收款凭证的填制

收款凭证是根据审核无误的有关库存现金和银行存款收入业务的原始凭证填制的。凡是涉及增加库存现金或者银行存款金额的业务,都必须填制收款凭证。具体填制方法为:

(1)日期为填制该记账凭证时的日期。

(2)收款凭证编号可按"收字第×号"统一编号,也可分别按库存现金收入业务以"现收字第×号"顺序编号;银行存款收入业务以"银收字第×号"顺序编号。

(3)摘要栏中简明扼要地概述经济业务的内容。

(4)收款凭证左上角的"借方科目"也称主体科目,应根据收入业务的经济性质,填写"库存现金"或"银行存款"科目,因为库存现金和银行存款增加应记借方。

(5)凭证内的"贷方科目"栏填写与"库存现金"或"银行存款"科目相对应的总分类科目及其所属的明细分类科目。

(6)"金额"栏内填写实际收到的库存现金或银行存款金额,各总账科目与其所属明细科目的应贷金额,应分别填入与该总账科目或明细科目同一行的"总分类科目"或"明细科目"金额栏内,角分位不留空白,没有数字的可写成"00",金额合计第一位数前应写上人民币符号"￥",合计数上方的空行划线注销。

（7）在凭证右侧的附件张数中填写该收款凭证所附的原始凭证数量。

（8）凭证下方由有关人员签章,以明确经济责任。

（9）记账人员根据收款凭证进行有关账簿登记后,应做过账标记,表示该金额已记入有关账簿。

【例5-1】　2018年11月1日,佳服有限公司向民生银行借入短期借款300 000元用于临时性生产周转,原始单据为借款借据。此业务应填制的收款凭证如表5-11所示。

表 5-11　收 款 凭 证

借方科目:银行存款　　　　　　　　2018年11月1日　　　　　　　总字2号
收字1号

摘　要	贷方科目				金　额									
	总分类科目	√	明细科目	√	万	千	百	十	万	千	百	十	元	角	分
收到短期借款	短期借款	√	民生银行	√				3	0	0	0	0	0	0	0
合计(人民币大写)叁拾万元整						￥	3	0	0	0	0	0	0	0	0

附单据1张

会计主管:安夏　　记账:赵凯　　出纳:李丽　　审核:赵莉　　制单:张敏

2）付款凭证的填制

付款凭证是根据审核无误的库存现金和银行存款付款业务的原始凭证编制的。凡是涉及减少库存现金或者银行存款金额的业务,都必须填制付款凭证。付款凭证的填制方法和要求与收款凭证基本相同,在此不做赘述。不同的是付款凭证左上角的主体科目是"贷方科目",按性质分别填写"库存现金"或"银行存款",因为现金和银行存款减少应记贷方。"借方科目"栏应填列与"库存现金""银行存款"科目相对应的总分类科目及其所属明细科目。

【例5-2】　2018年11月2日,佳服有限公司以转账支票从发达有限公司购入50罐衣服胶,发票及账单已收到,增值税专用发票上注明的价款为10 000元,增值税税额为1 600元,材料已验收入库。此业务应填制的付款凭证如表5-12所示。

表 5-12 付 款 凭 证   总字 4 号

贷方科目:银行存款   2018 年 11 月 2 日   付字 1 号

摘 要	贷方科目			金 额										
	总分类科目	√	明细科目	√	万	千	百	十	万	千	百	十	元	角	分
采购材料	原材料	√	衣服胶	√			1	0	0	0	0	0	0	
	应交税费	√	应交增值税（进项税额）	√				1	6	0	0	0	0	
合计(人民币大写)壹万壹仟陆佰元整						￥	1	1	6	0	0	0	0	

附单据 3 张

会计主管:安夏   记账:赵凯   出纳:李丽   审核:赵莉   制单:张敏

3) 转账凭证的填制

转账凭证是根据不涉及库存现金和银行存款收付的转账业务的原始凭证填制的。凡是不涉及现金或银行存款增加或减少的业务,都必须填制转账凭证。转账凭证没有主体科目及固定的科目对应关系,借、贷科目全部填列在凭证内的"会计科目"栏,借方科目在先,贷方科目在后;借方科目与相应的借方金额应填在同一行次,贷方科目与相应的贷方金额应填在同一行次;"合计行"只合计总分类科目金额,且借、贷方金额合计数应该相等。转账凭证的编号是按"转字第×号"编制的。

【例 5-3】 2018 年 11 月 3 日,佳服有限公司从北河有限公司采购布匹 A 和布匹 B,该公司开具的发票及账单已收到,增值税专用发票上注明的价款共计 81 200 元,其中材料价款为 70 000 元,增值税税额为 11 200 元,货款已付但材料尚未验收入库。11 月 6 日,购入的布匹 A 和布匹 B 已收到,全部验收入库。此业务应填制的转账凭证如表 5-13 所示。

注意,某些既涉及收款业务或付款业务,又涉及转账业务的综合性业务,可分开填制不同类型的记账凭证。

4) 通用记账凭证的填制

通用记账凭证是一种适用于各种经济业务的记账凭证。采用通用记账凭证的经济单位,不再根据经济业务的内容分别填制收款凭证、付款凭证和转账凭证,而均采用统一的记账凭证格式。通用记账凭证的填制方法同转账凭证的填制方法一致。格式如表 5-13 所示。

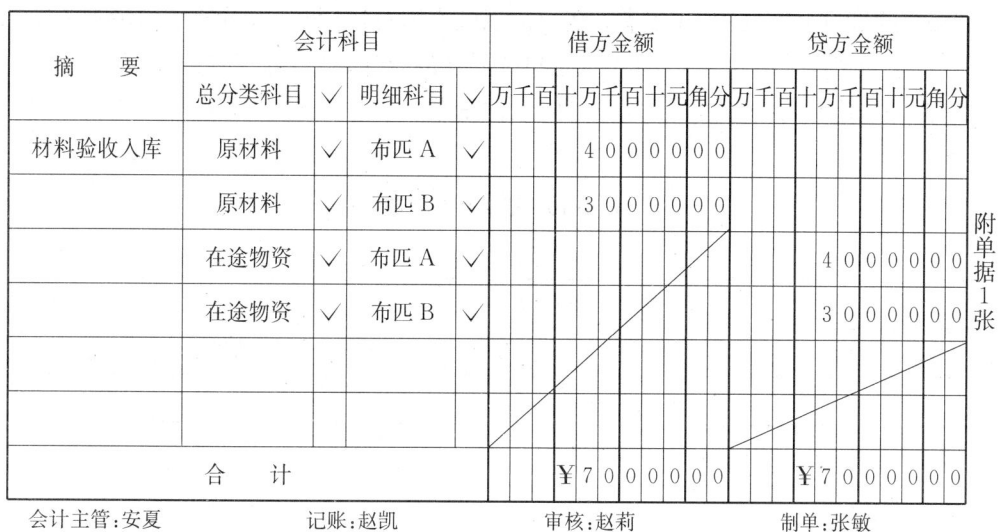

表 5-13　转 账 凭 证　　　　　　　　　　总字 7 号

2018 年 11 月 6 日　　　　　　　　　　转字 1 号

摘　　要	会计科目				借方金额										贷方金额									
	总分类科目	√	明细科目	√	万	千	百	十	万	千	百	十	元	角	分	万	千	百	十	万	千	百	十	元	角	分
材料验收入库	原材料	√	布匹 A	√		4	0	0	0	0	0	0														
	原材料	√	布匹 B	√		3	0	0	0	0	0	0														
	在途物资	√	布匹 A	√													4	0	0	0	0	0	0			
	在途物资	√	布匹 B	√													3	0	0	0	0	0	0			
合　　计					￥	7	0	0	0	0	0	0				￥	7	0	0	0	0	0	0			

附单据 1 张

会计主管：安夏　　　　记账：赵凯　　　　审核：赵莉　　　　制单：张敏

2. 单式记账凭证的填制

如果企业使用的是单式记账凭证,则在一张凭证上只填列一个会计科目,一笔经济业务涉及几个会计科目,就要填制几张单式记账凭证。其中,借方科目填入借项记账凭证,贷方科目填入贷项记账凭证。

注意,单式记账凭证采用分数编号法,每一业务编一个总号,然后再按凭证张数编几个分号。

3. 汇总记账凭证的填制

1) 汇总收款凭证的填制

汇总收款凭证根据库存现金或银行存款的收款凭证,按"库存现金"或"银行存款"账户的借方分别设置,并按贷方账户加以归类汇总,定期(5 天或 10 天)填列一次,每月填制一张。月份终了,计算出汇总收款凭证的合计数后,分别登记"库存现金"或"银行存款"总账的借方,以及各个对应账户的贷方。汇总收款凭证格式如表 5-14 所示。

表 5-14　汇总收款凭证

借方账户　　　　　　　　　　　　年　　月　　　　　　　　　　　第　　号

贷方账户	金额				记账	
	(1)	(2)	(3)	合计	借方	贷方

附注：(1) 自__日至__日　收款凭证共计__张

　　　(2) 自__日至__日　收款凭证共计__张

　　　(3) 自__日至__日　收款凭证共计__张

2）汇总付款凭证的填制

汇总付款凭证根据库存现金或银行存款的付款凭证,按"库存现金"或"银行存款"账户的贷方分别设置,并按借方账户加以归类汇总,定期(5天或10天)填列一次,每月填制一张。月份终了,计算出汇总付款凭证的合计数后,分别登记"库存现金"或"银行存款"总账的贷方,以及各个对应账户的借方。汇总付款凭证格式如表5-15所示。

表5-15 汇总付款凭证

贷方账户：　　　　　　　　　年　　月　　　　　　　　　第　号

借方账户	金额				记账	
	（1）	（2）	（3）	合计	借方	贷方

附注:(1) 自__日至__日 收款凭证共计__张
　　　(2) 自__日至__日 收款凭证共计__张
　　　(3) 自__日至__日 收款凭证共计__张

3）汇总转账凭证的填制

汇总转账凭证根据转账凭证按每个账户的贷方分别设置,并按对应的借方账户归类汇总,定期(5天或10天)填列一次,每月填制一张。月份终了,计算出汇总转账凭证的合计数后,分别登记各有关总账的贷方或借方。汇总转账凭证格式如表5-16所示。

表5-16 汇总转账凭证

贷方账户：　　　　　　　　　年　　月　　　　　　　　　第　号

借方账户	金额				记账	
	（1）	（2）	（3）	合计	借方	贷方

附注:(1) 自__日至__日 转账凭证共计__张
　　　(2) 自__日至__日 转账凭证共计__张
　　　(3) 自__日至__日 转账凭证共计__张

4）科目汇总表的填制

根据记账凭证逐笔登记总账,有时工作量很大,可以先填制科目汇总表,然后根据科目汇总表再来登记总账。科目汇总表格式如表5-17所示。

表5-17 科目汇总表

账户名称	总账页数	本期发生额		记账凭证起讫号数
		借方	贷方	

三、审核记账凭证

(一) 记账凭证审核的内容

记账凭证是登记账簿的直接依据,为了保证账簿记录的正确性及会计信息的质量,在记账凭证编制后,必须经过专门稽核人员的审核,正确无误后方能据以登记账簿。对记账凭证的审核包括以下内容。

1. 内容是否真实

审核记账凭证是否附有原始凭证;原始凭证是否齐全;所附原始凭证的内容是否与记账凭证记录的内容一致;所附原始凭证的张数是否与记账凭证所列附件张数相符;科目汇总表的内容与其所依据的记账凭证的内容是否一致。

2. 项目是否齐全

审核记账凭证的各项目是否齐全,如日期、凭证编号、摘要、会计科目、金额、所附原始凭证张数及有关人员签章等。

3. 科目是否正确

记账凭证应借、应贷会计科目是否正确;是否有明确的账户对应关系;所使用的会计科目及其核算内容是否符合会计法律法规的规定等。

4. 金额是否正确

审核记账凭证所记录的金额与原始凭证的有关金额是否一致;金额计算是否正确;借、贷双方的金额是否平衡;记账凭证汇总表的金额与记账凭证的金额合计是否相等。

5. 书写是否规范

审核记账凭证中文字的记录是否工整;数字是否清晰;是否按规定使用蓝黑墨水或碳素墨水;是否按规定进行更正等。

6. 手续是否完备

审核出纳人员在办理收款或付款业务后,是否已在原始凭证上加盖"收讫"或"付讫"戳记,以免重复收付。

(二) 审核后记账凭证的处理

1. 对审核无误的记账凭证的处理

经审核无误的记账凭证可作为登记账簿的依据,进行相关账簿的登记。

2. 对编制有误的记账凭证的处理

记账凭证编制如发生错误,则需根据不同情况进行不同的处理。

1) 未入账时发现错误

如果记账之前发现记账凭证有错误,包括文字、数字、会计科目运用错误等,应当重新填制正确的记账凭证,并将错误记账凭证作废或撕毁。

2) 已登记入账后发现错误

(1) 在当年内发现填写错误。①会计科目或借贷方向错误:已经登记入账的记账凭证,在当年内发现填写的会计科目或借贷方向发生错误时,可以用红字填写一张与原内容相同的记账凭证,在"摘要"栏注明"注销某月某日某号凭证"字样,同时再用蓝字重新填制一张正确的记账凭证,注明"更正某月某日某号凭证"字样。②金额错误:如果会计科目没有错误,只是金额错误,也可以将正确数字与错误数字之间的差额另编一张调整的记账凭证,调增金额用蓝字,调减金额用红字。

（2）以前年度记账凭证错误。若发现以前年度记账凭证有错误的,应当视"重大差错"还是"非重大差错"两种情况进行处理,如为重大差错,按照企业会计准则的要求进行处理;如为非重大差错,视同本年度的差错按照不同的方法处理。

关于错误记账凭证处理的具体内容,详见本书模块六任务五。

四、实训任务

根据模块十实训资料 1,填制记账凭证。

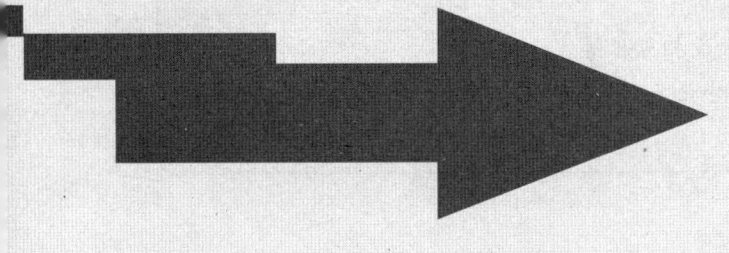

模块六

会计账簿

任务一　掌握期初建账的方法

一、认知会计账簿

（一）账簿的概念及作用

会计账簿是指由具有一定格式、相互联结的账页所组成，以会计凭证为依据，全面、连续、系统、科学地记录各项经济业务的簿籍。

各单位在经济业务发生时，要先取得和填制会计凭证，通过会计凭证提供大量的会计信息，但这些信息是零星的、分散的，不能连续、系统地将一个单位一定时期发生的经济业务加以反映。因而，必须运用设置和登记账簿的方法，把会计凭证所提供的大量零散的资料，加以归类整理，序时地、分门别类地记入相关的会计账簿，向会计信息需求者提供系统完整的会计资料。设置和登记账簿是会计核算的基本方法之一，是会计核算工作的重要环节。具体来讲，设置和登记账簿有以下几方面的作用。

1. 为单位管理部门提供系统、完整的会计信息

通过设置和登记账簿，将记录在会计凭证上的核算资料，进行归类、汇总和整理，获得各种总括资料和明细资料，初步形成经济管理所需要的系统、完整的会计信息。

2. 为编制会计报表提供依据

所有经济业务在账簿中进行了登记，在会计期间终了，通过结算账簿记录，可形成编制会计报表所需的各项数据。账簿是编制会计报表的基础，是连接会计凭证和会计报表的中间环节。

3. 有利于保护单位财产的安全完整

通过设置和登记账簿，可以具体反映各项资产的增减变动及结余情况。期末时，将账簿中所反映的各项资产余额与实际情况进行核对，可以检查各项资产的账实是否相符，有无缺失、毁损，以保证各项资产的安全完整。

4．利用账簿核算资料，可以为开展财务分析和会计检查提供依据

账簿所提供的资料，汇集了一定时期内单位资产、负债、所有者权益、收入、费用等方面的全部信息，这些信息是对单位整体及其各部门经营成果进行考核的依据，也是对企业经营情况进行科学分析的依据。

各单位必须根据具体情况和实际需要，依法设置会计账簿。

（二）会计账簿的种类

1．按其用途分类

会计账簿按其用途分类，可分为序时账簿、分类账簿和备查账簿。

1）序时账簿

序时账簿也称日记账，是按照经济业务发生的时间先后顺序，逐日逐笔顺序登记的账簿。序时账簿按其记录内容的不同可分为普通日记账和特种日记账两种。

普通日记账是指用来登记各单位全部经济业务的发生完成情况的日记账。它是将日常发生的经济业务以原始凭证为依据，按照先后顺序在账簿中编制会计分录，作为登记分类账的依据。因而这种日记账也称分录簿，它起到了记账凭证的作用，在我国该种日记账较少使用。

特种日记账是指专门用来登记某一特定项目经济业务发生完成情况的日记账。将该类经济业务在账簿中按发生时间的先后顺序进行登记，可以反映这一特定项目增减变动的详细情况。由于库存现金、银行存款是最容易发生错弊的资产，为了加强对它们的监督和管理，我国所有单位必须设置库存现金日记账和银行存款日记账。

2）分类账簿

分类账簿也称分类账，是指对全部经济业务按照总分类账户和明细分类账户进行分类登记的账簿。按其反映内容的详细程度不同，又分为总分类账簿和明细分类账簿两种。

总分类账簿又称总分类账，简称总账，是指根据总分类科目开设，按照总分类账户分类登记全部经济业务的账簿。我国所有单位必须设置总分类账簿。

明细分类账簿简称明细账，是指根据总分类科目所属的明细分类科目开设，按照明细分类账户详细记录某一类经济业务的账簿。明细分类账对于加强监督财产的收发和保管、往来款项的结算、收入的取得以及费用的开支等，都起着重要的作用，是总分类账簿的必要补充。因此，各个单位在设置总分类账簿的基础上，还应根据会计核算和经营管理的需要设置明细分类账簿，进行明细分类核算。

3）备查账簿

备查账簿也称辅助账簿，是指对某些在序时账簿和分类账簿中未能反映和记录的事项进行补充登记的账簿。主要用来提供某些必要的、有用的参考资料或补充信息，如应收、应付票据备查簿、租入固定资产登记簿。各单位应根据实际需要设置备查账簿，如果没有备查事项，也可以不设。备查账簿只是对正式账簿记录的一种补

充,没有固定的格式,灵活机动,由单位根据需要自行设计。

2. 按其外表形式分类

会计账簿按照其外表形式分类,可分为订本式、活页式和卡片式。

1) 订本式账簿

订本式账簿是在启用前将若干账页装订成册并连续编号的账簿。其优点是可以防止账页的散失和人为抽换,保证账簿记录资料的安全性;缺点是开设账户时,必须事先估计每个账户所需要的账页张数,预留空白账页,如果预留账页过多会造成浪费,预留太少又会影响账户的连续登记。订本式账簿的上述特点,使其一般适用于重要的、具有统驭性的账簿。库存现金、银行存款日记账必须使用订本式,总分类账簿一般也使用订本式。

2) 活页式账簿

活页式账簿是指在启用之前和使用过程中,都不把账页装订成册的账簿。其优点是可以根据需要随时增加空白账页,既避免了账页的浪费,又不会发生账页不足问题,并且便于分工记账;缺点是账页容易丢失或被抽换。因此,平时使用空白零散账页记录经济业务时,应连续编号,由记账人员和会计主管在账页上加盖印章,装置在账夹内。在会计期末(通常是一个会计年度结束),将本期所登记的账页装订成册,按实际使用的账页顺序编定总页数。明细分类账簿一般采用活页式。

3) 卡片式账簿

卡片式账簿是指用印有记账格式的卡片登记经济业务的账簿。它是一种特殊的活页式账簿,平时将卡片放置在卡片箱中,由专人负责保管。其优缺点及防范措施与活页式账簿相同,只是卡片式账簿在账页格式的设计上更加灵活,除了一般的账页格式内容外,还可以根据某些特定项目的核算要求进行设计。这种账簿主要适用于记录内容比较复杂的财产物资明细账,如固定资产卡片。

(三) 账簿的基本内容

1. 封面

封面主要标明账簿名称和记账单位名称。

2. 扉页

扉页主要列示"账簿启用表"及"账户目录"。"账簿启用表"主要是用来明确账簿名称、启用日期、记账人员、账簿交接情况等内容,其格式如表6-1所示。"账户目录"是为了方便查阅账簿中登记的内容,由记账人员在账簿中开设账页户头后,按每个账户的名称和页数顺序进行登记的,只有分类账簿具备该内容,其格式如表6-2所示。活页式账簿和卡片式账簿在装订成册后,填写"账户目录"。

3. 账页

账页是账簿中用来具体记录经济业务的部分,是账簿的主要内容和核心。账页因反映的经济业务内容不同,可用不同的格式,但基本内容应包括:

表 6-1　账簿启用表

单位名称							印花粘贴处
账簿名称							
账簿编号	字第　　　号　　第　　册　　共　　册						
账簿页数	本账簿共计　　　　页						
启用日期	年　　月　　日至　　年　　月　　日						
经管人员	接管		移交		会计负责人		单位公章
姓名	盖章	年	月	日	年	月	日	姓名	盖章

表 6-2　账户目录

账页起页	总分类科目	明细分类科目	账页起页	总分类科目	明细分类科目

（1）账户名称（总分类科目、明细分类科目等）。

（2）登记日期栏。

（3）凭证种类和号数栏。

（4）摘要栏（记录经济业务内容的简要说明）。

（5）金额栏（记录账户的增减变动及余额）。

（6）总页次和分户页次。

（四）会计账簿的账页格式

会计账簿的账页格式主要有三种：三栏式、数量金额式和多栏式。

1. 三栏式账页

三栏式账页是指设置借方、贷方和余额三个金额栏的账页。这种格式的账页适用于只提供价值核算信息，不需要提供数量核算信息的账簿，如总账、库存现金日记账、银行存款日记账、债权债务类明细账等。

2. 数量金额式账页

数量金额式账页是指在借方、贷方和余额三大栏内，又分设数量、单价、金额三小栏目的账页。这种格式的账页适用于既需要提供价值信息，又需要提供数量信息的账簿。如原材料明细账、库存商品明细账等。

3. 多栏式账页

多栏式账页是指在借方、贷方两个基本栏次中按需要又分设若干栏目,详细反映借、贷方金额组成情况的账页。这种格式的账页主要适用于核算项目较多,且管理上要求提供各核算项目详细信息的账簿,如收入、成本、费用等明细账。

二、建立会计账簿

新建单位和原有单位在年度开始时,会计人员均应根据核算工作的需要设置应用账簿,即"建账"。建立会计账簿必须符合国家会计法律制度的规定,单位发生的各项经济业务事项应当在依法建立的会计账簿上统一登记、核算,不得违反规定私设会计账簿,并要保证其真实、完整。一个单位究竟应使用何种账簿,各种账簿的账页格式如何选择,视单位的具体情况而定。但每个单位至少应建立库存现金日记账、银行存款日记账、总分类账和明细分类账。

(一) 建立库存现金、银行存款日记账

新建单位和原有单位在年度开始时,出纳人员应建立库存现金、银行存款日记账。库存现金、银行存款日记账是由出纳人员负责建立和登记的。库存现金日记账是指用来逐日逐笔登记库存现金增减变动及结余情况的特种日记账。银行存款日记账是指用来逐日逐笔登记银行存款增减变动及结余情况的特种日记账。单位在银行开设的账户可能不止一个,比如基本存款户、一般存款户、临时存款户等,为了分别反映各银行账户存款的增减变动情况,银行存款日记账应按单位在银行开立的账户设置,每个银行账户设置一本日记账。

1. 选择账簿的外表形式与账页格式

库存现金、银行存款日记账外表形式必须采用订本式,账页格式一般采用三栏式和多栏式。

1) 三栏式库存现金日记账

三栏式库存现金日记账是用来登记库存现金的增减变动及其结果的日记账,三栏式日记账设借方、贷方和余额三个基本的金额栏目,一般将其分别称为"收入""支出"和"结余"三个基本栏目。三栏式银行存款日记账格式同三栏式库存现金日记账格式。其格式如表6-3所示。

2) 多栏式库存现金日记账

多栏式库存现金日记账是在三栏式库存现金日记账的基础上发展起来的。这种日记账的借方和贷方金额栏都按照对方科目设置专栏,也就是按照收入的来源和支出的用途设置专栏。这种格式在月末结账时,可以结出各收入来源专栏和支出用途专栏的合计数,便于对现金收支的合理性和合法性进行审核分析,便于检查财务收支计划的执行情况,其全月发生额还可以作为登记总账的依据。多栏式银行存款日记账格式同多栏式库存现金日记账格式。其格式如表6-4所示。

表 6-3　库存现金日记账　　　　　　　　　　　　　　第　　页

年		凭证		对方科目	摘要	收入	支出	结余
月	日	字	号					

表 6-4　库存现金日记账(多栏式)　　　　　　　　　　第　　页

年		凭证		摘要	收入				支出				结余
					应贷科目				应借科目				
月	日	字	号		银行存款	主营业务收入	……	合计	其他应收款	管理费用	……	合计	

2．启用库存现金、银行存款日记账

出纳人员启用库存现金、银行存款日记账时,应详细填列账簿扉页的"账簿启用表"的内容,包括单位名称、账簿名称、启用日期、账簿册数、账簿编号、账簿页数等。填列完毕后,先由出纳人员在"账簿启用表"的"经管人员"一栏内签名盖章;然后交由会计机构负责人(会计主管人员)审核后签名盖章;再加盖单位公章和法人名章;最后由出纳人员在"账簿启用表"的"印花税粘贴"栏内粘贴印花税票,并划线完税。

3．登记"库存现金日记账""银行存款日记账"期初余额

出纳人员在启用账簿后,在库存现金日记账、银行存款日记账的第 1 页登记库存现金、银行存款的期初余额。银行存款日记账同时还需要登记存款种类、开户银行名称和账号。

(二) 建立总账

总账是由会计人员负责建立和登记的。总账是总分类账户的集合体,其账页是按照总分类科目开设的,要按照总分类科目的编码顺序分设账户。

1．选择总账的外表形式与账页格式

总账的外表形式一般采用订本式,账页格式一般采用三栏式,即在账页上设置"借方""贷方"和"余额"三个金额栏,分别反映经济业务内容的增减变动与结余情况,其格式见表 6-5。

表 6-5　会计科目名称总账　　　　　　　　　第　　页

年		凭证		摘要	借方金额	贷方金额	借或贷	余额
月	日	字	号					

2. 启用总账

启用总账同启用库存现金、银行存款日记账一样，会计人员需要填列总账扉页的"账簿启用表"，并在审核后依次加盖会计人员、会计机构负责人（会计主管人员）名章、单位公章和法人名章，最后粘贴印花税票并划票完税。

3. 开设总分类账户

把总分类科目依次写在总账账页上，使总分类科目与账页结合起来形成用来记录总括指标的总分类账户。由于总账采用订本式，账页页数是固定的，所以，在开设总分类账户时应根据实际需要为每一个总分类账户事先预留空白账页，保证每一个总分类账户可以连续、完整地反映其经济内容，进而保证总账可以连续、完整、分类反映经济业务全貌。总账内应包括单位记账所需的所有总分类账户。

4. 登记各总分类账户的期初余额

开设了各总分类账户后，将每一个总分类账户的期初余额登记在其第一张账页上，并按照账户的性质选择余额方向。如果总分类账户没有期初余额，比如损益类账户，则不必进行期初余额的登记，在账页第一行直接登记发生额。

5. 填写"账户目录"

在总账扉页的"账户目录"中，按照在总账中开设的总分类账户顺序填写账户名称及启用页号，如表 6-6 所示。

表 6-6　账户目录

账页起页	总分类科目	明细分类科目	账页起页	总分类科目	明细分类科目
1	库存现金				
5	银行存款				
9	应收账款				
12	其他应收款				

（三）建立明细账

明细账是由会计人员负责建立和登记的。明细账是按照明细分类账户分类登记的账簿,明细分类账户是按照明细分类科目开设的。

1. 选择明细账的外表形式与账页格式

明细账的外表形式一般采用活页式,个别采用卡片式,根据经济管理的需要和记录内容的不同,其账页格式主要有三栏式、数量金额式和多栏式三种。

1) 三栏式账页

三栏式明细账是在账页上只设有借方、贷方和余额三个金额栏,用来反映某项经济内容的增加、减少和结余情况。这种格式适用于那些只需要进行金额核算而不需要进行数量核算的明细账。如"应收账款""应付账款"等债权债务结算明细账,其格式如表6-7所示。

表6-7　明细分类账总账科目明细科目　　　　　　　　第　页

年		凭证		摘要	借方金额	贷方金额	借或贷	余额
月	日	字	号					

2) 数量金额式账页

数量金额式明细账是在账页上的借方(收入栏)、贷方(发出栏)和余额(结存栏)三大栏内,再分设"数量""单价"和"金额"三小栏。这种格式适用于既要进行金额核算,又要进行实物数量核算的各种财产物资明细账。如"原材料""库存商品"等明细账,其格式如表6-8所示。

表6-8　原材料明细账

二级科目:甲材料　　　　　　　　　　　　　　　　　计量单位:元/千克

材料规格:

年		凭证		摘要	收　入			发　出			结　存		
月	日	字	号		数量	单价	金额	数量	单价	金额	数量	单价	金额

3) 多栏式账页

多栏式明细账不是按明细分类科目分设账页,而是在一张账页的借方、贷方金额栏内,按照某一总分类科目所属的各明细分类科目或明细项目分设若干专栏,集中反映各有关明细分类科目或明细项目的详细资料。这种格式适用于只进行金额核算,不进行数量核算,而且管理上需要了解其构成内容的明细账。如成本、费用、收入、利润等明细账。多栏式明细账按其多栏设置方法的不同,又可分为借方多栏、贷方多栏和借贷方均多栏三种格式。借方多栏式明细账在账页中借方分设若干栏目,借方多栏式明细账适用于成本、费用类明细账。贷方多栏式明细账在账页中设有借方、贷方和余额三个金额栏,并在贷方分设若干栏目,或者单独开设贷方金额分析栏,适用于收入类明细账。借方贷方多栏式明细账页在账页的借方、贷方均设若干栏目,适用于"本年利润""利润分配""应交税费——应交增值税"等明细账。多栏式明细账格式如表6-9所示。

表6-9 生产成本明细账

产品名称:A产品   第 页

年		凭证		摘要	借方			
月	日	字	号		直接材料	直接人工	制造费用	合计

2. 启用明细账

会计人员启用明细账时,应登记明细账扉页的"账簿启用表",方法同总账。

明细账是由若干明细分类账户组成的,因此,也应根据明细分类科目的顺序及页码填列"账户目录",只是填列的时间与总账不同。明细账是活页式账簿,使用完毕(通常是年末)装订成册后,才能在扉页的"账户目录"中标出每个明细分类账户的总页码。

3. 开设明细分类账户

结合各明细分类账户的核算内容,确定应采用的账页格式,然后把各明细分类科目写在相应格式的明细账账页上,使明细分类科目与账页结合起来形成用来记录详细指标的明细分类账户。开设明细分类账户时,也应根据实际需要为每一个明细分类账户事先预留空白账页,不过由于明细账是活页式账簿,如预留账页不足还可续加账页。

4. 登记各明细分类账户的期初余额

在明细账中开设了明细分类账户后,将每一个明细分类账户的期初余额登记在相应的账页上,并按照账户的性质选择余额方向。

1) 登记三栏式明细账期初余额

在三栏式明细账账页中开设了明细分类账户后,将对应的每一个明细分类账户的期初余额登记在账页第一行上,并按照账户的性质选择余额方向。如果没有期初余额,则不必进行期初余额的登记,在账页第一行直接登记发生额。

2) 登记数量金额式明细账期初余额

在数量金额式明细账页中开设了明细分类账户后,将对应的每一个明细分类账户的期初结存数量、单价、金额依次登记在第一张账页的结存栏中。如果没有期初余额,则不必进行期初余额的登记,在账页第一行直接登记发生额。

3) 登记多栏式明细账期初余额

因为一张多栏式明细账账页上包括了一个总分类科目所属的所有明细分类科目,或一个二级明细科目开设的所有三级明细科目或明细项目,所以,在其期初余额的登记方法有别于前两种明细账。将同属于一个总分类科目或一个二级明细科目的所有明细科目或明细项目的期初余额登记在第一张账页上,并按照账户的性质选择余额方向。如果没有期初余额,则不必进行期初余额的登记,在账页第一行直接登记发生额。

5. 填写"账户目录"

在明细账扉页的"账户目录"中,按照在明细账中开设的明细分类账户的顺序填写账户名称和启用页号,以便记账和查阅。

三、实训任务

根据模块十实训资料 1,完成现金日记账、银行存款日记账、总账、明细账的建账工作。

任务二　掌握日常登账的方法

> **能力目标:**
>
> 能根据会计凭证完成日常登记日记账、总账、明细账等登账工作。

一、认知会计账簿登记规则

登记账簿必须使用蓝黑墨水笔或者碳素墨水笔书写,不得使用圆珠笔(银行的复写账簿除外)或铅笔书写。红色墨水笔只能在下列情况下使用:①错账更正时,红字记账凭证冲销错误记录;②在不设"借"或"贷"栏的多栏式账页中,登记减少数;③在三栏式账簿的余额栏前,如未印明余额的方向,在余额栏内登记负数余额;④国家统一会计制度中规定用红字登记的其他会计记录,如结账、划线更正法等。

1. 书写规范

账簿中的文字和数字书写要符合规范,易于辨认。文字和数字书写一般应紧靠底线,占格距的 1/3 或 1/2,从而使上方留有适当空格,便于更正错账之用。数字书写一般自左向右倾斜 45°,以使账簿记录整齐、清晰。需要注意在没有角分的整数时,小数点以下的两个"0"不得省略不写。

2. 连续完整

(1)必须按账户页次顺序逐页、逐行连续登记,不得跳行、隔页。如果不慎出现跳行或隔页情况时,不得任意涂改,订本式账簿不得任意撕毁账页,应在空行、空页处用红色墨水笔画对角线注销,同时注明"此行空白""此页空白"字样,并由记账人员及会计机构负责人员签名或盖章,以示证明。

(2)在每一张账页登记完毕后需要结转下页继续登记时,应结出本页发生额合计数及余额,写在本页最后一行和下页第一行的"借方""贷方""余额"栏内,并在本页和次页的摘要栏内分别注明"过次页"和"承前页"字样。对于需要结计本月发生额的账户,结计"过次页"的本页合计数应当为自本月月初起至本页页末止的发生额合计数;对需要结计本年累计发生额的账户,结计"过次页"的本页合计数应当为自年初起至本页页末止的累计数;对既不需要结计本月发生额,也不需要结计本年累计发生额的账户,可以只将每页页末的余额结转至次页。

3. 错账更正

对记账过程中发生的账簿记录错误,不得使用刮擦、挖补、涂改、用药水消除字迹等手段修改错误,也不准更换账页重抄,而应根据错账的具体情况,采用规范的更正方法予以更正。

4. 记账符号

登记完毕后,记账人员要在记账凭证上签名或盖章,并在记账凭证的"账页"或"记账符号"等专门栏目内注明所记账簿的页数或划"√"符号,表示已经记账,避免重记、漏记等错误发生。

二、登记会计账簿

(一)库存现金、银行存款日记账的登记

库存现金、银行存款日记账是由出纳人员根据审核无误的反映库存现金、银行存款收付业务的记账凭证逐日逐笔顺序地进行登记。其登记内容及方法如下:

(1)日期栏:登记记账凭证的日期,应与库存现金、银行存款实际收、付日期一致,月初登记余额或第一笔业务时以及每一页第一行应登记年、月、日,其余各行只登记"日"。

（2）凭证字、号栏：登记据以入账的记账凭证的种类和编号，以便查账和核对。如果单位采用收、付、转记账凭证，对于从银行提取现金的业务，登记日记账的依据是银行存款付款凭证；对于将现金存入银行的业务，登记日记账的依据是库存现金付款凭证。

（3）摘要栏：简要说明经济业务的内容。

（4）结算凭证种类、号数栏：登记银行存款收付业务所使用的结算凭证及其编号。

（5）对方科目栏：登记收入的来源科目或支出的用途科目，其作用在于了解资金的来龙去脉。

（6）收入、支出栏：登记实际收、付的金额。每日终了，分别计算出库存现金、银行存款收入、支出金额的合计数，并进一步计算出本日余额。对于库存现金，每日应由授权的专人和出纳人员将结出的账面余额与库存现金实有数进行核对，以检查现金收付是否有误，如果账实不符应及时查明原因进行处理。对于银行存款，也应定期与开户银行核对，以保证银行存款账簿记录的正确性。

如果日记账的账页格式是多栏式，在分设库存现金、银行存款收入日记账和支出日记账的情况下，每日终了，应将支出日记账中的本日"支出合计"数，一笔转记入收入日记账中本日"支出合计"栏内，以结算当日账面余额。会计人员应对多栏式日记账的记录加强检查监督，并负责于月末根据多栏式库存现金、银行存款日记账各专栏的合计数，分别登记有关总分类账户。

（7）记账完毕，出纳人员应在记账凭证中做过账标记，在记账凭证的"出纳"栏内签字或盖章。

（二）总账的登记

总账由会计人员根据审核无误的记账凭证逐日逐笔登记，也可以将一定时期的记账凭证汇总编制成汇总记账凭证或科目汇总表，再据以登记；还可以根据多栏式库存现金和银行存款日记账各科目的汇总金额于月末登记。采用哪种方法登记总账，取决于企业所采用的账务处理程序。

（三）明细账的登记

明细账由会计人员根据审核无误的原始凭证、原始凭证汇总表以及记账凭证进行登记，既可以逐日逐笔登记，也可以汇总登记。但债权债务明细账和财产物资明细账应当逐日登记并结出余额，以便随时与对方单位结算以及核对库存余额。

（1）三栏式明细账由会计人员根据审核无误的记账凭证，按经济业务发生的顺序逐日逐笔进行登记。

（2）数量金额式明细账一般由会计人员和业务人员（如仓库保管员），根据原始凭证按照经济业务发生的时间先后顺序逐日逐笔登记，逐笔结出余额（至少逐笔结出数量结存）。

（3）多栏式明细账由会计人员依据记账凭证顺序逐笔登记。

（四）账簿登记的规则

为了保证账簿登记工作的正确、规范，登记账簿时应遵循以下规则：

（1）必须根据审核无误的会计凭证登记账簿。不许凭空记账，不许伪造凭证，不许弄虚作假，不许账外设账。

（2）登记账簿时，应当将会计凭证的日期、凭证种类、编号、业务内容摘要、金额和其他有关资料逐项记在账内；登记完毕后，记账人员要在记账凭证上签名或者盖章，并在记账凭证的"账页"或"记账符号"等专门栏目内注明所记账簿的页数或划"√"符号，表示已经记账，避免重记、漏记。

（3）登记账簿必须使用蓝黑墨水笔或者碳素墨水笔书写，不得使用圆珠笔或铅笔书写。红色墨水笔只能在下列情况使用：①按照红字冲账的记账凭证，冲销错误记录；②在不设"借"或"贷"栏的多栏式账页中，登记减少数；③在三栏式账户的余额栏前，如未印明余额的方向，在余额栏内登记负数余额；④会计制度中规定用红字登记的其他会计记录，如结账、划线等。

（4）账簿中的文字和数字书写要符合规范，易于辨认。文字和数字紧靠底线，一般占格距的1/2，上方留适当空距，便于更正错账。

（5）记账金额以人民币"元"为单位，元以下记到角、分；没有角分的整数，小数点以下的两个"0"不得省略不写。

（6）各种账簿按页次顺序连续登记，不得跳行、隔页。如果不慎发生跳行、隔页，应在空行、空页处用红色墨水笔画对角线注销，或注明"此行空白""此页空白"字样，并由记账人员和会计机构负责人签名或者盖章。订本式账簿发生跳页时，不得撕毁账页，活页式账簿也不得任意抽换账页。

（7）凡需要结出余额的账户，结出余额后，应在标明余额方向的"借或贷"栏内写明"借"或"贷"字样。没有余额的账户，应在该栏内写"平"字，并在余额栏内（"元"位上）用"0"表示。现金日记账和银行存款日记账必须逐日结出余额。

（8）每一张账页登记完毕结转下页时，应结出本页发生额合计数及余额，写在本页最后一行和下页第一行有关栏内，并在本页和次页的摘要栏内分别注明"过次页"和"承前页"字样。也可以将本页发生额合计数及余额只写在下页第一行有关栏内，并在摘要栏内注明"承前页"字样。对需要结计本月发生额的账户，结计"过次页"的本页合计数应当为自本月月初起至本页页末止的发生额合计数；对需要结计本年累计发生额的账户，结计"过次页"的本页合计数应当为自年初起至本页页末止的累计数；对既不需要结计本月发生额，也不需要结计本年累计发生额的账户，可以只将每页页末的余额结转至次页。

（9）实行会计电算化的单位，总账和明细账应当定期打印。对于发生的收款和付款业务，在输入收款凭证和付款凭证的当天必须打印出现金和银行存款日记账。

打印的会计账簿必须连续编号,经审核无误后装订成册,并由记账人员和会计机构负责人或会计主管人员签字或者盖章。

(10)账簿记录发生错误时,不得刮擦、挖补、随意涂改或用褪色药水更改字迹,不准重新抄写,应根据错误的具体情况,按规定的方法进行更正。

三、实训任务

根据模块十实训资料 1,完成现金日记账、银行存款日记账、明细账的登账工作。

任务三　区分不同的账务处理程序

能力目标:

1. 能够区分不同的账务处理程序。

2. 能够根据不同的账务处理程序登记总账。

一、认知账务处理程序

账务处理程序又称会计核算组织形式,是指在会计核算中,以账簿体系为中心,把会计凭证、会计账簿、财务报表、记账程序和记账方法有机结合起来的技术组织形式。不同的账簿组织、记账程序和记账方法的相互结合,形成了不同的账务处理程序。

(一)账簿体系

(1)账簿的种类、格式和各种账簿之间的相互关系。

(2)会计凭证的种类、格式,各凭证间、凭证与账簿之间的关系。

(3)会计凭证、会计账簿与财务报表之间的关系。

(二)记账程序

记账程序是指从填制和审核会计凭证开始,到登记账簿以及编制财务报表为止的工作顺序和过程。

(三)记账方法

记账方法是指账簿的登记是逐笔登记还是汇总登记,是手工操作还是计算机操作等的技术方法。

我国会计核算工作在长期实践中常用的账务处理程序主要有记账凭证账务处理程序、科目汇总表账务处理程序和汇总记账凭证账务处理程序。

上述各种账务处理程序既有区别,又有许多共同点。其区别主要表现在登记总账的依据和方法不同,其共同点表现在不同的账务处理程序通常都包括下面几个基本步骤:经济业务发生或完成后,取得或填制原始凭证;分析经济业务,填制记账凭证;根据记账凭证登记库存现金、银行存款日记账;根据记账凭证和原始凭证或原始凭证汇总表登记明细账;对账;根据分类账及其有关资料编制财务报表。

企业在设计科学、合理的账务处理程序时,应注意以下要求。

1. 满足信息使用者要求

企业在选择账务处理程序时,在结合自身特点及管理要求的同时,应考虑会计信息使用者的要求,并尽可能地按照他们的要求来选用所需的凭证、账簿、报表以及记账程序,以便通过合适的账务处理程序,正确、及时地提供相应的核算资料。

2. 结合企业实际业务

采用何种账务处理程序,应考虑国家制定的会计准则和公认的会计原则,并以之为指南。与此同时,还要紧密结合各企业的实际情况,如规模大小、业务繁杂程度、管理要求及特点,甚至企业会计人员的素质的高低等,这样才能使所选择的账务处理程序符合企业的特点。

3. 体现内部控制要求

在某种意义上,账务处理程序的选择的目的也在于保证会计核算资料的正确性。因此,将内部控制制度,尤其是内部会计控制制度融于其中,通过账簿种类、格式以及相应的凭证选取,正确合理地将账证、账账、账实的内在联系贯穿于内部控制制度之中,不仅有利于会计核算资料的真实性,而且也有利于保证会计工作的真实可靠。

4. 使会计核算协调一致

从账务处理程序的概念可以看出,账务处理程序由各个会计核算环节组合而成。其中,账簿资料是编制报表的依据,但反过来,财务报表的编制要求又制约和影响着会计账簿的种类、格式及其内容;会计凭证是登记账簿的依据,由于账簿的种类、格式及内容,也要求有相应的会计凭证的种类、格式和内容。因此,选择账务处理程序时,应考虑它们之间的相互联系、相互制约,形成各种不同的、完整的有机体,以保证企业会计工作的正常进行。

5. 提高效率并节约费用

会计核算工作,除应考虑如实、及时地反映企业经济活动的情况,正确、完整地提供有关的会计信息外,还要考虑简化、简便的原则,即选择正确的账务处理程序,可以减少重复劳动,提高工作效率,节约核算成本。即在实际选择时,既不片面强调繁杂,也不过分追求简化,应科学地组织会计核算工作。

本书主要介绍记账凭证账务处理程序和科目汇总表账务处理程序。

二、记账凭证账务处理程序

记账凭证账务处理程序是指直接根据记账凭证逐笔登记总分类账的账务处理程

序。它是会计核算中最基本的一种账务处理程序。

（一）记账凭证和账簿的设置

1. 记账凭证的设置

记账凭证可选择通用格式,也可以选择收款、付款、转账等专用记账凭证格式。

2. 账簿的设置

现金日记账、银行存款日记账、总分类账和明细分类账,各种账页的格式具体为:

（1）现金日记账和银行存款日记账一般采用三栏式。

（2）总分类账采用三栏式。

（3）明细分类账应根据管理需要,按不同的经济业务采用三栏式、数量金额式或多栏式。

（二）记账凭证账务处理程序的基本流程（见图6-1）

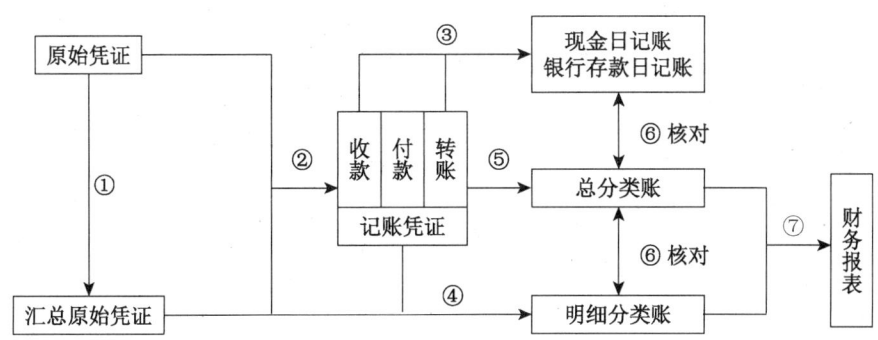

图6-1　记账凭证账务处理程序

（三）记账凭证账务处理程序的特点及适用范围

记账凭证账务处理程序的记账程序简明,总分类账中账户间的对应关系清晰,操作简便。但不足之处是,当业务量较大时,会增加登记总分类账的工作;同时登账次数多,且总分类账与日记账有重复。

记账凭证账务处理程序适用于经营规模较小,经济业务较简单的企业。

三、科目汇总表账务处理程序

科目汇总表账务处理程序是指对发生的经济业务,先根据原始凭证或原始凭证汇总表编制记账凭证,然后根据记账凭证定期编制科目汇总表,并据此登记总分类账的一种账务处理程序。

（一）编制科目汇总表

在科目汇总表账务处理程序下,需根据记账凭证编制科目汇总表,记账凭证与账簿的设置要求与在记账凭证账务处理程序下相同。科目汇总表的编制时间应根据企业业务量的多少来确定。科目汇总表一般格式如表 6-10 和表 6-11 所示。

表 6-10　科目汇总表(格式一)

编制单位：　　　　　　　　　　　　　　　年　　月　　　　　　　　　　第　页

会计科目	1～10 日发生额		11～20 日发生额		21～30 日发生额		发生额合计		总账页数
	借方	贷方	借方	贷方	借方	贷方	借方	贷方	
合　计									
记账凭证起讫号数									

表 6-11　科目汇总表(格式二)

编制单位：　　　　　　　　　　　　　　　年　　月　　　　　　　　　　第　号

会计科目	总账页	本期发生额		记账凭证起止号
		借方	贷方	
合　计				

表 6-10 适用于按旬汇总的企业,每月编制一张;表 6-11 适用于定期汇总的企业,一个月编制若干张。

从科目汇总表的格式看,由于科目汇总表是按科目归类汇总编制,应选用单式凭证。考虑到单式凭证存在着编制工作量较大,数量也多以及不便于管理等问题,在实际选择凭证时,仍然采用复式凭证,但在编写凭证时,应编制一借一贷的形式;对于一借多贷或一贷多借的业务,最好分开编写。另外,对转账凭证,则应一式两份,其中一份按借方汇总,另一份按贷方汇总。关于库存现金和银行存款,也可根据其日记账的借、贷方数额填列,以简化凭证汇总工作量。

编制科目汇总表的步骤如下:

第一步,根据一定时期内的全部记账凭证,采用"T"型账户方式汇总每一会计科目相应期间的借方发生额和贷方发生额。

第二步,将发生额填入科目汇总表的相应栏目内(本期发生额栏)。

第三步,将所有科目的借方发生额加总与所有科目的贷方发生额合计数进行核对,以起试算平衡的作用。

(二) 科目汇总表账务处理程序的基本流程(见图6-2)

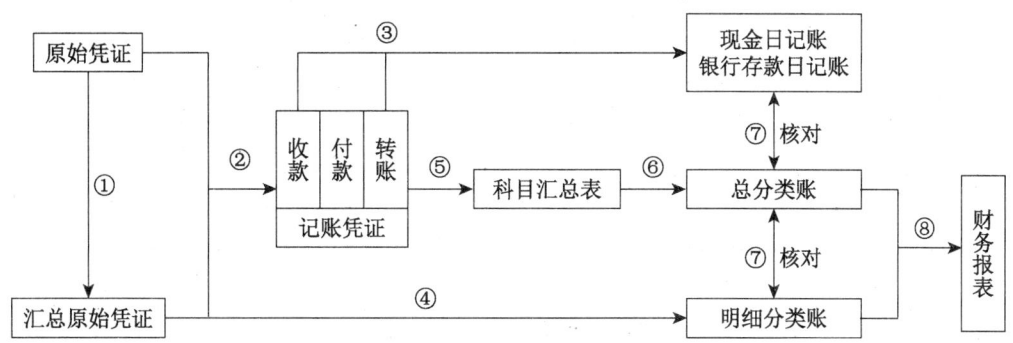

图6-2 科目汇总表账务处理程序

(三) 科目汇总表账务处理程序的特点及适用范围

该账务处理程序根据科目汇总表登记总分类账,大大简化了登记总分类账的工作量;同时,通过科目汇总表的编制,检查所汇总的记账凭证借、贷方发生额是否相等。其不足之处是:科目汇总表是按总分类科目编制的,只能作为登记总分类账和试算平衡的依据,不便于分析和检查经济业务的来龙去脉,即不能反映科目间的对应关系,不易于查找。

科目汇总表账务处理程序一般适应于规模较大,经济业务量较多的单位。

四、汇总记账凭证账务处理程序

汇总记账凭证账务处理程序是指对发生的经济业务,先根据原始凭证或原始凭证汇总表编制记账凭证,然后根据记账凭证定期编制汇总收款凭证、汇总付款凭证和汇总转账凭证,再根据汇总记账凭证登记总分类账的一种账务处理程序。

汇总记账凭证账务处理程序是在记账凭证账务处理程序的基础上发展起来的,它与记账凭证账务处理程序的主要区别是在记账凭证和总分类账之间增加了汇总记账凭证。

(一) 记账凭证和账簿的设置

1. 记账凭证的设置

(1) 设置现金收款凭证、现金付款凭证、银行收款凭证、银行付款凭证和转账凭证据以登记明细分类账。

(2) 设置汇总现金收款凭证、汇总现金付款凭证、汇总银行收款凭证、汇总银行付款凭证和汇总转账凭证据以登记总分类账,如表6-12、表6-13、表6-14、表6-15、表6-16所示。

表 6-12　汇总现金收款凭证

借方科目:库存现金　　　　　　　　　　　年　月　　　　　　　　编号:汇收 1 号

贷方科目	金额				记账	
	1 日至 10 日 现收凭证　共　张	11 日至 20 日 现收凭证　共　张	21 日至 31 日 现收凭证　共　张	合计	借方	贷方
合计						

会计主管:　　　　记账:　　　　出纳:　　　　审核:　　　　制单:

表 6-13　汇总银行收款凭证

借方科目:银行存款　　　　　　　　　　　年　月　　　　　　　　编号:汇收 2 号

贷方科目	金额				记账	
	1 日至 10 日 银收凭证　共　张	11 日至 20 日 银收凭证　共　张	21 日至 31 日 银收凭证　共　张	合计	借方	贷方
合计						

会计主管:　　　　记账:　　　　出纳:　　　　审核:　　　　制单:

表 6-14　汇总现金付款凭证

贷方科目:库存现金　　　　　　　　　　　年　月　　　　　　　　编号:汇付 1 号

借方科目	金额				记账	
	1 日至 10 日 现付凭证　共　张	11 日至 20 日 现付凭证　共　张	21 日至 31 日 现付凭证　共　张	合计	借方	贷方
合计						

会计主管:　　　　记账:　　　　出纳:　　　　审核:　　　　制单:

表 6-15　汇总银行付款凭证

贷方科目:银行存款　　　　　　　　　　　年　月　　　　　　　　编号:汇付 2 号

借方科目	金额				记账	
	1 日至 10 日 银付凭证　共　张	11 日至 20 日 银付凭证　共　张	21 日至 31 日 银付凭证　共　张	合计	借方	贷方
合计						

会计主管:　　　　记账:　　　　出纳:　　　　审核:　　　　制单:

表6-16 汇总转款凭证

贷方科目：					年 月				编号：汇转 号	
借方科目	金额								记账	
	1日至10日 转款凭证 共 张		11日至20日 转款凭证 共 张		21日至31日 转款凭证 共 张			合计	借方	贷方
合计										

会计主管：　　　　记账：　　　　　审核：　　　　　制单：

在此种记账程序中,一般情况下不能编制贷方有多个对应账户的转账凭证,即只能编制一借一贷或多借一贷的记账凭证,而不能相反。

2. 账簿的设置

库存现金日记账、银行存款日记账、总分类账和明细分类账,各种账页的格式具体为:

(1)现金日记账和银行存款日记账一般采用三栏式。

(2)总分类账采用三栏式。

(3)明细分类账应根据管理需要,按不同的经济业务采用三栏式、数量金额式或多栏式。

(二)汇总记账凭证账务处理程序的基本流程(见图6-3)

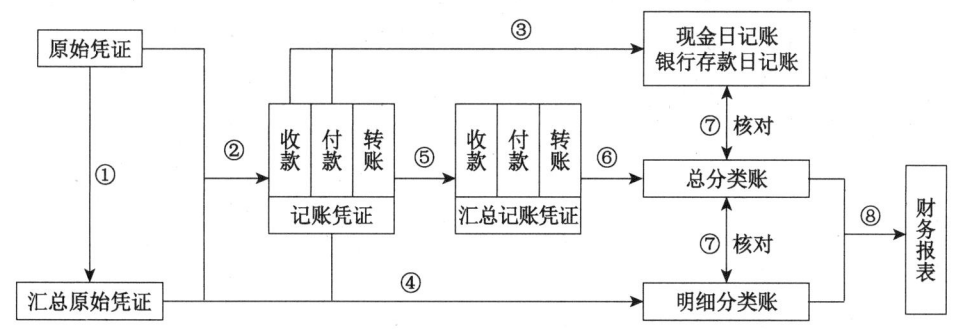

图6-3 汇总记账凭证账务处理程序

(三)汇总记账凭证账务处理程序的特点及适用范围

汇总记账凭证账务处理程序减轻了登记总分类账的工作量,由于按照账户对应关系汇总编制记账凭证,便于了解账户之间的对应关系。但不足之处是,按每一贷方科目编制汇总转账凭证,不利于会计核算的日常分工,并且当转账凭证较多时,编制汇总转账凭证的工作量较大。

五、实训任务

根据模块十实训资料1,采用记账凭证账务处理程序、科目汇总表账务处理程序、汇总记账凭证账务处理程序登记总账。

任务四　期末进行账项调整

能力目标:
1. 能够理解期末账项调整的含义。
2. 能够进行正确的期末账务处理。

一、期末账项调整概述

为了正确反映企业在不同时期的财务状况和经营成果,企业必须以权利或责任的发生与否为标准来确认各个会计期间的收入和费用。有些收入款项虽然在本期预先收到并入账,但并不能确认为本期收入;而有些收入虽然在本期尚未收到现金,却应归属于本期。有些费用虽然在本期已经预付出去并已入账,但并不应确认为本期的费用;而有些费用虽在本期尚未支付,却应归属于本期。因此,在期末结账之前,必须对那些收支期和归属期不相一致的收入和费用进行调整。通过调整,使未收到款项的应计收入和未付出款项的应计费用以及已收到款项而不属于本期的收入和已经付出款项而不属于本期的费用,归属于相应的会计期间,使各期收入和费用在相关的基础上进行配比,从而比较准确地计算盈亏。

期末账项调整是指每一个会计期末,为准确确定该期间的收入、费用、资产和负债,根据权责发生制对部分会计事项予以调整的行为。账项调整一般通过编制账项调整分录进行。即将会计期末账簿日常记录的收入和费用,调整为应属本期的收入和费用的账务处理程序作为账项调整。

(一) 期末账项调整的目的和依据

账项调整的目的是为了正确地分期计算损益,即正确地划分相邻会计期间的收入和费用,使应属报告期的收入和成本费用相配比,以便正确地结算各期的损益和考核各会计期间的财务成果。

持续经营和会计分期是会计核算的两个前提条件(会计假设)。基于这两个前提条件,会计核算要求遵循配比原则和权责发生制基础。即将某一会计期间的成本费用与其有关的收入相互配合比较,以正确计算该期的损益。但在日常账簿中,本期实际收到的收入或付出的费用,有些作为本期收入、费用入账,有些则因未确定所属期而未能入账,而有些本期虽未实际收到的收入或付出的费用,其归属期应属本期,也尚未入账。这就需要按照权责发生制的要求,将应属本期的收入和费用调整入账,才能正确确认本期的收入和费用,使之作出有意的配合比较,从而正确地确定本期的损益。

（二）两种不同的会计基础

为了进一步掌握账项调整的有关问题,还应搞清两种不同的会计基础。

会计基础是指用以计算、记录和编制一定期间费用成本、收入成果等会计事项的基本原则和方法。按照不同的原则和方法所确定的企业损益是不同的。会计基础主要有收付实现制和权责发生制两种。这两种制度的主要区别如下。

1. 收入和费用的确认和入账的时间标准不同

收付实现制是以款项的实际收付为标准来计算和确定本期收益和费用。凡在本期实际收到的收入或付出的费用,不论是不是属于这一会计期间,都作为本期的收入和费用处理。凡是本期未收到的收入和支付的费用,即使应属本期,也不作本期的收入和费用处理。

权责发生制则是以应收应付为标准来计算确定本期收益和费用。凡应属本期的收入、费用,不论是否实际收到或付出,均应作为本期的收入、费用入账。凡不属于本期的收入、费用,即使本期已经实际收到或付出,均不能作为本期收入,费用入账。

2. 账务处理不同

采用收付实现制是以款项的实收实付为标准进行账务处理。本期实际收到款项作收入入账,本期支付款项作费用入账,不存在期末账项调整的账务处理。

采用权责发生制就存在一个对收入、费用进行分析问题,即对本期已收到和未收到的收入,本期已付出和未付出的费用均按应收应付为标准进行账项调整,例如,1月收到本季度出租固定资产的租金收入900元,采用收付实现制将这900元作为1月的收入入账,采用权责发生制则只能作为预收收入入账,待月末该固定资产租用一月期满再将1/3的收入即300元转作本期收入入账。

3. 优缺点和适用范围不同

收付实现制下的账务处理较为简单,但不能准确地计算本期损益,适用于不计算成本的非盈利单位。

权责发生制下的核算手续比较复杂,但符合配比原则的要求,能比较准确地反映特定会计期的损益,凡是要进行成本计算的企业单位均应采用权责发生制。尽管权责发生制是较为合理的记账基础,但如果企业在日常的会计工作中,对每项业务都按权责发生制来记录,将会带来很多的麻烦。因此,部分经济业务平时按现金收支的行为予以入账,到期末按权责发生制进行调整。

（三）收入和费用账项调整应注意的问题

由于收入和费用的调整是期末账项调整的重要内容,所以应当重点搞清收入和费用调整的具体内容及其账务处理。

收入的账项调整包括应收收入和预收收入的账项调整。这两种收入的性质相反,前者是本期已经获得,但尚未收到的收入。它通过设置应收收入账户来反映;后者是已经收到,但归属期未定,收到时作为负债处理,它通过设置"预收账款"账户予以反映。由于应收收入在日常账簿中尚未记录,所以期末确定为应属本期的收入后,应借记"应收收入",贷记"其他业务收入"补记入账。由于预收收入已在本期或前期作负债处理,所以期末应将本期已实现的预收收入,借记"预收收入",贷记"其他业务收入"调整入账。

费用的账项调整包括预付费用和应计费用的账项调整。这两种费用的性质相反。预付费用是已经收付且应属本期负担的费用。由于这类费用在支付时一般已作为资产入账,所以期末应将应属本期的预付费用,确认为本期费用,表现为由一项资产转化为一项费用或成本,并借记"制造费用""管理费用"等账户,贷记"待摊费用"账户。

应计费用是指本期已经耗用或受益,应由本期负担,但本期并未实际收付的费用。它包括预提费用、应计税金、应计折旧等项目,这些项目的一个共同特点是:应属本期费用,但因并未支付,因而在日常账簿中尚未记录,期末确认为应属本期的费用成本后,才补记入账。

在进行费用调整的账务处理时,要注意递延资产和无形资产的调整,是分别在相应账户的贷方反映的。应计折旧费用的调整则是通过专门设置的一个特殊账户——"固定资产折旧"账户进行调整的。

在日常企业的经济活动中,有关收入与费用等经济业务的发生与现金收支行为的发生经常不一致,有的现金收支行为先于经济业务而发生,有的经济业务则先于现金收支行为而发生。而权责发生制又是根据经济业务的发生与否来确认,因此会形成相当多的预收、预付、应收、应付等会计项目。相应地,账项调整的内容也由以上项目构成。

二、期末账项调整的会计处理

期末账项调整是指在期末结账前,按照权责发生制原则,确定本期的应得收入和应负担的费用,并据以对账簿记录的有关账项作出必要调整的会计处理方法。

账项调整的目的是按照应收应付这一标准,合理地反映相互连接的各会计期间应得的收入和应负担的费用,使各期的收入和费用能在相互适应的基础上进行配比,从而比较正确地计算各期的损益。值得注意的是,期末进行账项调整,虽然主要是为了在损益表中正确地反映本期的经营成果,但是,在收入和费用的调整过程中,必然会影响到资产负债表有关项目的增减变动。因此,账项调整有助于正确地反映企业期末财务状况。

期末账项调整主要分为以下几类。

（一）属于本期收入的，尚未收到款项的账项调整

企业在本期已向其他单位或个人提供商品或劳务，或财产物资使用权，理应获得属于本期的收入，但由于尚未完成结算过程，或延期付款等原因，致使本期的收入尚未收到。按权责发生制原则，凡属于本期的收入，不管其款项是否收到，都应作为本期收入，期末应将尚未收到的款项调整入账。

【例 6-1】　应计收入的调整：属于本期，但期末尚未收到款项的收入。如本月应得银行存款利息 2 000 元。

借：其他应收款 2 000

贷：财务费用 2 000

【例 6-2】　2017 年 9 月 28 日佳服有限公司与海天公司签订合约，为该公司提供服装设计服务，从本年第 4 季度开始，合同期为一年。服装设计费为全年 20 万元，分两次支付。合同约定第一次支付日为 2018 年 4 月 1 日。

（1）2017 年年末，根据确认的业务收入。

借：应收账款 50 000

贷：主营业务收入 50 000

（2）2018 年 4 月 1 日，收到第一次服装设计费。

借：银行存款 100 000

贷：应收账款 50 000

主营业务收入 50 000

（二）属于本期费用的，尚未支付款项的账项调整

企业在本期已耗用，或本期已受益的支出，理应归属为本期发生的费用。由于这些费用尚未支付，故在日常的账簿记录中尚未登记入账。按权责发生制的规定，凡属于本期的费用，不管其款项是否支付，都应作为本期费用处理。期末应将那些属于本期费用，而尚未支付的费用调整入账。

【例 6-3】　应计费用的调整：本期已经发生，应由本期负担，但尚未支付款的费用。例如，本月应承担的水电费 100 元。

借：管理费用 100

贷：预提费用 100

【例 6-4】　2018 年 1 月 4 日，佳服有限公司与广天传媒服务公司签订一项服务合同，由广天公司为其进行广告宣传，为期 2 年，佳服有限公司到期一次性支付全部广告费 12 000 元。

（1）2018 年 12 月 31 日，确认本年度应负担的广告费。

借：销售费用 6 000

贷：其他应付款 6 000

（2）服务期满，实际支付全部广告费。

借：销售费用   6 000

    其他应付款   6 000

    贷：银行存款   12 000

（三）本期已收款的不属于或不完全属于本期收入款项的账项调整

本期已收款入账，因尚未向付款单位提供商品、劳务，或财产物资使用权，不属于本期收入的预收款项，是一种负债性质的预收收入。在计算本期收入时，应该将这部分预收收入进行账项调整，记入"预收账款"账户，待确认为本期收入后，再从"预收账款"账户转入有关收入科目。

【例 6-5】 预收收入的调整：已经收到款项，随着企业提供产品或服务而在收益期转化为当期的收入的预收款项。如预收某企业半年的咨询费 6 000 元，本月提供的服务价值 2 000 元。

借：预收账款   2 000

    贷：主营业务收入   2 000

【例 6-6】 2018 年 10 月 30 日，盛洋运输公司与佳服有限公司签订一份为期 1 年的劳务合同，从 2018 年 11 月 1 日起，盛洋运输公司负责为佳服有限公司运送商品。佳服有限公司按合同规定于 11 月 1 日预付相当于前半年的运输劳务费 60 000 元。2019 年 10 月 31 日，合同期满，佳服有限公司支付其余 50% 的运输劳务费 60 000 元（不考虑税费）。

（1）2018 年 11 月 1 日，盛洋运输公司收到佳服有限公司预付运输费。

借：银行存款   60 000

    贷：预收账款   60 000

（2）2018 年 12 月 31 日，盛洋运输公司结转本年度实现的运输收入。

借：预收账款   20 000

    贷：主营业务收入   20 000

（3）2019 年 10 月 31 日，盛洋运输公司收到佳服有限公司余下运输劳务款 60 000 元。

借：银行存款   60 000

    预收账款   40 000

    贷：主营业务收入   100 000

（四）本期已付款的不属于或不完全属于本期费用的账项调整

本期已付款入账，但应由本期和以后各期分别负担的费用，在计算本期费用时，应该将这部分费用进行调整。

预付的各项支出既不属于或不完全属于本期费用,就不能直接全部记入本期有关费用账户,应先记入"待摊费用"账户。

【例 6-7】 预付费用的调整:已经支付用于购买商品或劳务,但收益期较长,应由各个收益期分别承担的费用,如预交全年杂志费 1 200 元,每月应分摊 100 元。

借:管理费用   100

 贷:待摊费用   100

【例 6-8】 佳服有限公司为增设一处零售点签订了一份房屋租赁合同,租约的条款内容是:租期自 2018 年 11 月 1 日起,为期 1 年,年租金 60 000 元,分两期支付,每期支付 50%。第一期租金在 2018 年 11 月 1 日支付,第二期租金在 2019 年 4 月 30 日支付。(不考虑税费)

(1) 2018 年 11 月 1 日,支付首期租金。

借:预付账款——预付房租费   30 000

 贷:银行存款   30 000

(2) 2018 年 12 月 31 日,结转应由当年分摊的房租费。

借:销售费用   10 000

 贷:预付账款——预付房租费   10 000

(五) 属于本期支出,但尚未支付税金的账项调整

企业应根据本期的营业收入或税前利润,按规定的税率计算本期应交纳的所得税。所得税一般是分期计算,定期交纳,这就形成了负债性质的应付款项。为了正确计算本期的损益,需要把属于本期支出而尚未支付的税金,通过期末账项调整全部登记入账,这是本期支出与本期收入在相互适应的基础上进行配比,以正确确定本期损益。

三、实训任务

根据模块十实训资料 1,作出期末账项调整的相关分录。

任务五 期末进行对账、更正错账和结账

能力目标:

1. 能够理解对账的作用和操作方法。

2. 能够采用合适的方法更正错账。

3. 能够进行期末结账。

一、对账

对账就是对各种账簿记录进行核对,目的是为了保证账簿记录正确、真实。对账一般在会计期间终了时、结账之前进行。遇特殊情况,如有关人员办理调动或发生非常事件,应随时进行。

会计核算要求账簿登记清晰、准确,但在实际工作中,由于一些主客观原因,账目难免会出现差错和与实际不符的情况。因此,需要经常进行对账,保证账证、账账、账实相符,如实反映经济活动情况,并为编制财务报表提供真实可靠的数据资料。对账工作包括账证核对、账账核对和账实核对。

(一)账证核对

账证核对是指将各种账簿记录与记账凭证及其所附原始凭证进行的核对。它要求将原始凭证、记账凭证与账簿中的对应经济业务进行核对,以查明其时间、凭证字号、内容、数量、金额和会计科目是否一致,记账方向是否相符。这种核对,一般是在日常登记账簿过程中进行,期末如果发现账账不符时,就应回过头来对账簿记录与会计凭证进行检查核对,以确保账证相符,纠正记账错误。

(二)账账核对

账账核对是指在各种账簿之间的有关数字进行的核对。单位设置的账簿是一个有机的账簿体系,各种账簿之间存在着相互联系、相互制约、相互依存的关系。利用这种关系,通过账簿的相互核对可以发现记账工作是否有误,从而做到账账相符。账账核对的主要内容包括:

(1)总分类账簿的核对。总分类账簿中各账户的借方发生额合计数与贷方发生额合计数、期末的借方余额合计数与贷方余额合计数分别核对相符。这项核对工作,可以通过编制"试算平衡表"来完成。

(2)总分类账簿与明细分类账簿的核对。总分类账簿中各账户的本期借、贷方发生额和期末余额与其所属各明细分类账户的本期借、贷方发生额合计数和期末余额合计数核对相符。

(3)总分类账簿与序时账簿的核对。总分类账簿中的库存现金、银行存款账户的本期借、贷方发生额和期末余额,与现金日记账和银行存款日记账的本期借、贷方发生额和期末余额核对相符。

(4)财务部门的财产物资明细账与财产物资保管及使用部门的有关明细账定期核对。财务部门的各种财产物资明细账的收入、发出、结存数应与财产物资保管和使用部门的有关明细账的相应数据记录核对相符,一般是由财产物资保管或使用部门定期编制收发结存汇总表报财务部门核对。

(三)账实核对

账实核对是指在账账核对的基础上,将各项财产物资等的账面余额与实有数额进行的核对。账实核对的主要内容包括：

（1）现金日记账的账面余额与库存现金实际库存数相核对。

（2）银行存款日记账的账面余额与开户银行对账单相核对。

（3）存货、固定资产等财产物资明细账的账面结存数与其实存数相核对。

（4）各种债权、债务明细账的账面余额与有关债权人、债务人的账目相核对。

账实核对是通过财产清查进行的，详细内容见模块七。

二、更正错账

在会计实务中，出现登账错误的情况是难免的，比如重记、漏记、数字错位、数字倒码、笔误、科目使用错误等。所以，需定期通过各种对账方法、查错方法查找会计账簿中的信息错误，并视不同情况，按照规定的方法予以更正。

错账按发生的时间不同可分为本期差错和前期差错。本期差错是指本期发现同一会计年度所发生的会计差错。前期差错是指由于计算错误、应用会计政策错误、疏忽或曲解事实等对以前年度财务报表造成错报。关于前期差错的更正将在后续课程中学习，这里仅介绍本期差错的更正方法。本期差错的更正方法有划线更正法、红字更正法和补充登记法三种。

（一）划线更正法

1. 适用范围

划线更正法适用于结账前发现的，记账凭证正确无误，只是在过账时发生的文字或数字错误。包括：数字抄写与计算错误和文字书写方面的错误。

2. 更正的方法与要求

先将错误的文字或数字用单红线划去，表示注销；然后在划线的上面用蓝字写上正确的文字或数字，并由记账人员（更正人员）和会计机构负责人（会计主管人员）在更正处盖章，以明确责任。

使用这一方法应该注意：第一，文字错误可只划掉错误的文字，数字错误则需划掉整笔数字，不能只划掉其中一个或几个写错的数字。例如，将 6 329.00 错记为 6 392.00，应将整个数字全部用红线划去，再在红线上面空白处用蓝字写上 6 329.00，予以更正，不能只划去 92 改为 29。第二，被划掉的文字或数字仍应清晰可辨，不得涂成模糊一片，不备查考。

【例 6-9】　佳服有限公司 A 车间领用甲材料 2 000 元用于一般消耗。记账凭证填制准确无误，在登记账簿时误将 2 000 写成 200，此时可直接在账簿中采用划线法进行更正。

更正方法：　2 000.00　盖章

　　　　　　~~200.00~~

（二）红字更正法

红字更正法是指用红字冲销原有错误账户或数字，以更正或调整账簿记录的一种方法。

1. 适用范围

红字更正法主要适用于以下两种情况：

（1）记账凭证中使用的会计科目发生错误，并已按错误凭证登记入账所造成的错账。此种错账的更正需要四步来完成，所以将其更正方法称作"四步红字更正法"。

（2）记账凭证中使用的应借、应贷会计科目正确，只是所记金额大于应记金额，并已登记入账所造成的错账。此种错账的更正需要两步来完成，所以将其更正方法称作"二步红字更正法"。

2. 更正的方法与要求

针对第一种错误，先用红字金额，填写一张与错误记账凭证内容完全相同的记账凭证，且在摘要栏注明"更正某月某日第×号凭证"，并据以用红字金额登记入账，以冲销账簿中原有的错误记录，然后再用蓝字重新填制一张正确的记账凭证，登记入账。这样，原来的错误记录便得以更正。

【例6-10】 仍以［例6-9］为例，佳服有限公司 A 车间领用甲材料 2 000 元用于一般消耗。

（1）填制记账凭证时，误将借方科目写成"生产成本"，并已登记入账。原错误记账凭证为：

借：生产成本	2 000
贷：原材料	2 000

（2）发现错误后，用红字填制一张与原错误记账凭证内容完全相同的记账凭证。

借：生产成本	2 000
贷：原材料	2 000

注：□表示红字。

（3）用蓝字填制一张正确的记账凭证。

借：制造费用	2 000
贷：原材料	2 000

针对第二种错误，将多记的金额用红字填制一张与原错误记账凭证会计科目相同的记账凭证，并在摘要栏注明"更正某月某日第×号凭证"，并据以登记入账，以冲销多记的金额，使错账得以更正。

【例6-11】 仍以［例6-9］为例，假设在编制记账凭证时应借、应贷账户没有错误，只是金额由 2 000 元写成了 20 000 元，并且已登记入账。

该笔业务只需用红字更正法编制一张记账凭证将多记的金额 18 000 元用红字冲销即可。编制的记账凭证为：

借：制造费用　　　　　　　　　　　　　　　　　　　　　　　18 000

　　贷：原材料　　　　　　　　　　　　　　　　　　　　　　　18 000

（三）补充登记法

1. 适用范围

补充登记法适用于记账凭证中使用的应借、应贷会计科目正确，只是所记金额小于应记金额，并已登记入账，造成账簿记录金额少记的错账。

2. 更正的方法与要求

第一步，按少记的金额用蓝字填制一张与原记账凭证账户对应关系相同的记账凭证，在摘要栏中写明"补充登记某月某日第×号凭证少记金额"。

第二步，根据上述凭证用蓝字登记有关账户，补记少记金额。

【例6-12】　仍以[例6-9]为例，假设在编制记账凭证时应借、应贷账户没有错误，只是金额由2 000元写成了200元，并且已登记入账。

该笔业务只需用补充登记法编制一张记账凭证将少记的金额1 800元补足便可。其记账凭证为：

借：制造费用　　　　　　　　　　　　　　　　　　　　　　　1 800

　　贷：原材料　　　　　　　　　　　　　　　　　　　　　　　1 800

红字更正法和补充登记法都是用来更正因记账凭证错误而产生的记账错误，如果非因记账凭证的差错而产生的记账错误，只能用划线更正法更正。

以上三种方法是对当年内发现填写记账凭证或者记账错误而采用的更正方法，如果发现以前年度记账凭证中有错误（指会计科目和金额）并导致账簿登记出现差错，应当用蓝字或黑字填制一张更正的记账凭证。因错误的账簿记录已经在以前会计年度终了时进行结账或决算，不可能将已经决算的数字进行红字冲销，只能用蓝字或黑字凭证对除文字外的一切错误进行更正，并在更正凭证上特别注明"更正××年度错账"的字样。

三、结账及更换账簿

（一）结账

结账是指在将本期所发生的经济业务全部登记入账的基础上，按照规定的方法对该期内账簿记录进行小结，结算出本期发生额合计数和余额，并将期末余额结转下期或者转入下年新账的会计处理。各单位的经济活动是连续不断地进行的，为了总结一定时期的经济活动情况，考核经营成果，编制会计报表，各单位必须在会计期末进行结账，但不得为赶制会计报表而提前结账，把本期发生的经济业务延至下期登记，更不得先编制会计报表后结账。另外，单位因撤销、合并而办理账务交接时，也需要办理结账。

（二）结账的种类和方法

结账按结算时期不同，可以分为月结、季结和年结三种。

1. 月结

月度结账时，应该结出本月借、贷双方的发生额及月末余额，对于有余额的账户应在摘要栏内注明"本月发生额及期末余额"，对于没有余额的损益类等账户应在摘要栏内注明"本月合计"，同时在该行的上下端各划一条通栏红线，表示本月的账簿记录已经结束。如果本月只有一笔记录，结账时，可只在这笔记录下面划一条通栏红线，不用结记本月发生额，表示本月记录到此为止。本月没有发生额的账户，不必进行月结。

对于需要结计本年累计发生额的收入类、费用类、成本类等账户，每月结账时，还应在"本月合计"行下结出自年初起至本月月末止的累计数额，登记在月份发生额下面，在摘要栏内注明"本年累计"字样，并在下面再划通栏单红线，与下月记录分开。

2. 季结

季度终了，在本季最后一个月的月结（需按月结出本年累计发生额的，应在"本年累计"行）下一行中的摘要栏内填写"第×季度合计"字样，在"借方""贷方""余额"各栏内，计算出本季发生额和余额，再在季结下面划一道通栏单红线，以便与下季度发生额划分清楚。

3. 年结

年度终了，要在第四季度季结的下一行的摘要栏内填写"本年合计"或"结转下年"字样，在"借方""贷方""余额"各栏，计算出本年发生额及余额，再在年结下面划通栏双红线，以表示本年度经济业务记录的结束。对于月结时需要结计本年累计发生额的某些明细账户，12月月末的"本年累计"就是全年累计发生额，在该栏下通栏划双红线即办理了年结。

现以"原材料"总账（见表6-17）为例加以说明。

（三）账簿的更换与保管

1. 账簿的更换

账簿的更换是指在会计年度终了结账完毕后，以下年度的新账簿代替上年度的旧账簿的会计工作。在每一个新会计年度开始时，总账、日记账和多数明细账应当更换新账。但有些财产物资明细账和债权债务明细账，由于品种、规格和往来单位较多等原因，更换新账的工作量较大，所以，可以跨年度使用，不必每年更换一次，如固定资产明细账、原材料明细账等。各种备查账簿也可以连续使用。

更换账簿时，对于有余额的账户，要将其余额结转下年。结转的方法是，在下年新账的第一行的摘要栏内填写"上年结转"字样，并在余额栏内填入上年年末结转的余额，余额方向与上年一致。跨年度使用的账簿，年初不需要进行"上年结转"手续。第二年使用时，直接在上年年结的双线下面记录发生额即可。

表6-17　总　账　　　　　　　　　　　　　　　　总第　页

会计科目：原材料　　　　　　　　　　　　　　　　　　　　　　分第　页

2018 年		凭证		摘要	对应科目	收入	支出	结余
月	日	字	号					
1	1			上年结转				69 700
1	31			本月发生额及余额		231 300	271 543	29 457
3	31			本月发生额及余额		154 200	181 026	26 883
	31			第一季度合计		555 120	651 703	26 883
12	31			本月发生额及余额		254 430	298 697	32 402
	31			第四季度合计		610 632	716 872	32 402
	31			结转下年		2 875 600	2 912 898	32 402

2. 账簿的保管

账簿作为重要的历史资料和会计档案，各单位应该按照国家统一的会计制度的规定，妥善保管，以供日后检查、分析和审计。账簿的保管应由专人负责，以明确责任。

1) 账簿的日常保管

(1) 在日常，账簿应由各自分管的记账人员专门保管，比如现金、银行存款日记账由出纳人员保管；总账由总账会计人员保管；明细账由各明细账会计人员保管。

(2) 未经单位负责人和会计机构负责人(会计主管人员)批准，非经管人员不准翻阅、查看、摘抄和复制账簿。

(3) 会计账簿除非特殊需要(如与外单位核对账目)或司法介入，一律不允许携带外出。对需要携带外出的账簿，必须经本单位负责人和会计机构负责人(会计主管人员)批准，并指定专人负责，不准交给其他人员管理，以保证账簿的安全和防止任意涂改账簿等现象的发生。

2）账簿的归档保管

（1）年度终了,会计人员应对更换下来的活页账、卡片账装订成册,顺序编号,加具封面封底,连同订本账一起登记存档保管。采用计算机进行会计核算的单位,应当保存打印出的纸质会计账簿。

（2）当年形成的会计账簿,在会计年度终了后,可暂由会计机构保管1年,期满之后,应当由会计机构编制移交清册,移交本单位档案机构统一保管;未设立档案机构的,应当在会计机构内部指定专人保管,但出纳人员不得兼管会计档案。

（3）账簿应当按照国家统一规定的保管期限保管,不得在保管期限未满时销毁账簿。

（4）账簿保管期满,需要销毁时,由本单位档案部门提出销毁意见,会同财务部门共同鉴定,严格审查,编造会计档案销毁清册,报经单位负责人批准后由专人监销,由其在销毁清册上签章并向单位负责人报告。

（四）会计人员交接规则

记账人员或会计机构负责人（或会计主管人员）调动工作或因故离职时,应办理交接手续,将本人所经管的会计工作全部移交给接替人员。没有办清交接手续的,不得调动或离职。在"账簿启用表"交接记录栏内,注明交接日期、接替人员和监交人员姓名,并由交接双方人员签名或盖章。一般会计人员办理交接手续,由会计机构负责人监交,而会计机构负责人办理交接手续,由单位负责人监交,必要时主管单位可以派人会同监交。

四、实训任务

根据模块十实训资料1,对记账中的错误进行错账更正,并进行对账和结账。

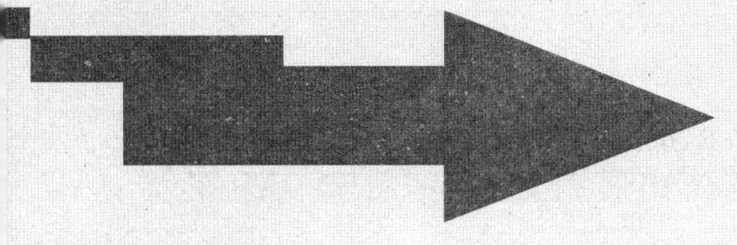

模块七

财产清查

任务一　认知财产清查

一、认知财产清查种类

财产清查是指根据账簿记录结果，对企业的货币资金、实物资产和往来款项等财产物资进行实地盘点和账目核对以确定各财产的实存数与账存数是否相符，并在会计账簿中将实存数与账存数的差额进行及时调整，保证账实相符的一种会计核算的专门方法。

财产清查是核算和监督企业经济活动的重要方法。会计核算的一个最基本的要求就是要保证各项财产的账面记录和实际存在完全相符，只有这样才能保证会计核算资料的真实性和相关性，才能发挥会计加强企业经济管理、提高企业经济效益的重要作用。从理论上讲，尽管会计核算采用了凭证审核、复式记账、试算平衡和对账等一系列严密的会计核算方法来保证会计记录的正确性，但是在实际工作中，由于财产物资的自然属性所造成的自然损耗，自然灾害造成的资产损失，收发过程控制不力发生的资产破损、变质和短缺，会计记录或计算可能出现的差错，以及不法分子贪污盗窃、营私舞弊造成的人为损失等，都可能会导致财产物资的账簿记录与实际情况时有不符。为了保证会计信息的真实可靠、保证财产物资的安全完整、提高资产的使用效率，《会计法》规定，企业必须建立健全财产清查制度，对各项财产物资进行定期或不定期的盘点和核对，确保账实相符。

对财产清查进行科学分类，能够指导实际工作中针对不同的财产、不同的情况采取合理的方法进行财产清查，以提高财产清查的效益。财产清查可以按照不同的标准进行分类，常见的分类方法有以下三种。

（一）按清查的范围分类

按清查的范围分类，财产清查分为全面清查和局部清查。

1. 全面清查

全面清查是指对属于本会计主体所有的财产物资进行的清查、盘点与核对。清查的内容主要是各种财产物资、货币资金和债权债务。具体包括以下各项：

（1）固定资产、工程物资、原材料、在产品、库存商品、在途物资、委托其他单位加工和保管的物资、受托代保管物资等。

（2）现金、银行存款、在途货币资金、股票、债券等。

（3）应收账款、应付账款、其他应收款、其他应付款、各种银行借款等。

通过全面清查可以对会计主体的全部财产物资、应收款项进行全面清点、鉴定和估价，对于保护会计主体财产物资的安全完整，加强管理制度建设和优化资金结构具有重要意义。但全面清查涉及面广、时间长、工作量大，有时还会影响生产经营过程的正常进行，所以它一般是在年终决算前、单位撤销、合并或改变隶属关系、联营和清产核资时进行，目的是保证财务报表信息的真实和准确。

2. 局部清查

局部清查是指对会计主体的一部分财产物资进行的清查。具体清查对象应根据管理需要确定，其清查的对象也因管理需要的不同而不同，没有一个固定的模式，一般限于流动性较大又易于损耗的物资和比较贵重的财产。如企业的原材料、在产品、库存商品等，除在年终进行全面清查外，还应在年内进行轮流盘点或重点抽查。各种贵重财产每月至少要清查一次；库存现金要每日清查一次；银行存款至少每月同银行核对一次；债权债务每年至少要核对两次。

（二）按清查的时间分类

按清查的时间分类，财产清查分为定期清查和不定期清查。

1. 定期清查

定期清查是指按计划在规定的时间内对财产进行的清查。定期清查一般在财产物资管理制度中予以规定，时间一般是在月末、季末或年终结账前进行。定期清查是财产管理中的一项常规清查，其目的是保证会计主体财产物资的账存数与实存数相符，以保证会计信息的真实可靠。

定期清查可以是全面清查，也可以是局部清查。在月末进行的定期清查，既可以是全面清查，也可以是局部清查，但在年末进行的定期清查一般是全面清查。

2. 不定期清查

不定期清查是指事前不规定清查日期而临时进行的财产清查。因此，不定期清查也称临时清查。根据需要，不定期清查既可以是全面清查，也可以是局部清查，但多数情况下进行的是局部清查，其目的主要是查明部分财产物资账实是否相符，以分清责任。

不定期清查常见于以下几种情况：

（1）更换财产物资和现金保管人时。

（2）财产物资发生非常灾害或意外损失时。

（3）有关单位对会计主体进行审计查账时。

（4）会计主体关、停、并、转、清产核资、破产清算时。

（三）按清查的执行单位分类

按清查的执行单位分类，分为内部清查和外部清查。

1. 内部清查

内部清查是指由会计主体内部自行组织清查工作小组所进行的财产清查。内部清查的目的旨在保护会计主体的财产安全，加强管理，提高资产和利用率。

2. 外部清查

外部清查是指由会计主体以外的部门、单位组织实施的财产清查。如上级主管部门、国家审计机关、司法部门、注册会计师根据国家有关规定或情况对企业所进行的财产清查等。外部清查的目的旨在通过财产清查，核实会计信息，形成审计意见，以帮助会计信息使用者确定对被审单位会计资料的依赖程度。

二、认知财产清查程序

财产清查是一项技术性强、涉及面广、工作量大的工作，为了保证清查质量，顺利完成清查任务，必须有计划、有步骤地进行。一般来说，财产清查可分为三个阶段，即准备阶段、实施阶段和处理阶段。

（一）准备阶段

准备阶段的工作包括组织准备和业务准备两个方面。

1. 组织准备

为了顺利进行财产清查工作，保证财产清查的质量，财产清查时应成立专门的财产清查工作领导小组，并配备责任心强、工作认真负责、具有专业胜任能力的财产清查人员。财产清查工作领导小组应由单位负责人任小组长，负责整项工作的协调组织；由总会计师或主管厂长任副组长，负责财产清查工作的具体落实；同时，由财务部门、设备、技术、生产、行政及各有关部门参加，保证财产清查工作各环节的顺利进行。

财产清查领导小组的主要任务是：①制订财产清查的详细计划。根据管理制度或有关部门的要求拟定财产清查工作的详细步骤，确定财产清查的对象和范围，安排财产清查工作的进度，配备财产清查人员等；②搞好宣传，向干部和职工广泛宣传财产清查工作的重要性，以得到企业各部门的密切配合与支持，保证财产清查工作的顺利进行；③在清查过程中，及时掌握工作进度。检查和督促各项工作，及时研究和处理财产清查工作中出现的问题；④在清查结束后，应及时进行总结，将清查的结果及其处理的意见和建议，书面报告领导和有关部门审批处理。

为了保证财产清查工作的顺利进行，财产清查领导小组应及时向被清查的各单位下达财产清查任务。单位下达财产清查任务一般以财产清查通知的形式进行。财产清查的通知内容通常包括清查的目的与意义、清查的任务、清查的时点和范围、清查方式和时间安排、清查工作要求等。

2. 业务准备

1) 财务部门的业务准备

财务部门和会计人员,应在财产清查之前,将所有已发生的经济业务登记入账,并将有关账户结出余额,核对清楚。做到账簿记录完整、计算正确、账证相符、账账相符,为财产清查提供正确可靠的依据。

2) 财产物资保管部门的业务准备

财产物资保管部门和人员,应将截至财产清查时点前的各项财产物资的收支,办理好凭证手续,全部登记入账,并结出余额。同时,财产物资保管人员应将其所保管的各种财产物资归类整理,堆放整齐,挂上标签,标明品种、规格和结存数量,以便盘点核对。

3) 财产清查领导小组的业务准备

财产清查领导小组应组织有关部门准备好各种必要的、精确的度量器具,印制好各种财产清查的登记表册,如"盘存表"(见表7-1)和"实存账存对比表"(见表7-2)等财产清查工作底稿。

表 7-1　盘存表

单位名称:　　　　　　　　　　　　　　　　　　　　　　编号:

财产类别:　　　　　　　　　存放地点:　　　　　　　　盘点日期:

编号	名称	规格	单位	数量	单价	金额	备注
合计							

盘点人:　　　　　　　　　　　　　　　　实物保管人:

表 7-2　实存账存对比表

单位名称:　　　　　　　　年　　月　　日　　　　　　　　编号:

编号	名称	计量单位	数量		单价	盘盈		盘亏		备注
			账存	实存		数量	金额	数量	金额	
合计										

制表人:

（二）实施阶段

在做好财产清查的各项准备工作后，清查人员应根据各类财产物资的特点，分别采取与之相对应的方法对其品种、类别、数量、质量、金额等进行核查，根据核查结果，登记"盘存表"，然后根据盘存表资料和有关账簿资料填制"实存账存对比表"。具体的实施过程可以参照本模块任务二中掌握财产清查流程的内容。

（三）处理阶段

处理阶段的工作内容主要包括两个方面：一是对清查所确定的差异进行分析并上报。对财产清查中发现的账实不符的差异，要认真分析其性质和原因，明确经济责任，提出改进意见和措施，并按规定程序上报有关部门和领导。二是进行账务处理。在进行账务处理时，又分两步进行，首先根据实存账存对比表，调整账簿记录，使账实保持一致；其次根据有关部门的处理意见，做出相应的账务处理。具体的处理过程可以参照本模块任务二中处理财产清查结果的内容。

三、认知财产清查方法

（一）库存现金清查的方法

库存现金是由出纳人员专门保管的流动性最强的资产，为了防止现金丢失和发生错弊，各单位对现金的管理均实行限制接近的内控管理制度，即除了被授权的出纳人员以外，其他人员都不得直接接触现金。库存现金的清查方法是实地盘点法，通过对库存现金的实地盘点，确定其实存数，与库存现金日记账的账面余额进行核对，可查明账实是否相符及余缺情况。

由于现金的流通性很强，收支业务又十分频繁，容易出现差错，库存现金每日应由出纳人员和授权的专门人员进行盘点、核对，即日常清查。但只采取这一方法仍然存在漏洞，还应该进行定期或不定期的专门清查。

1. 日常清查

日常清查要求单位出纳人员每日进行自查，并对自查情况进行登记。每日营业终了，出纳人员应将当日的收付款凭证全部登记库存现金日记账，结出其账面余额，并将期末余额与库存现金的实有数额相互核对，以确定账实是否相符。对于当日自查账实不符的，出纳人员应先自行核对账目，查找原因，并将长短款情况向会计机构负责人或会计主管人员报告。对于由于出纳人员自身原因造成的短款情况，一般应由出纳人员赔偿；对于其他原因造成的长短款情况，应报请企业董事会、厂长经理会议等类似机构批准后进行处理。

库存现金的自查是加强现金的内部控制和管理，保证现金安全的有效方法，但如只采用这一种方法，难以控制出纳人员监守自盗。因此，在坚持现金日常清查的前提下，还应该同其他财产物资一样，定期或不定期地由财产清查人员对现金进行专门清查。

2. 专门清查

库存现金专门清查是指由专门的财产清查人员和出纳人员一起对库存现金进行的清查。单位应建立定期和不定期的现金专门清查制度，防止出纳人员的舞弊行为。定期专门清查时间应视企业的不同情况而定，对于以现金收付为主的单位，每月应安排2次以上的专门清查；对于一般单位，也至少应于每月月末结账前对库存现金进行专门清查。

由专门的财产清查人员进行库存现金清查时，库存现金出纳人员必须在场，并由库存现金出纳人员经手盘点，清查人员从旁监督。如发现盘盈、盘亏，必须会同出纳人员当场核实盈亏数额；除查明账实是否相符外，还要查明有无违反库存现金管理制度规定的情况，如有无违反现金管理条例的现金收支，有无以借条、收据等"白条"抵充现金，现金库存是否超过银行核定的限额等情况。

（二）银行存款清查的方法

银行存款的清查是采用与银行核对账目的方法来进行的。即将企业单位的银行存款日记账与从银行取得的对账单逐比核对，以查明银行存款的收入、付出和结余的记录是否正确。

在实际工作中，企业银行存款日记账余额与银行对账单余额往往不一致，其主要原因：一是双方账目发生错账、漏账；二是正常的"未达账项"。所谓"未达账项"，是指由于双方记账时间不一致而发生的一方已经入账，而另一方尚未入账的款项。

因此，为了查明企业单位和银行双方账目的记录有无差错，同时也是为了发现未达账项，在进行银行存款清查时，必须将企业单位的银行存款日记账与银行对账单逐笔核对；核对的内容包括收付金额、结算凭证的种类和号数、收入来源、支出的用途、发生的时间、某日截止的金额等。通过核对，如果发现企业单位有错账或漏账，应立即更正；如果发现银行有错账或漏账，应及时通知银行查明更正；如果发现有未达账项，则应据以编制银行存款余额调节表进行调节，并验证调节后余额是否相等。

（三）往来账项清查的方法

往来账项是指各种债权债务结算款项，主要包括各种应收款项、应付款项和预收预付款项等。为了保证往来款项的正确性，并促使及时清算，防止长期拖欠，应对往来款项及时清查。往来款项的清查一般是采用查询核实法进行核对，即通过信函、电函或面询等方式，同对方单位核对账目。

清查单位应在检查本单位各项往来款项正确性的基础上，按每一往来单位编制往来款项对账单，派人或发函送达对方。对方应在回单联上加盖公章退回，表示核对相符；如核对不符，对方应在回单联上注明情况，或者另抄账单退回，以便进一步核对。往来款项对账单的一般格式如表7-3所示。

表7-3 往来款项对账单

结账时间	欠贵公司	贵公司欠	备注

××公司:

　　根据我单位账簿记录,贵公司与我单位的往来款项如下:

　　贵公司核对无误后签章证明,将此信寄回,如有不符,请将情况(包括:时间、内容、金额、不符原因)告知。

单位(签章)
年　　月　　日

- -

(注:本函仅是对账,如结账日期后已付清,仍请函复)

(回函)

××单位:

　　来函收悉,在来信所述的结账日期,本公司与贵单位的往来账目,经核对　□相符　□不相符

单位(签章)
年　　月　　日

(四) 实物财产清查的方法

1. 存货的清查方法

存货的清查是指对原材料、在产品、产成品等的清查。由于存货的种类繁多、形态各异,而且体积、重量、堆放方式、单位价值也都不一样,所以,对不同存货的清查方法也不同。存货的清查方法通常有实地盘点法、技术推算法和抽样盘点法三种。

1) 实地盘点法

实地盘点法是指对财产物资按其存放地点进行逐一清点,或用计量器具(如磅称、米尺等)进行实地称量,以确定其实有数量的盘点方法。这种方法适用范围较广,大多数存货都可采用这种方法。

2) 技术推算盘点法

技术推算盘点法又叫测量计算法。对于那些大堆、笨重、单位价值较低,但存放有一定规则的财产物资,不便于称量,可以在抽样盘点的基础上,进行技术推算。如露天堆放的原煤,可以用单位体积重量乘以体积求得全部结存数量。这种方法适用于那些大量成堆、笨重的、难以逐一清点的财产物资,它一般通过量方、计尺等方法加以确定其实存数量。

3) 抽样盘点法

对那些单位价值较小,但数量多,重量比较均匀特别是已经包装好的实物资产,

一般不便于逐一点数,则可以通过抽样的方法检查单位实物资产的质量与数量,以确定该项资产的总体质量与数量。

2. 固定资产的清查方法

固定资产是企业开展经营活动的物质基础,价值较高,在企业的资产总额中占有很大的比重,使用期限较长,应定期或者至少于每年年末对其进行清查。

对固定资产进行清查,首先,应查明固定资产的实物是否与账面记录相符,严防出现固定资产丢失的情况;其次,要查明固定资产在保管、维护保养及核算上存在的问题,保证企业固定资产核算的正确性;最后,还要清查固定资产的使用情况,如发现固定资产长期闲置、封存或使用率不高、结构不合理、生产能力不均衡等情况,应及时反映给有关方面,由其做出处理,保证企业固定资产合理、有效地使用。

固定资产的清查通常也采用实地盘点的方法,其清查步骤与方法同存货的清查。如清查中发现固定资产盘亏或毁损情况,要查明该项固定资产的原值、已提折旧额等;如出现固定资产盘盈的情况,要对其估价,确定盘盈固定资产的价值。会计人员应根据盘盈、盘亏情况编制固定资产盘盈、盘亏报告单。

任务二　对财产清查结果进行会计处理

能力目标:
1. 能够编制银行存款余额调节表。
2. 能够对财产清查结果进行账务处理。

一、掌握财产清查流程

(一)掌握库存现金清查流程

1. 组织清查人员

库存现金专门清查应由会计机构负责人(会计主管人员)、专门清查人员及出纳人员共同完成。实施清查时,由会计机构负责人和专门清查人员监督出纳人员清点现金,并记录清查结果。

2. 进行业务准备

出纳人员应在专门清查前,将截至清查日的所有现金收付业务全部入账,并结出余额。除此之外,出纳人员应对出借后超过一个月尚未办理报销手续的现金出借业务进行整理核实,催促借款人及时办理报销手续。不能办理报销手续的应登记该项借款业务的借款人、借款金额、借款理由等情况,以便在清查时进行专门处理。

3. 确定现金的实存金额

库存现金清查的基本方法是实地盘点法，即出纳人员在专门清查人员的监督下清点保险柜内的现金(借条、收据等单据都不得抵充现金数)，以确定库存现金的实有数。现金清查后，需根据实存现金金额填制现金盘点表，该表是对现金进行账项调整和对比分析的原始凭证，应由清查人员、出纳人员签名或盖章，并由会计机构负责人(会计主管人员)审核后签名或盖章。现金盘点表一般一式两联，一联为"报账联"，作为调整现金账的依据；另一联为"批复联"，作为处理现金盘盈盘亏的依据。

表7-4 现金盘点表

单位名称：　　　　　　　　　　年　　月　　日

实存金额	账存金额	对比结果		备注
		盘盈	盘亏	
现金使用情况	(1) 库存现金限额： (2) 白条抵库情况： (3) 违反规定的现金支出情况： (4) 其他违规行为：			
处理决定：				
				总经理：

会计机构负责人：　　　　　　　　　盘点人：　　　　　　　　出纳员：

4. 核对实存数额与账面数额

根据库存现金日记账的账面结存金额填列"现金盘点表"中的"账存金额"栏目，并与已记录的"实存金额"核对后确认现金盘点的结果，如果"实存金额"大于"账存金额"，说明发生了现金盘盈，应记入"现金盘点表"的"对比结果"—"盘盈"栏内，如"实存金额"小于"账存金额"，说明发生了现金盘亏，应记入"现金盘点表"的"对比结果"—"盘亏"栏内。同时，对现金的管理有无违反《现金管理暂行条例》规定的各种情况进行检查，并将检查结果填入"现金盘点表"的"现金使用情况"栏内。

(二) 掌握银行存款清查流程

银行存款的清查由指定的清查人员与出纳人员共同进行，不得由出纳人员单独对账，以防止其监守自盗。在清查前，出纳人员应分别结出各账号的银行存款日记账余额，并从开户银行取得银行对账单。企业在多个银行开设账户的，应取得所有开户账号的银行对账单，以备逐一对账。

1. 确定银行存款的实存金额

银行存款的实存金额是根据开户银行提供的银行对账单来确定的。

银行对账单是由企业开户银行所记录的，反映该银行存款存入和使用情况的记录单。一般情况下,银行每月都向企业提供所开立账户的银行对账单,用于双方联系并核对银行存款账目。简单地说,银行对账单就是银行以企业账号为明细科目开设并记录的明细账和日记账。因此,企业在银行开立的每个银行账号都有其银行对账单。

银行对账单作为以银行为会计主体所记录的账簿,借方反映企业银行存款的减少,因为企业银行存款减少意味着银行债务的偿还;贷方反映企业银行存款的增加,因为企业银行存款增加意味着银行对企业债务的增加。因此对账时,应以银行对账单的借方发生额与银行存款日记账的贷方发生额相核对,以银行对账单的贷方发生额与银行存款日记账的借方发生额相核对。

2. 确定银行存款的账存金额

银行存款的账存金额为企业银行存款日记账的余额。

银行存款日记账是企业开设用来逐日逐笔登记银行存款增减变动及结存情况的特种日记账。银行存款日记账应按单位在银行开立的账户设置,每个银行账户可设置一本日记账,也可以几个银行账户合用一本日记账,但各账户必须分页记录。

3. 核对各银行账户的实存金额与账存金额并进行原因分析

核对银行存款日记账与银行对账单余额。如果两者的余额相符,一般表明双方账簿记录正确;如两者余额不符,则存在两种可能:一种为企业或银行至少有一方存在记账错误;另一种为双方在记账中存在未达账项。

未达账项是企业与银行、往来单位之间在款项结算过程中发生的正常现象,它是指由于收、付款的结算凭证在传递、接收时间上的不一致而导致的一方已经入账,另一方因没有接到凭证尚未入账的事项。企业与银行之间的未达账项,总的来说有两大类:一是企业已经入账而银行尚未入账的事项;二是银行已经入账而企业尚未入账的事项。从收、付款的角度划分,又可以把这两类未达事项分为以下四种情况:

(1)企业已经收款入账,而银行未作收款入账的事项,如企业送存收到的转账支票,而银行尚未入账。

(2)企业已经付款入账,而银行未作付款入账的事项,如企业开出转账支票并已入账,而持票人尚未到银行办理转账业务。

(3)银行已经收款入账,而企业未作收款入账的事项,如采用委托收款方式进行结算时,银行已代企业划收货款,但企业因尚未收到收账通知而没有入账。

(4)银行已经付款入账,而企业未作付款入账的事项,如银行受企业委托代企业按期支付的水电费、通信费等,企业因没有收到付款通知而没有入账。

实务中,要先看是否有记账错误,如果存在记账错误,则应更正错账,然后再查找未达账项,并编制银行存款余额调节表。

【例7-1】　佳服有限公司 2018 年 11 月 30 日基本存款账户(账号为6222464654546447)的银行存款日记账(见表7-5)和本月月底银行送来的银行对账单(见表7-6)分别如下,要求查找 2018 年 11 月的未达账项,并编制银行存款余额调节表。

表7-5 银行存款日记账(简表)

开户行:中国工商银行太原晋源支行 账号:6222464654546447

2018		凭证号数	摘要	结算凭证		对方科目	借方	贷方	结余
月	日			种类	号数				
11	1		期初余额						700 000
	3	(略)	销售产品	支票	00439	主营业务收入	280 000		980 000
	5		收到货款	支票	00528	应收账款	100 000		1080 000
	10		支付货款	支票	00127	原材料		500 000	580 000
	16		销售产品	支票	00649	主营业务收入	120 000		700 000
	20		提取现金	支票	00123	库存现金		30 000	670 000
	29		支付货款	支票	00193	应付账款		20 000	650 000
	30		销售产品		00987	主营业务收入	100 000		750 000

表7-6 银行对账单(简表)

账号:6222464654546447 开户单位:佳服有限公司

2018 年		摘要	结算凭证		借方	贷方	结余
月	日		种类	号数			
11	1	结余					700 000
	3	存入	支票	00439		280 000	980 000
	11	支取	支票	00127	500 000		480 000
	17	存入	支票	00649		120 000	600 000
	26	支取	支票	00193	20 000		580 000
	27	存入	支票	00187		60 000	640 000
	30	支取	支票	00198	90 000		550 000

经过银行存款日记账和银行对账单逐笔核对发现双方有下列未达账项:

(1) 公司已收、银行未收的款项为 200 000 元。这种未达账项即为银行存款日记账的借方有记录金额,而银行对账单的贷方无记录金额的账项。

(2) 公司已付、银行未付的款项为 30 000 元。这种未达账项即为银行存款日记账的贷方有记录金额,而银行对账单的借方无记录金额的账项。

(3) 银行已收、公司未收的款项为 60 000 元。这种未达账项即为银行对账单的贷方有记录金额,而银行存款日记账的借方无记录金额的账项。

(4) 银行已付、公司未付的款项为 90 000 元。这种未达账项即为银行对账单的借方有记录金额,而银行存款日记账的贷方无记录金额的账项。

4. 编制银行存款余额调节表

未达账项的存在必然会导致银行存款日记账与银行对账单余额不符。银行存款日记账余额、银行对账单余额、未达账项之间的关系可表示为：

$$\begin{array}{l} 企业银行存款 \\ 日记账余额 \end{array} + \begin{array}{l} 银行已收、 \\ 企业未收款项 \end{array} - \begin{array}{l} 银行已付、 \\ 企业未付款项 \end{array} = \begin{array}{l} 银行对账 \\ 单余额 \end{array} + \begin{array}{l} 企业已收、 \\ 银行未收款项 \end{array} - \begin{array}{l} 企业已付、 \\ 银行未付款项 \end{array}。$$

利用上述公式所揭示的未达账项与银行存款日记账余额、银行对账单余额之间的关系，实务中通过编制银行存款余额调节表的方法对未达账项所造成的双方余额不符的情况进行调整。银行存款余额调节表的一般格式如表7-7所示。

表 7-7　银行存款余额调节表

账号:6222464654546447　　　　　2018 年 11 月 30 日　　　　　单位:元

项目	金额	项目	金额
公司银行存款账面余额	750 000	银行对账单余额	550 000
加:银行已收、公司未收 减:银行已付、公司未付	60 000 90 000	加:公司已收、银行未收 减:公司已付、银行未付	200 000 30 000
调节后的存款余额	720 000	调节后的存款余额	720 000

主管会计:　　　　　出纳:　　　　　制表人:(清查人员)

可以看出，银行存款余额调节表有两个作用:其一作为核对银行存款账目的工具，以确定银行存款账实是否相符;其二银行存款余额调节表所计算的"调节后的存款余额"为企业当时可以实际动用的银行存款数额。需要特别注意的是，银行存款余额调节表只是企业对账的工具，而不是原始凭证。各单位不能根据银行存款余额调节表中所列示的未达账项调整企业账簿记录。对于银行已入账而企业尚未入账的未达账项，必须在收到银行的收、付款通知时，方可进行账务处理。但对于长期闲置的未达账项，应及时查询原始凭证、账簿及有关资料，弄清原因。必要时与银行联系，查明情况，及时解决悬账问题。

(三)掌握往来款项的清查流程

1. 结出往来明细账余额

各单位在清查前，应由往来会计对本企业账簿中所记录的债权债务事项逐项进行核对，自行检查账簿记录是否完整正确，并对发现的差错和未及时入账的事项，按规定更正并及时入账后结出各往来明细账户的余额，以备核对所用。

2. 编制往来款项对账单

为了逐一核对各往来款项的实际金额，避免企业人员截留款项挪作他用或未及时入账等情况，应由清查人员根据往来会计所提供的各往来明细账户余额编制往来款项对账单，并送交对方单位进行核对。

往来款项对账单一般分为上下两联:上联用于与往来单位进行核对，须注明需核对公司名称、结账日期、应收应付款金额等，并加盖单位印章后送达往来单位;下联为回单，为往来单位核对后的回复函，如对方单位核对相符，应由往来单位在回单上注明"核对无误"字样,并盖章退回;如发现数额不符,往来单位应在回单上注明不符情况,或另抄后将对账单一并退回,作为进一步核对的依据。另外,核对时若发现未达账项,双方都应采用调节账面余额的方法,核对调整后的余额是否相符。

【例 7-2】 佳服有限公司每年年末对往来款项进行清查核对,2018 年 12 月月末,佳服有限公司账面记录应收华联大厦公司 800 000 元,遂编制与华联大厦公司的往来款项对账单(见表 7-8)。

表 7-8　往来款项对账单

华联大厦公司:
　　根据我单位账簿记录,贵公司与我单位的往来款项如下:

结账时间	欠贵公司	贵公司欠
2018 年 12 月 31 日止		800 000 元

　　请贵公司核对无误后签章证明,将此信寄回,如有不符,请将情况(包括:时间、内容、金额、不符原因)告知。

单位(签章)
2018 年 12 月 31 日

(回函)
(注本函仅是对账,如结账日期后已付清,仍请函复)
佳服有限公司:
　　来函收悉,在来信所述的结账日期,本公司与贵单位的往来账目,经核对无误。

单位(签章)
2018 年 12 月 31 日

3. 编制往来款项清查结果报告表

清查结束后,应根据清查中发出的问题,及时编制往来款项清查结果报告表(见表 7-9)。通过此表,列明核对相符与不符的金额,并对本单位和对方单位有争议的款项,没有希望收回的款项以及无法支付的款项详细地予以说明,以便于及时采取措施,避免相互之间的长期拖欠,减少坏账损失。

表 7-9　往来款项清查结果报告表
年　　月　　日

总分类账户		明细分类账户		清查结果		核对不符单位及原因					近日到期的票据	
名称	金额	名称	金额	核对相符金额	核对不符金额	核对不符单位	未达账项金额	争执款项金额	无法收回	无法支付	应收票据	应付票据

清查人员签章:　　　　　　　　　　　　往来会计签章:

往来款项清查结果经研究后,应按规定和批准意见处理。该收回的款项应积极催收,该归还的款项要及时主动归还;对有争议的账款要共同协商及时处理,不能协商解决的,可以通过法律途径进行调解或裁决;对确实无法收回或无法支付的款项应进行核销处理,但应在备查账簿上进行记录。

(四)掌握存货清查流程

1. 确定存货实存数量

由于各项存货的存在形态、体积重量、堆放方式、单位价值等的不同,其实存数量的确定需采用实地盘点法、技术推断法以及抽样盘点法等不同的清查方法。企业应根据清查资产的特点和清查要求选择适当的清查方法,开展清查工作。

为了记录企业存货的实有数量、质量及其他情况,应在财产清查时填列盘存单(见表7-10)。

盘存单是存货盘点结果的书面证明,也是反映存货实有数量的原始凭证。财产清查人员应将清查的数量及质量情况如实登记在"盘存单"上。盘存单至少一式两联,一联由保管部门留存作为调整其数量账的依据,一联传至财务部门作为编制实存账存对比表及进行相关账务处理的依据。盘存单的"数量"栏,应按清查结果如实填写;"单价"栏一般按有关明细账记录的单价填写,如系账外财产物资,单价可按市价填写,如果该项财产物资是残旧物品或已变质、毁损,则应按质论价来确定单价;"金额"栏根据数量和单价计算填列;"备注"栏内应注明储备不足或超储积压、呆滞、不配套以及质量等方面的情况。财产清查结束后,应由盘点人员和保管人员签章。

表 7-10　盘存单

单位名称:

财产类别:　　　　　　　　　　　编　　　号:

盘点时间:　　　　　　　　　　　存放地点:

编号	名称	计量单位	数量	单价	金额	备注

盘点人签章:　　　　　　　　　　　　　　实物保管人签章:

2. 确定存货账存数量

实物资产的财产清查必须明确实物资产的期末账存数量,方能进行账实核对。财产物资盘存制度是指规定各种财产物资收入、发出、结存在账簿中的记录和确定方法、有关数字之间的联系以及财产清查的要求的相关制度。实物资产期末账存数量则可根据企业经营业务的特点选择不同的财产物资盘存制度予以确定。实务中的财产物资盘存制度包括实地盘存制和永续盘存制两种盘存制度。

(1) 永续盘存制

永续盘存制亦称账面盘存制,是指平时对各项财产物资的增减变动都必须根据会计凭证在明细账中进行连续登记,并随时在账面上结出其结存数量的一种盘存方法。这种盘存制度用公式表示如下:

$$期末结存数量 = 期初结存数量 + 本期增加数量 - 本期减少数量$$

采用永续盘存制的单位,需按财产物资的项目设置数量金额式明细账并详细记录,财产物资的进出应履行严密的手续,以便及时地反映各项财产物资的收入、发出和结存的数量。

【例 7-3】 佳服有限公司 2018 年 12 月布匹 E 的期初结存及本期收发资料如下:

12 月 1 日　期初结存 100 匹,单价 100 元,金额 10 000 元。

12 月 2 日　生产领用 60 匹。

12 月 3 日　管理部门领用 20 匹。

12 月 10 日　购进 100 匹,单价 90 元,金额 9 000 元,已付款。

12 月 11 日　生产领用 50 匹。

12 月 20 日　生产领用 50 匹。

12 月 24 日　购进 100 匹,单价 95 元,金额 9500 元。

12 月 25 日　生产领用 20 匹。

假定佳服有限公司布匹材料发出按先进先出法(即先入库的材料先发出)进行核算。根据上述资料,采用永续盘存制,编制布匹 E 的原材料明细账(见表 7-11)。

表 7-11　原材料明细账

品名:　　　　规格:　　　　计量单位:　　　　存放地点:

2018年		凭证		摘要	收　入			发　出			结　存		
月	日	字	号		数量	单价	金额	数量	单价	金额	数量	单价	金额
12	1			期初结存							100	100	10 000
	2	转	1	生产领用				60	100	6 000	40	100	4 000
	3	转	2	管理耗用				20	100	2 000	20	100	2 000
	10	付	1	购料	100	90	9 000				20 100	100 90	2 000 9 000
	11	转	3	生产领用				20 30	100 90	2 000 2 700	70	90	6 300
	20	转	4	生产领用				50	90	4 500	20	90	1 800
	24	付	2	购料	100	95	9500				20 100	90 95	1 800 9 500
	25	转	5	生产领用				20	90	1 800	100	95	9 500
	31			合计	200		18 500	200		19 000	100	95	9 500

从上例可以看出,采用永续盘存制,有利于加强对存货的管理:通过存货明细账,可以随时了解存货的收入、发出和结存情况,对其进行数量和金额的双重控制;可以通过实地盘点,将存货的账存数与实存数进行对比,查明账实是否相符,如果不符,查明原因,及时纠正。另外,还可以将存货明细账上的结存数与存货的最高和最低库存限额进行比较,查明存货是否积压或不足,以便采取措施,使存货数量合理,有利于加速资金周转。

因此,在实际工作中,永续盘存制得到了广泛的应用,多数企业采用的都是永续盘存制。其不足之处是日常的账簿登记、核算工作量大。在永续盘存制下,得到的财产物资的结存数量,是其账面结存数,而实际结存数是多少,还有待清查盘点来确定。为保证账实相符,采用永续盘存制的单位,仍需对财产物资进行实地盘点,以确定其实存数并与账存数核对。

（2）实地盘存制

实地盘存制,又称定期盘存制,是指平时只在账簿中登记财产物资的增加数,不登记减少数,期末通过实地盘点来确定其结存数并据以倒挤出本期财产物资减少数的一种盘存方法。这种盘存制度用公式表示如下:

本期存货减少数量 ＝ 期初存货结存数量 ＋ 本期存货收入数量 － 期末存货结存数量

期末结存存货成本 ＝ 期末存货盘点数量 × 单位成本

本期存货发出成本 ＝ 期初结存存货成本 ＋ 本期收入存货成本 － 期末结存存货成本

【例7-4】 以[例7-3]资料为例,假如佳服有限公司期末盘点时布匹E的实存数为90匹,采用实地盘存制下的本期耗用数为:

本期减少数 ＝ 100＋200－90 ＝ 210(匹)

本期发出或耗用布匹E的金额 ＝ 10 000＋18 500－8 550 ＝ 19 950(元)

编制原材料明细账(见表7-12)。

表7-12　原材料明细账

品名:　　　　　规格:　　　　　计量单位:　　　　　存放地点:

年		凭证字号	摘要	收入			发出			结存		
月	日			数量	单价	金额	数量	单价	金额	数量	单价	金额
12	1		期初结存							100	10	1 000
	2	转1	生产领用									
	3	转2	管理耗用									
	10	付1	购料	100	90	9 000						
	11	转3	生产领用									
	20	转4	生产领用									
	24	付2	购料	100	95	9 500						
	25	转5	生产领用									
	31		合计	200		18 500	210		19 950	90	95	8 550

可以看出,实地盘存制平时只记录增加数,不记录减少数和结存数,所以极大地简化了日常核算的工作量。但由于各项财产物资减少数没有手续,不便于实行会计监督,倒推出的各项财产物资减少数中成分复杂,除了正常耗用外,可能还有毁损和丢失的,这既不利于财产的管理,又影响了成本计算的正确性。此外,由于每个会计期末必须花大量的人力、物力对财产物资进行盘点和计价,加大了期末会计核算的工作量。所以非特殊原因,会计主体一般不宜采用这种盘存制度。只有那些平时确实无法记录财产物资减少的单位才采用这种方法,如零售商店中的鲜活农产品、持续投料的生产企业等。

在两种盘存制度下,都需要进行实地盘点,但盘点目的不同。实地盘存制的盘点是要确定期末实有数量,进而计算期末存货成本与发出存货成本。而永续盘存制下的实地盘点是要查明账实是否相符,保护财产物资的安全与完整。严格来讲,以"账实核对"为核心内容的财产清查工作主要是指永续盘存制下的"账面余额"与通过清查所得的"实际余额"相核对。

3. 账实核对

存货财产清查,就是要将存货的实存数量和账存数量进行核对,确定资产实物与资产明细账记载的数量、金额是否一致,账账、账表、账卡是否相符。存货清查中,为了如实反映财产清查的结果及账实核对情况,企业应设置实存账存对比表(见表7-13)等原始凭证对其进行记录。

表7-13 实存账存对比表

单位名称:　　　　　　　　　　年　月　日

编号	类别及名称	计量单位	单价	实存		账存		对比结果				备注
								盘盈		盘亏		
				数量	金额	数量	金额	数量	金额	数量	金额	
处理决定:　　　　　　　　　　　　　　　　　　　　　　　　　　　　总经理:												

审核人:　　　　　　　　　　　　　　　　　　　　　　　　制表人:

实存账存对比表是根据盘存单和有关账簿记录资料编制的原始凭证,其所反映的实存账存之间的差异,是调整账簿记录的依据,也是分析差异原因、明确经济责任的依据。实存账存对比表一般一式两联。第一联为报账联,作为会计部门调整资产账簿记录的依据;第二联为批复联,作为财务部门处理盘盈盘亏的依据。实存账存对比表须由清查人员制表、会计主管人员审核后作为入账依据,其中在第二联"批复联"中,设置了"处理决定"栏,由单位厂长经理会议等权力机构对资产盘盈盘亏处理进行批复,作为盘盈盘亏处理的依据。

为了明确经济责任,在财产清查时,实物保管人员必须在场,并在相关的会计凭证上签名盖章。如实编制盘存单及实存账存对比表,并对发生的盘盈盘亏情况进行分析,提出处理意见,以备相关权力机构参考批复。

二、处理财产清查结果

(一)处理财产清查结果的要求

财产清查结果不外乎两种情况:一种是账实相符;另一种是账实不符,即发生盘盈、盘亏、毁损等情况。当实存数大于账存数时,称为盘盈;当实存数小于账存数时,称为盘亏;实存数虽与账存数一致,但实存的财产物资有质量问题,不能按正常的财产物资使用的,称为毁损。不论是盘盈、盘亏还是毁损,都是财产清查处理的内容,必须以国家有关的政策、法令和制度为依据,严肃认真地做好对清查结果的处理工作。

1. 分析账实不符的原因和性质,提出处理建议

对于在财产清查中所发现的账账之间、账实之间的不符情况,应明确性质,查明原因,明确经济责任,并按规定程序如实将盘盈、盘亏情况及处理意见,报请企业的股东大会、董事会、经理(厂长)会议等类似机构审批处理。

2. 积极处理多余积压财产,清理往来款项

积极处理积压闲置物资,提高财产物资的使用效率;在财产清查过程中所发现的超储积压物资、呆滞商品以及多余物资,应积极处理,以做到物尽其用。对于储备不足的材料和零配工具等应通过有关供销部门积极采购,以满足生产的需要。对长期不清的债权债务及发生争执的往来款项,应指定专人负责查明原因,限期清理。

3. 总结经验教训,建立健全各项管理制度

通过财产清查会发现不少管理上存在的问题,所以在财产清查后应在总结经验的基础上,吸取造成损失浪费的教训,并针对存在的问题和缺点,提出改进工作的措施,建立健全必要的规章制度,以利于财产物资的有效使用和保证财产物资的安全完整。

4. 及时调整账簿记录,保证账实相符

对财产清查中查明的盘盈、盘亏及毁损的情况,及时进行账务处理,以保证账实相符。

财产清查所发现的差异及对差异的处理,都应在账簿上予以反映,必须通过账簿记录的调整,做到账实相符。对因种种原因发生的财产盘盈、盘亏及毁损,会计人员及财产物资保管人员均无权擅自处理,必须查明原因,并按规定程序报经企业的股东大会、董事会、经理(厂长)会议等类似机构批准后,才能加以处理。

(二)处理财产清查结果的方法

为了核算和监督在财产清查中发现的财产物资盘盈、盘亏、毁损及其处理情况,应设置"待处理财产损溢"账户。"待处理财产损溢"账户为资产类账户,用于反映在

财产清查中发生的、不作为前期差错的流动资产、固定资产盘亏及其处理情况。其贷方登记待处理财产物资的盘盈数，及经批准后转销的盘亏数，借方登记待处理财产物资的盘亏和毁损数，及经批准后转销的盘盈数。期末结转后该账户应无余额。为了便于对非流动资产和流动资产损溢的处理，还应设置"待处理非流动资产损溢""待处理流动资产损溢"两个明细账户。其结构如图7-1所示。

| 借方 | 待处理财产损溢 | 贷方 |

图7-1　"待处理财产损溢"账户的结构

1. 现金清查结果的账务处理

1）现金盘盈的账务处理

现金盘盈时，应及时办理现金的入账手续，调整库存现金账簿记录，即按盘盈的金额借记"库存现金"账户，贷记"待处理财产损溢——待处理流动资产损溢"账户。

库存现金盘盈时，应及时查明原因，按管理权限报经批准后，按盘盈的金额借记"待处理财产损溢——待处理流动资产损溢"账户，按需要支付或退还他人的金额贷记"其他应付款"账户，按无法查明原因的金额贷记"营业外收入"账户。

【例7-5】　佳服有限公司在财产清查中发现库存现金溢余200元。

在报经批准前，根据库存现金盘点报告表确定的库存现金盘盈数，调整账面记录，编制会计分录如下：

借：库存现金　　　　　　　　　　　　　　　　　　　　　　　　200
　　贷：待处理财产损溢——待处理流动资产损溢　　　　　　　　　　　　200

【例7-6】　承[例7-5]经过反复核查，上述库存现金长款无法查明原因。根据管理权限报批准后，转作营业外收入。

借：待处理财产损溢——待处理流动资产损溢　　　　　　　　　　　200
　　贷：营业外收入　　　　　　　　　　　　　　　　　　　　　　　　200

2）现金盘亏的账务处理

现金盘亏时，应及时办理盘亏的确认手续，调整账簿记录，按照盘亏的金额借记"待处理财产损溢——待处理流动资产损溢"账户，贷记"库存现金"账户。

对于盘亏的现金，应及时查明原因，按管理权限报经批准后，分两种情况处理：属于应由责任人赔偿或保险公司赔偿的部分，借记"其他应收款"账户；属于无法查明原因的，借记"管理费用"账户，按原记入"待处理财产损溢——待处理流动资产损溢"账户借方的金额贷记本账户。

【例7-7】　佳服有限公司在财产清查中发现,库存现金短缺1 000元。

在报经批准前,根据库存现金盘点报告表确定的库存现金盘亏数,调整账面记录,编制会计分录如下:

借:待处理财产损溢——待处理流动资产损溢　　　　　　　　　　　　　　1 000

　　贷:库存现金　　　　　　　　　　　　　　　　　　　　　　　　　　　　　1 000

【例7-8】　承[例7-7],经核实,上述库存现金短缺中,600元应由出纳员李兰赔偿,另外400元无法查明原因。在批准后,根据批准处理意见,转销库存现金盘亏的会计分录如下:

借:其他应收款——李兰　　　　　　　　　　　　　　　　　　　　　　　　600

　　管理费用　　　　　　　　　　　　　　　　　　　　　　　　　　　　　　400

　　贷:待处理财产损溢——待处理流动资产损溢　　　　　　　　　　　　　1 000

【例7-9】　承[例7-8],收到上述出纳员李兰的赔偿金600元。

借:库存现金　　　　　　　　　　　　　　　　　　　　　　　　　　　　　600

　　贷:其他应收款——李兰　　　　　　　　　　　　　　　　　　　　　　　600

2. 存货清查结果的账务处理

1) 存货盘盈的账务处理

存货盘盈时,应及时办理存货入账手续,调整存货账簿的实存数。

对于存货的盘盈,应按其重置成本作为入账价值,借记"原材料""库存商品"等账户,在报经有关部门批准处理前,根据存货类财产物资实存账存对比表,贷记"待处理财产损溢——待处理流动资产损溢"账户,以调整存货类财产物资的账面价值,使其账实相符。

存货盘盈时,应及时查明原因,按管理权限报经批准后,冲减管理费用,即按其入账价值,借记"待处理财产损溢——待处理流动资产损溢"账户,贷记"管理费用"账户。

【例7-10】　佳服有限公司在财产清查中,盘盈布匹D10匹,该布匹的实际成本为每匹50元。在报经批准前,根据实存账存对比表确定的材料盘盈数,调整账簿记录,编制会计分录如下:

借:原材料——布匹D　　　　　　　　　　　　　　　　　　　　　　　　　500

　　贷:待处理财产损溢　　　　　　　　　　　　　　　　　　　　　　　　　500

【例7-11】　承[例7-10],经有关部门批准,同意冲减管理费用。

借:待处理财产损溢——待处理流动资产损溢　　　　　　　　　　　　　　500

　　贷:管理费用　　　　　　　　　　　　　　　　　　　　　　　　　　　　500

2) 存货盘亏的账务处理

存货盘亏时,应按盘亏的金额借记"待处理财产损溢——待处理流动资产损溢"

账户,贷记"原材料""库存商品"等账户。材料、产成品、商品采用计划成本(或售价)核算的,还应同时结转成本差异(或商品进销差价)。涉及增值税的,还应进行相应处理。

对于盘亏的存货,应及时查明原因,按管理权限报经批准后,属于自然损耗产生的定额内合理损耗,记入"管理费用"账户;按可收回的保险赔偿和过失人赔偿的金额,借记"其他应收款"账户;按管理不善等原因造成净损失的金额,借记"管理费用"账户;按自然灾害等原因造成净损失的金额,借记"营业外支出"账户;按原记入"待处理财产损溢——待处理流动资产损溢"账户借方的金额贷记本账户。

【例7-12】 佳服有限公司在财产清查中发现,花边料盘亏16条,实际总成本1 600元,服饰配饰盘亏15条,实际总成本3 000元。经查花边料属于自然损耗产生的定额内损耗;服饰配饰系管理不善造成的毁损,应向保管人员李婷索赔2 000元,尚未收到保管人员的赔款。在报经批准前,根据实存账存对比表确定的材料盘亏数,调整账面记录,编制会计分录如下:

借:待处理财产损溢——待处理流动资产损溢   4 600
　　贷:原材料——花边料   1 600
　　　　　　——服饰配饰   3 000

经批准后,转销材料盘亏的会计分录如下:

借:管理费用   2 600
　　其他应收款——李婷   2 000
　　贷:待处理财产损溢——待处理流动资产损溢   4 600

3. 固定资产清查结果的账务处理

1) 固定资产盘盈的账务处理

企业在财产清查过程中盘盈的固定资产,经查明确属企业所有的,按管理权限报经批准后,应根据盘存凭证填制固定资产交接凭证,经有关人员签字后送交企业财务部门,填写固定资产卡片账。由于固定资产通常情况下数量少、单位价值高,且不易出现溢余,因此,固定资产的盘盈将被作为前期差错更正处理,通过"以前年度损益调整"账户进行核算。盘盈的固定资产通常按照其重置成本作为入账的价值,借记"固定资产"账户,贷记"以前年度损益调整"账户。涉及增值税、所得税和盈余公积的,还应当按照相关规定处理。

【例7-13】 佳服有限公司在财产清查过程中发现一台未入账的机器设备,重置成本为50 000元,假定不考虑增值税和递延所得税的影响。根据《企业会计准则第28号——会计政策、会计估计变更和差错更正》规定,该盘盈的固定资产作为前期差错处理。该企业在盘盈固定资产时应编制会计分录如下:

借:固定资产   50 000
　　贷:以前年度损益调整   50 000

2）固定资产盘亏的账务处理

固定资产盘亏时,应及时办理固定资产注销手续,按盘亏固定资产的账面价值,借记"待处理财产损溢——待处理非流动资产损溢"账户,按已计提折旧额,借记"累计折旧"账户,按其原价,贷记"固定资产"账户。涉及增值税和递延所得税的,还应当考虑按照相关规定处理。

对于盘亏的固定资产,应及时查明原因,按管理权限报经批准后,根据过失人和保险公司的赔偿金额,借记"其他应收款"账户;按盘亏固定资产的原价扣除累计折旧和过失人以及保险公司赔偿后的差额,借记"营业外支出"账户;按盘亏固定资产的账面价值,贷记"待处理财产损溢——待处理非流动资产损溢"账户。

【例 7-14】 佳服有限公司在财产清查中,发现盘亏设备一台,账面原价45 000元,已计提折旧18 000 元。

在报经批准前,根据实存账存对比表确定的固定资产盘亏数,调整账簿记录。企业编制会计分录如下:

借:待处理财产损溢——待处理非流动资产损溢　　　　　　　　　　27 000
　　累计折旧　　　　　　　　　　　　　　　　　　　　　　　　18 000
　　贷:固定资产　　　　　　　　　　　　　　　　　　　　　　　　45 000

按照管理权限报经批准后,根据批准处理意见,列作营业外支出。转销固定资产盘亏的会计分录如下:

借:营业外支出　　　　　　　　　　　　　　　　　　　　　　　27 000
　　贷:待处理财产损溢——待处理非流动资产损溢　　　　　　　　　27 000

4. 往来款项清查结果的账务处理

在财产清查过程中发现的长期未结算的往来款项,应及时进行清理和检查。对于经查实,确实无法支付的应付款项可按照规定程序报经批准后,转作营业外收入。

对于无法收回的应收款项则作为坏账损失冲减坏账准备。坏账是指企业无法收回或收回的可能性极小的应收款项。由于发生坏账而产生的损失,称为坏账损失。

企业通常应将符合下列条件之一的应收款项确认为坏账:①债务人已经死亡,以其遗产进行清偿后仍旧无法收回;②债务人破产,以其破产财产清偿后仍然无法收回;③债务人较长时间内未履行其偿债义务,并有足够的证据表明无法收回或者收回的可能性极小。

经企业核实,对有确凿证据表明确实无法收回的应收款项,经批准后作为坏账损失。

对于已经确认为坏账的应收款项,并不意味着企业放弃了追索权,一旦重新收回,应及时入账。

【例 7-15】 佳服有限公司在财产清查中发现一笔 6 500 元的应付账款,因债权单位撤销而无法支付,经批准转入营业外收入。

借：应付账款   6 500
  贷：营业外收入   6 500

三、实训任务

  根据模块十实训资料 2,进行财产清查结果账务处理;根据模块十实训资料 3,编制银行存款余额调节表。

模块八

财务报告

任务一　认知财务报告

一、财务报表内容

(一) 财务报告的构成

财务会计报告又称财务报告，是指企业对外提供的，反映企业某一特定日期的财务状况和某一会计期间的经营成果、现金流量等会计信息的文件。财务报告是企业根据日常会计核算资料整理、加工和汇总形成的，是对会计核算工作的全面总结，是会计确认与计量的最终结果体现。

财务报告包括财务报表和其他应当在财务报告中披露的相关信息和资料。财务报表由会计报表和会计报表附注两部分组成。其中，会计报表包括：资产负债表、利润表、现金流量表和所有者权益变动表。财务报告的构成如图 8-1 所示。

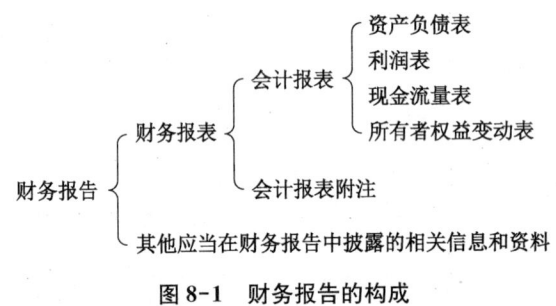

图 8-1　财务报告的构成

(二) 财务报表的概念和内容

财务报表是对企业财务状况、经营成果和现金流量的结构性表述。财务报表是以表格为主要形式，反映、提供和传输财务信息的书面报告文件，是财务报告的核心组成部分。财务报表包括会计报表和和会计报表附注。会计报表包括资产负债表、利润表、现金流量表和所有者权益变动表。

1. 资产负债表

资产负债表是指反映企业在某一特定日期财务状况的会计报表。企业编制资产负债表的目的是通过如实反映企业的资产、负债和所有者权益金额及结构情况,帮助使用者评价企业资产的质量以及短期偿债能力、长期偿债能力、利润分配能力等。资产负债表的详细内容将在本模块任务二中进行介绍。

2. 利润表

利润表是指反映企业在某一特定时期经营成果的会计报表。企业编制利润表的目的是通过如实反映企业实现的收入、发生的费用以及未在当期损益中确认的各项利得和损失等其他综合收益的金额及结构情况,帮助使用者分析和评价企业的盈利能力等。利润表的详细内容将在本模块任务三中进行介绍。

3. 现金流量表

现金流量表是指反映企业在一定会计期间的现金和现金等价物流入和流出的会计报表。该表是以现金基础编制的动态报表。编制现金流量表的目的是为财务报表使用者提供企业一定会计期间内现金和现金等价物流入和流出情况的信息,帮助财务报表使用者了解和评价企业获取现金和现金等价物的能力,并据以预测企业未来现金流量。现金流量表作为主要会计报表之一,能够提供在资产负债表和利润表中无法提供的一些重要会计信息资料,其作用主要体现在以下几个方面:一是有助于评价企业的支付能力、偿债能力和周转能力;二是有助于财务报表使用者了解和评价企业获取现金和现金等价物的能力;三是有助于分析企业收益质量及影响现金净流量的因素,掌握企业经营活动、投资活动和筹资活动的现金流量,可以从现金流量的角度了解净利润的质量,为分析和判断企业的财务前景提供信息。

4. 所有者权益变动表

所有者权益变动表是指反映构成所有者权益各组成部分当期增减变动情况的报表。当期损益、直接计入所有者权益的利得和损失,以及与所有者(或股东,下同)的资本交易导致的所有者权益的变动,应当分别列示。所有者权益增减变动表全面反映了企业的所有者权益在年度内的变化情况,便于会计信息使用者深入分析企业股东权益的增减变化情况,并进而对企业的资本保值增值情况作出正确判断,从而提供对决策有用的信息。

5. 会计报表附注

会计报表附注是为报表使用者便于理解会计报表内容而作的解释,是对会计报表中列示项目所作的进一步说明(包括文字描述或明细资料),以及对未能在这些报表中列示项目的说明等。为了便于报表使用者理解会计报表的内容,会计报表附注对会计报表的编制基础、编制依据、编制原则和方法及主要项目等作出了解释。会计报表附注一般包括下列内容:企业的基本情况、会计报表的编制基础、遵循企业会计准则的声明、重要会计政策和会计估计、会计政策和会计估计变更以及差错更正的说明、报表重要项目的说明、其他需要说明的重要事项。编制会计报表附注可以提高会计报表有关信息的可理解性,增强会计报表有关内容的可比性,有助于向报表使用者提供更为有用的决策信息,帮助其作出更加科学合理的决策。

其他应当在财务报告中披露的相关信息和资料是对会计报表进行分析、评价,对单位未来作出的估计判断的书面文件,主要说明企业的基本生产经营情况,利润实现和利润分配情况,对企业的生产经营有重大影响的其他事项等。

(三) 财务报表的分类

财务报表根据需要,按照不同标准,可进行如下分类。

1. 按财务报表反映的经济内容进行分类

1) 反映财务状况的报表

反映财务状况的报表是指综合反映企业支付能力和偿债能力的报表,包括资产负债表和现金流量表。资产负债表通过资产、负债、所有者权益项目,反映企业在某一特定日期的财务状况;现金流量表通过企业在一定会计期间现金及现金等价物流入和流出的财务变动情况,反映企业理财的过程和结果。

2) 反映经营成果的报表

反映经营成果的报表是指反映一定时期内资金耗费和资金回收的报表,如利润表。

2. 按财务报表反映的资金运动状态进行分类

1) 静态报表

静态报表是指反映某一时点资产、负债和所有者权益的会计报表,如资产负债表。

2) 动态报表

动态报表是指反映一定时期内经营成果等的报表,如利润表等。

3. 按财务报表的编报时间进行分类

1) 年度财务报表

年度财务报表是指全面反映企业全年的经营成果、年末的财务状况以及年内现金流量的财务报表,是年度经济活动的总结性报告,每年年度终了时编报一次,通常称为决算报表,主要有资产负债表、利润表、现金流量表和所有者权益表变动表。

2) 中期财务报表

中期财务报表是指企业于月末、季末、半年末编报的财务报表,即分为月报、季报和半年报。月报是指反映企业本月经营成果与月末财务状况的报表,每月终了时编报一次。季报是指反映企业一个季度的经营成果与季末财务状况的报表,每季度终了编报一次。半年报是指反映企业半年的经营成果和财务状况的报表。中期财务报表主要有资产负债表、利润表和现金流量表。

4. 按财务报表的会计主体进行分类

1) 个别财务报表

个别财务报表是指以单个的独立法人作为会计主体的财务报表,它是编制合并报表的基础。个别财务报表中的各项目数字所反映的内容,仅仅包括单个企业的会计数据。

2）合并财务报表

合并财务报表是指以母公司及其子公司组成的集团作为会计主体，以母公司和其子公司单独编制的个别财务报表为基础，由控股公司编制的反映抵销集团内部往来账项后的集团合并财务状况和经营成果的财务报表。通过编制和提供合并财务报表，可以向财务报表使用者提供公司集团总体的财务状况和经营成果。

5. 按财务报表的服务对象进行分类

1）内部报表

内部报表是指为满足内部管理者的需要而编制的专用财务报表，包括成本报表、财务预算、财务分析及其他与价值管理有关的内部管理报表。它为企业管理层进行内部控制、预测和决策提供服务。内部报表一般不需要统一规定格式，也没有统一的指标体系。

2）外部报表

外部报表是指企业对外提供的，供所有者、债权人、政府及其他有关各方及社会公众等外部使用者使用的财务报表，包括资产负债、利润表、现金流量表和所有者权益变动表。

6. 按财务报表之间的相互关系进行分类

1）主要报表

主要报表又称主表，是指反映企业财务状况和经营活动及其成果的主要指标完成情况的报表，如资产负债、利润表、现金流量表、所有者权益变动表。

2）附属报表

附属报表又称附表，是指对企业主要报表中某一项目或某些项目的经济内容进行具体补充说明的报表，如主营业务收支明细表、营业外收支明细表、管理费用明细表和制造费用明细表、应交增值税明细表、利润分配表等。

二、财务报表的意义

企业在日常会计核算中，通过一系列的会计核算方法，将原始凭证提供的原始会计信息，运用记账凭证进行整理，然后利用专门设置的账户体系，进行账簿登记，从而将零散的信息归纳到账簿中。通过账簿，可以及时地得到某项目、某类别经济业务的总括情况（通过总账）和明细分类情况（通过明细账）。与会计凭证相比，账簿资料所反映的信息更加条理化、系统化。但对信息使用者而言，这些会计信息仍然存在数量较多，不够集中、完整地反映每个单位在一定时期内的经济活动和财务成果的全貌等问题。这就需要对账簿记录的会计信息通过财务报表的方式进一步加以分类整理、调整、汇总、概括。财务报表总括地反映某一会计主体在一定时期内的财务状况和经营成果，为投资者、债权人、政府及相关机构、单位管理人员、社会公众等财务报表使用者进行决策提供会计有用信息。

编制和报送财务报表是会计核算的专门方法，是会计核算的最终环节。作为最后使用的一种专门方法，其重要特点是对前面各种核算方法运用情况的总结，标志着会计核算任务的基本完成。定期编制财务报表和其他会计核算方法有着十分密切的联系，它必须以其他方法为基础，是其他方法进行日常核算的成果形式。财务报表所揭示的会计信息，无论对于国家经济管理部门，还是企业的投资者和债权人，以及企业、行政、事业各单位都具有重要的意义。

（一）为国家经济管理部门进行宏观调控和管理提供依据

各企业的财务报表经过逐级上报汇总，可以使政府宏观经济管理部门了解国有资产的使用状况和保值、增值状况；了解各行业、各地区的经济发展情况；分析和考核国民经济总体的运行情况以及存在的问题，以便采取相应的措施；为国家制定和修订经济政策、编制国民经济计划、进行综合平衡、调控经济运行、优化资源配置提供可靠依据。

（二）为企业加强和改善经营管理提供财务会计信息

财务报表通过一定的格式，将企业生产经营的全貌，尤其是财务收支方面的信息，利用一定的会计核算方法加工成系统的信息资料，披露给企业内部的经营管理者。经营管理者通过定期编制的财务报表，不仅可以全面、系统地了解企业生产经营活动的情况、财务状况和经营成果，检查预算的执行情况，分析差异的原因，找出经营活动中存在的问题，及时采取切实有效的措施，加强和改善经营活动，提高经济效益；还可以利用财务报表对企业的经济活动进行分析，为预测和决策提供有关信息，为企业未来的经营计划和经营方针的制定提供准确的依据，使企业的经营计划和经营方针更为科学合理。

（三）为投资者、债权人提供决策有用信息

筹资和投资活动是企业财务活动的主要内容，在这些活动中，形成了各种各样的财务关系。对于投资者和债权人来说，他们一般不直接参与企业的生产经营活动。因此，他们为了进行投资或信贷等方面的决策，需要通过对企业财务报表所提供的信息进行分析，了解企业的财务状况及生产经营情况，判断企业的偿债能力和盈利能力，为更好地作出正确的投资决策或信贷决策提供依据；同时也是少数投资者了解企业的情况、监督企业的生产经营管理、保护自身合法权益的信息源泉。

企业的投资者包括现有的投资者和潜在的投资者。现有投资者通过财务报表，一方面可以了解企业对其投资的使用情况和企业的盈利能力，为其是否追加投资或转让投资提供依据；另一方面还可利用财务报表，对企业经济活动进行监督，以保护自身的合法权益。企业潜在的投资者可以利用财务报表，了解企业的现状，预测企业的前景，从而作出是否进行投资的决策。

（四）为财政、税务等经济管理部门实施监督管理提供重要依据

财政、税务等经济管理部门可以利用企业报送的财务报表，了解企业财务状况和经营成果,检查和监督各企业财经政策、法规、制度、纪律的执行情况;掌握企业利润、税金的计算提取和上缴情况,以及资金的使用情况和财务管理状况,为确保税款及时定额入库和全面贯彻财经方针、政策提供依据。

三、财务报表编制要求

(一) 财务报表列报的基本要求

1. 应遵循各项会计准则进行确认和计量

企业应当根据实际发生的经济业务,按照《企业会计准则》的规定进行确认和计量,并在此基础上进行财务报表的编制。由于某种原因没有遵循《企业会计准则》要求的,应在附注中予以说明。但企业不应以附注披露代替确认和计量,不恰当的确认和计量也不能通过充分披露相关会计政策而纠正。

如果按照各项企业会计准则规定披露的信息不足以让报表使用者了解特定经济业务对企业财务状况和经营成果的影响时,企业还应当披露其他的必要信息。

2. 以持续经营为基础

财务报表的编报必须以企业的持续经营为前提。在编制报表过程中,企业管理层应当利用所有可获得的信息来评价企业自报告期末起至少 12 个月的持续经营能力。评价时需要考虑宏观政策风险、市场营销风险、企业目前或长期的盈利能力、偿债能力、财务弹性以及企业管理层改变经营政策的意向等因素。评价结果表明对持续经营能力产生重大怀疑的,应当在附注中披露导致对持续经营能力产生重大怀疑的影响因素以及企业拟采取的改善措施。企业如有近期获利经营的历史且有财务资源支持,则通常表明以持续经营为基础编制财务报表是合理的。企业正式决定或被迫在当期或将在下一个会计期间进行清算或停止营业的,则表明其以持续经营为基础编制的财务报表不再合理,即处于非持续经营状态,应当采用其他基础编制财务报表,并在附注中声明财务报表未以持续经营为基础编制的事实,披露未以持续经营为基础的原因和财务报表的编报基础。

3. 项目列报

(1) 对性质或功能不同的项目,如长期股权投资、固定资产等,应当在财务报表中单独列报,但不具有重要性的项目除外。

(2) 性质或功能类似的项目,如库存商品、原材料等,应予以合并。

(3)《企业会计准则第 30 号——财务报表列报》规定,在财务报表中单独列报的项目,企业都应予以单独列报。其他会计准则规定单独列报的项目,应当增加单独列报项目。

(4) 某些项目的重要性程度不足以在资产负债表、利润表、现金流量表或所有者权益变动表中单独列示,但对附注却具有重要性的,则应当在附注中单独披露。

(5) 项目单独列报的原则不仅适用于报表,还适用于附注。

4. 项目列报应遵循重要性原则

企业在编制报表的过程中,应当考虑报表项目的重要性。重要性是指在合理预期下,财务报表某项目的省略或错报会影响使用者据此作出经济决策的,则该项目具有重要性。判断项目的重要性除根据企业所处环境外,还应从项目的性质和金额大小两方面进行判断,且对各项目重要性的判断标准一经确定,不得随意变更。判断项目性质的重要性,应当考虑该项目在性质上是否属于企业日常活动、是否显著影响企业的财务状况、经营成果和现金流量等因素;判断项目金额大小的重要性,应当考虑该项目金额占资产总额、负债总额、所有者权益总额、营业收入总额、营业成本总额、净利润、综合收益总额等直接相关项目金额的比重或所属列表单列项目金额的比重。

5. 保持各个会计期间财务报表项目列报的一致性

财务报表项目的列报应当在各个会计期间保持一致,不得随意变更,但下列情况除外:

(1) 企业会计准则要求改变财务报表项目的列报。

(2) 企业经营业务的性质发生重大变化后,变更财务报表项目的列报能够提供更可靠、更相关的会计信息。

6. 财务报表项目金额间不得相互抵销

财务报表中的资产项目和负债项目的金额、收入项目和费用项目的金额、直接计入当期利润的利得项目和损失项目的金额不得相互抵销。但其他会计准则另有规定的除外:

(1) 资产或负债项目按扣除备抵项目后的净额列示,不属于抵销。

(2) 非日常活动产生的利得和损失,以同一交易形成的收益扣减相关费用后的净额列示更能反映交易实质的,不属于抵销。

7. 比较信息的列报

当期财务报表的列报,至少应当提供所有列报项目上一可比会计期间的比较数据,以及与理解当期财务报表相关的说明,但其他会计准则另有规定的除外。

财务报表项目的列报发生变更的,应当对上期比较数据按照当期的列报要求进行调整,并在附注中披露调整的原因和性质,以及调整的各项目金额。对上期比较数据进行调整不切实可行的,应当在附注中披露不能调整的原因。

其中,不切实可行是指企业在作出所有合理努力后仍然无法采用某项会计准则规定。

8. 财务报表表首的列报要求

财务报表一般分为表首、正表两部分。其中,在表首部分企业应当概括地说明下列基本信息:

(1) 编报企业的名称。

(2) 资产负债表日或财务报表涵盖的会计期间。

(3) 人民币金额单位。

（4）财务报表是合并财务报表的,应当予以标明。

9. 报告期间

企业至少应当按年编制财务报表。年度财务报表涵盖的期间短于1年的,应当披露年度财务报表的涵盖期间、短于1年的原因以及报表数据不具可比性的事实。

（二）财务报表的编制要求

财务报表是传递会计信息的主要形式,为了使其能够最大限度地满足有关各方的需要,实现编制财务报表的基本目的,充分发挥财务报表的作用,企业编制财务报表时,应当根据真实的交易、事项以及完整、准确的账簿记录等资料,严格遵循国家统一的会计制度规定的编制基础、编制依据、编制原则和编制方法。其具体的编制要求如下。

1. 真实可靠

财务报表是会计信息的载体。会计信息作为会计工作的"产品",其质量高低,取决于信息可靠与否。真实可靠的会计信息有助于会计信息使用者了解企业的实际情况,并据此作出正确的决策。反之,虚假的会计信息不仅不能满足会计信息使用者的决策需要,甚至会误导其作出错误的决策。这就要求财务报表所列各项数据必须真实可靠,如实地反映企业的财务状况、经营成果、现金流量及所有者权益变动的情况。会计信息应该是客观的、有根据的、不抱任何偏见的、不受外界影响的。单位应当以实际发生的交易和事项为依据,进行会计确认、计量和报告,如实反映符合确认和计量要求的各项会计要素及其他信息,并根据核实无误的账簿及相关资料编制财务报表,保证会计信息真实可靠。

2. 全面完整

财务报表应当全面地披露企业的财务状况、经营成果、现金流量和所有者权益变动情况,完整地反映企业财务活动的过程和结果,以满足不同财务报表使用者对财务会计信息资料的需要。为了保证财务报表的全面完整,企业在编制财务报表时,不得对企业的经营活动进行选择性地处理。应当按照统一的格式和内容及报表种类进行填报,特别对某些重要事项,应当按照要求在会计报表附注中进行说明,不得漏编或漏报。对不同会计期间(月、季、半年、年)应当编报的各种财务报表,必须编报齐全;应当填列的报表指标,无论是表内项目,还是补充资料,必须全部填列;应汇总编制的所属各单位的财务报表,必须全部汇总。

3. 便于理解

随着我国经济体制改革的不断深入,会计信息的使用者也越来越广泛,不仅包括企业内部管理部门、国家财税部门等,而且还包括社会公众、企业员工等,这就从客观上对会计信息的简明和通俗易懂提出了较高的要求。企业财务报表提供的会计信息应当清晰明了,便于财务报表使用者理解和使用。企业提供会计信息的目的在于信息的使用,高质量的会计信息应便于不同层次的使用者准确、完整地把握会计信息所要说明的内容,了解会计信息的内涵,作出可靠的判断和决策。否则,就谈不上信息的使用。

4. 相关可比

企业财务报表所提供的信息必须与财务报表使用者决策所需要的信息相关,并且便于财务报表使用者在不同企业之间及同一企业的不同时期进行比较,帮助其作出正确的决策。其提供的信息资料必然要求能够使使用者了解过去、现在或未来事项的影响及其变化趋势,满足信息可比。

5. 编报及时

会计信息具有较强的时效性,高质量的会计信息不仅要求真实可靠,而且还在于必须保证时效,及时将信息提供给使用者使用。特别是在市场经济条件下,市场瞬息万变,企业竞争日趋激烈,各方对会计信息的及时性要求越来越高。单位对已经发生的经济业务,应当及时进行确认、计量和报告。为此,单位平时应按照规定的时间进行记账、对账和结账,并在规定的期限内编制、报送财务报表,不得提前或延误。不能为赶编财务报表而提前结账,更不应为了提前报送而影响报表质量。企业财务报表对外报送的具体时限要求为:月度财务报表在每月终了时编制,应于月份终了后 6 日内报出;季度财务报表在每季度终了时编制,应于季度终了后的 15 日内报出;半年度财务报表在每半年度终了时编制,应于年度中期结束后 60 天内报出;年度财务报表在每年度终了时编制,应于年度终了后 4 个月内对外报出。

(三) 财务报表编制前的准备工作

在编制财务报表前,需要完成下列工作:

(1) 严格审核会计账簿的记录和有关资料。

(2) 进行全面财产清查、核实债务,并按规定程序报批,进行相应的会计处理。

(3) 按规定的结账日进行结账,结出有关会计账簿的余额和发生额,并核对各会计账簿之间的余额。

(4) 检查相关的会计核算是否按照国家统一的会计制度的规定进行。

(5) 检查是否存在因会计差错、会计政策变更等原因需要调整前期或本期相关项目的情况等。

四、财务报表格式的变化

继 2017 年年末针对两项当年生效的企业会计准则对一般企业财务报表格式修订后,2018 年财政部对一般企业财务报表格式再次进行了修订完善。本次修订包含两套财务报表格式,分别适用于尚未执行新金融工具准则和新收入准则的非金融企业和已执行新金融工具准则或新收入准则的非金融企业。执行企业会计准则的金融企业应当根据金融企业经营活动的性质和要求,比照一般企业财务报表格式进行相应调整。财政部于 2017 年 12 月发布的《关于修订印发一般企业财务报表格式的通知》(财会〔2017〕30 号)同时废止。

新金融工具准则和新收入准则对于境内外同时上市企业,以及在境外上市并采用国际财务报告准则或企业会计准则编制财务报告的企业于 2018 年 1 月 1 日起施行;其他境内上市企业分别自 2019 年 1 月 1 日和 2020 年 1 月 1 日起施行;执行企业会计准则的非上市企业均自 2021 年 1 月 1 日起施行。允许提前执行。

任务二　编制资产负债表

能力目标:

1. 能够熟悉资产负债表的列示格式和内容。
2. 能够编制资产负债表。

一、认知资产负债表

(一) 资产负债表的概念

资产负债表是指反映企业某一特定日期(如月末、季末、年末等)财务状况的会计报表,主要提供有关企业财务状况方面的信息。它描述了企业所拥有或掌握的经济资源及其分布和构成情况,显示了企业在某一特定时点所负担的债务及其构成内容,反映了企业偿还债务的能力,明确了所有者在企业所持有的权益及其构成情况,全面揭示了企业在某一时点资产、负债和所有者权益的构成内容及其相互关系的财务状况信息。资产负债表是会计报表分析的主要来源,是进行各项经济活动分析的基础。

资产负债表是根据"资产＝负债＋所有者权益"这一会计等式,依照一定的分类标准和排列顺序,将企业在某一特定日期的全部资产、负债和所有者权益项目进行适当分类、汇总、排列后编制而成的。资产负债表是企业基本会计报表之一,也是所有独立核算的企业单位必须对外报送的会计报表之一。

资产负债表直接提供的主要信息有:

(1) 企业在某一时点上所拥有或控制的经济资源及各类经济资源的构成情况。

(2) 企业所负担的短期和长期债务数额及债务的构成情况。

(3) 企业的所有者权益数额及所有者权益的构成情况。

(二) 资产负债表的意义

(1) 资产负债表可以反映企业资产、负债和所有者权益的全貌。

(2) 企业管理者通过资产负债表可以了解企业所拥有或控制的经济资源和承担的责任、义务;了解资产、负债各项目的构成比例是否合理;通过对前后期资产负债表的对比分析,可以了解企业一定时期的经营活动、经营成果等对企业资产、负债和所有者权益的影响,从而了解企业财务状况的变动趋势。

(3) 企业的投资者通过资产负债表,可以考核企业管理人员是否有效地利用了现有的经济资源,是否使资产得到保值增值,从而对企业管理人员的业绩进行考核评价,并据此作为是否继续投资的依据。

(4) 企业债权人和供应商通过资产负债表可以了解企业的偿债能力与支付能力及现有财务状况,分析财务风险,预测企业发展前景,为作出贷款决策、营销决策提供必要的信息。

(5) 财政、银行、税务等部门根据资产负债表,可以了解企业贯彻执行有关方针、政策的情况,以便进行宏观调控。

(三) 资产负债表的内容与格式

企业须按月、按季、按年编制资产负债表,及时为有关部门和有关人员提供企业会计信息,作为企业投资人、债权人、国家管理部门和各级管理人员投资、信贷及经营决策提供的依据。

资产负债表一般有三个组成部分,即表头、表体和附注。表头部分列示报表名称、报表的编制单位、编制日期和报表中所使用的货币计量单位等内容;表体是资产负债表所要反映的具体内容,主要包括资产、负债、所有者权益,该部分是资产负债表的主体和核心。附注是对表体中需要说明的事项按规定加以补充说明。

资产负债表的格式主要有账户式和报告式两种。

1. 账户式资产负债表

1) 账户式资产负债表的结构

账户式资产负债表分左右两方。左方为资产的项目及金额,代表企业从事生产经营活动的经济资源。左方资产内部各个项目按资产的流动性大小或变现能力强弱来排列。流动性越大、变现能力越强的资产,如"货币资金""交易性金融资产"等项目排在前面;流动性越小、变现能力越弱的资产,如"可供出售金融资产""持有至到期投资""固定资产"等项目则排在后面。

资产负债表的右方为负债及所有者权益的项目及金额,代表企业经济资源的所有权归属,包括债权人权益(负债)和所有者权益。一般按求偿权先后顺序排列。因为企业的资产要先用来偿还债务,所以负债是第一顺序的权益,具有优先清偿的特征,列于所有者权益之前;而所有者权益属于剩余权益,列于负债之后。负债内部各项目按偿还期限长短列示,如"短期借款""交易性金融负债"等项目需要在1年以内或者长于1年的一个营业周期内偿还的流动负债排在前面,"长期借款""应付债券"等项目在1年以上或者长于1年的一个营业周期以上才需偿还的非流动负债排在中间。所有者权益项目按永久性程度列示,一般分为"实收资本""资本公积""盈余公积""利润分配"等项目,排在资产负债表右方的下面。

2）账户式资产负债表项目的内在关系

账户式资产负债表中资产各项目的合计等于负债和所有者权益各项目的合计，即资产负债表左方和右方平衡。因此，通过账户式资产负债表，可以反映资产、负债、所有者权益之间的内在关系，即"资产＝负债＋所有者权益"。

3）账户式资产负债表的比较数据

《企业财务会计报告条例》规定：年度、半年度财务报表至少应当反映两个年度或者相关两个期间的比较数据。也就是说，企业需要提供比较资产负债表。所以，资产负债表各项目需要分为"年初余额"和"期末余额"两栏分别填列。各项目对应的"年初余额"栏内各项数字，应根据上年年末资产负债表"期末余额"栏内所列数字填列。如果本年度项目的名称和内容与上年度不相一致时，应将上年年末的名称和数字按本年度的规定进行调整。

根据我国《企业会计准则》的规定，我国企业的资产负债表采用账户式结构，基本格式如表 8-1 所示。

表 8-1　资产负债表

（适用于尚未执行新金融工具准则和新收入准则的非金融企业）

会企 01 表

编制单位：　　　　　　　年　月　日　　　　　　　　单位:元

资产	期末余额	年初余额	负债和所有者权益（或股东权益）	期末余额	年初余额
流动资产：			流动负债：		
货币资金			短期借款		
以公允价值计量且其变动计入当期损益的金融资产			以公允价值计量且其变动计入当期损益的金融负债		
衍生金融资产			衍生金融负债		
应收票据及应收账款			应付票据及应付账款		
预付款项			预收款项		
其他应收款			应付职工薪酬		
存货			应交税费		
持有待售资产			其他应付款		
一年内到期的非流动资产			持有待售负债		
其他流动资产			一年内到期的非流动负债		
流动资产合计			其他流动负债		
非流动资产：			流动负债合计		
可供出售金融资产			非流动负债：		

（续表）

资产	期末余额	年初余额	负债和所有者权益（或股东权益）	期末余额	年初余额
持有至到期投资			长期借款		
长期应收款			应付债券		
长期股权投资			其中:优先股		
投资性房地产			永续债		
固定资产			长期应付款		
在建工程			预计负债		
生产性生物资产			递延收益		
油气资产			递延所得税负债		
无形资产			其他非流动负债		
开发支出			非流动负债合计		
商誉			负债合计		
长期待摊费用			所有者权益(或股东权益):		
递延所得税资产			实收资本(或股本)		
其他非流动资产			其他权益工具		
非流动资产合计			其中:优先股		
			永续债		
			资本公积		
			减:库存股		
			其他综合收益		
			盈余公积		
			未分配利润		
			所有者权益(或股东权益)合计		
资产总计			负债和所有者权益(或股东权益)总计		

修订新增项目说明：

（1）"应收票据及应收账款"行项目,反映资产负债表日以摊余成本计量的、企业因销售商品、提供服务等经营活动应收取的款项,以及收到的商业汇票,包括银行承兑汇票和商业承兑汇票。该项目应根据"应收票据"和"应收账款"账户的期末余额,减去"坏账准备"账户中相关坏账准备期末余额后的金额填列。

（2）"其他应收款"行项目,应根据"应收利息""应收股利"和"其他应收款"账户的期末余额合计数,减去"坏账准备"账户中相关坏账准备期末余额后的金额填列。

（3）"持有待售资产"行项目,反映资产负债表日划分为持有待售类别的非流动资产及划分为持有待售类别的处置组中的流动资产和非流动资产的期末账面价值。该项目应根据"持有待售资产"账户的期末余额,减去"持有待售资产减值准备"账户的期末余额后的金额填列。

（4）"固定资产"行项目,反映资产负债表日企业固定资产的期末账面价值和企业尚未清理完毕的固定资产清理净损益。该项目应根据"固定资产"账户的期末余额,减去"累计折旧"和"固定资产减值准备"账户的期末余额后的金额,以及"固定资产清理"账户的期末余额填列。

（5）"在建工程"行项目,反映资产负债表日企业尚未达到预定可使用状态的在建工程的期末账面价值和企业为在建工程准备的各种物资的期末账面价值。该项目应根据"在建工程"账户的期末余额,减去"在建工程减值准备"账户的期末余额后的金额,以及"工程物资"账户的期末余额,减去"工程物资减值准备"账户的期末余额后的金额填列。

（6）"应付票据及应付账款"行项目,反映资产负债表日企业因购买材料、商品和接受服务等经营活动应支付的款项,以及开出、承兑的商业汇票,包括银行承兑汇票和商业承兑汇票。该项目应根据"应付票据"账户的期末余额,以及"应付账款"和"预付账款"账户所属的相关明细账户的期末贷方余额合计数填列。

（7）"其他应付款"行项目,应根据"应付利息""应付股利"和"其他应付款"账户的期末余额合计数填列。

（8）"持有待售负债"行项目,反映资产负债表日处置组中与划分为持有待售类别的资产直接相关的负债的期末账面价值。该项目应根据"持有待售负债"账户的期末余额填列。

（9）"长期应付款"行项目,反映资产负债表日企业除长期借款和应付债券以外的其他各种长期应付款项的期末账面价值。该项目应根据"长期应付款"账户的期末余额,减去相关的"未确认融资费用"账户的期末余额后的金额,以及"专项应付款"账户的期末余额填列。

对于已执行新金融工具准则或新收入准则的非金融企业,在上述变化的基础上还新增了如下变化:新增与新金融工具准则有关的"交易性金融资产""债权投资""其他债权投资""其他权益工具投资""其他非流动金融资产"以及"交易性金融负债"项目,取代了与原金融工具准则有关的"以公允价值计量且其变动计入当期损益的金融资产""可供出售金融资产""持有至到期投资"以及"以公允价值计量且其变动计入当期损益的金融负债"项目;新增与新收入准则有关的"合同资产"和"合同负债"项目;将按照新收入准则相关规定设置的特定科目纳入现有项目中列示,列举如下:"合同取得成本"账户按照其流动性在"其他流动资产"或"其他非流动资产"项目中列示;"合同履约成本"账户按照其流动性在"存货"或"其他非流动资产"项目中列示;"应收退货成本"账户按照其流动性在"其他流动资产"或"其他非流动资产"项目中列示；"预计负债——应付退货款"账户按照其流动性在"其他流动负债"或"预计负债"项目中列示。其格式如表8-2所示。

表8-2 资产负债表

（适用于已执行新金融工具准则和新收入准则的非金融企业）

会企01表

编制单位：　　　　　　　　年　　月　　日　　　　　　单位:元

资产	期末余额	年初余额	负债和所有者权益（或股东权益）	期末余额	年初余额
流动资产：			流动负债：		
货币资金			短期借款		
交易性金融资产			交易性金融负债		
衍生金融资产			衍生金融负债		
应收票据及应收账款			应付票据及应付账款		
预付款项			预收款项		
其他应收款			合同负债		
存货			应付职工薪酬		
合同资产			应交税费		
持有待售资产			其他应付款		
一年内到期的非流动资产			持有待售负债		
其他流动资产			一年内到期的非流动负债		
流动资产合计			其他流动负债		
非流动资产：			流动负债合计		
债权投资			非流动负债：		
其他债权投资			长期借款		
长期应收款			应付债券		
长期股权投资			其中:优先股		
其他权益工具投资			永续债		
其他非流动金融资产			长期应付款		
投资性房地产			预计负债		
固定资产			递延收益		
在建工程			递延所得税负债		
生产性生物资产			其他非流动负债		

（续表）

资产	期末余额	年初余额	负债和所有者权益（或股东权益）	期末余额	年初余额
油气资产			非流动负债合计		
无形资产			负债合计		
开发支出			所有者权益（或股东权益）：		
商誉			实收资本（或股本）		
长期待摊费用			其他权益工具		
递延所得税资产			其中:优先股		
其他非流动资产			永续债		
非流动资产合计			资本公积		
			减:库存股		
			其他综合收益		
			盈余公积		
			未分配利润		
			所有者权益（或股东权益）合计		
资产总计			负债和所有者权益（或股东权益）总计		

修订新增项目说明：

（1）"交易性金融资产"行项目,反映资产负债表日企业分类为以公允价值计量且其变动计入当期损益的金融资产,以及企业持有的直接指定为以公允价值计量且其变动计入当期损益的金融资产的期末账面价值。该项目应根据"交易性金融资产"账户的相关明细账户期末余额分析填列。自资产负债表日起超过一年到期且预期持有超过一年的以公允价值计量且其变动计入当期损益的非流动金融资产的期末账面价值,在"其他非流动金融资产"行项目反映。

（2）"债权投资"行项目,反映资产负债表日企业以摊余成本计量的长期债权投资的期末账面价值。该项目应根据"债权投资"账户的相关明细科目期末余额,减去"债权投资减值准备"账户中相关减值准备的期末余额后的金额分析填列。自资产负债表日起一年内到期的长期债权投资的期末账面价值,在"一年内到期的非流动资产"行项目反映。企业购入的以摊余成本计量的一年内到期的债权投资的期末账面价值,在"其他流动资产"行项目反映。

（3）"其他债权投资"行项目,反映资产负债表日企业分类为以公允价值计量且其变动计入其他综合收益的长期债权投资的期末账面价值。该项目应根据"其他债权投资"账户的相关明细账户期末余额分析填列。自资产负债表日起一年内到期的长期债权投资的期末账面价值,在"一年内到期的非流动资产"行项目反映。企业购入的以公允价值计量且其变动计入其他综合收益的一年内到期的债权投资的期末账面价值,在"其他流动资产"行项目反映。

(4)"其他权益工具投资"行项目,反映资产负债表日企业指定为以公允价值计量且其变动计入其他综合收益的非交易性权益工具投资的期末账面价值。该项目应根据"其他权益工具投资"科目的期末余额填列。

(5)"交易性金融负债"行项目,反映资产负债表日企业承担的交易性金融负债,以及企业持有的直接指定为以公允价值计量且其变动计入当期损益的金融负债的期末账面价值。该项目应根据"交易性金融负债"账户的相关明细账户期末余额填列。

(6)"合同资产"和"合同负债"行项目。企业应按照《企业会计准则第 14 号——收入》(2017 年修订)的相关规定根据本企业履行履约义务与客户付款之间的关系在资产负债表中列示合同资产或合同负债。"合同资产"项目、"合同负债"项目,应分别根据"合同资产"账户、"合同负债"账户的相关明细账户期末余额分析填列,同一合同下的合同资产和合同负债应当以净额列示,其中净额为借方余额的,应当根据其流动性在"合同资产"或"其他非流动资产"项目中填列,已计提减值准备的,还应减去"合同资产减值准备"账户中相关的期末余额后的金额填列;其中净额为贷方余额的,应当根据其流动性在"合同负债"或"其他非流动负债"项目中填列。

(7)按照《企业会计准则第 14 号——收入》(2017 年修订)的相关规定确认为资产的合同取得成本,应当根据"合同取得成本"账户的明细科目初始确认时摊销期限是否超过 1 年或一个正常营业周期,在"其他流动资产"或"其他非流动资产"项目中填列,已计提减值准备的,还应减去"合同取得成本减值准备"账户中相关的期末余额后的金额填列。

(8)按照《企业会计准则第 14 号——收入》(2017 年修订)的相关规定确认为资产的合同履约成本,应当根据"合同履约成本"账户的明细账户初始确认时摊销期限是否超过 1 年或一个正常营业周期,在"存货"或"其他非流动资产"项目中填列,已计提减值准备的,还应减去"合同履约成本减值准备"账户中相关的期末余额后的金额填列。

(9)按照《企业会计准则第 14 号——收入》(2017 年修订)的相关规定确认为资产的应收退货成本,应当根据"应收退货成本"账户是否在 1 年或一个正常营业周期内出售,在"其他流动资产"或"其他非流动资产"项目中填列。

(10)按照《企业会计准则第 14 号——收入》(2017 年修订)的相关规定确认为预计负债的应付退货款,应当根据"预计负债"账户下的"应付退货款"明细账户是否在一年或一个正常营业周期内清偿,在"其他流动负债"或"预计负债"项目中填列。

2. 报告式资产负债表

报告式资产负债表又称垂直式资产负债表,是将资产负债表分为上、下两部分,上部分列示资产项目,下部分列示负债和所有者权益项目,且上下两部分总计金额相等。

二、编制资产负债表

(一)资产负债表列报的总体要求

1. 分类别列报

资产负债表列报最根本的目标就是如实反映企业在资产负债表日所拥有的资源、所承担的负债以及所有者所拥有的权益。因此,资产负债表应当按照资产、负债、所有者权益三大类别分类列报。

2. 资产和负债按流动性列报

资产和负债应当按照流动性分为流动资产和分流动资产、流动负债和非流动负债分别列示。流动性,通常按资产的变现或耗用时间长短或者负债的偿还时间长短来确定。按照财务报表列报准则规定,应先列报流动性强的资产或负债,再列报流动性弱的资产或负债。

银行、证券、保险等金融企业由于在经营内容上不同于一般工商企业,导致其资产和负债的构成项目也与一般工商企业有所不同,具有特殊性。金融企业的有些资产或负债无法严格区分为流动资产和非流动资产。在这种情况下,金融企业可以大体按照流动性顺序列示资产和负债。

3. 列报相关的合计、总计项目

资产负债表中的资产类项目至少应当列示流动资产和非流动资产的合计项目;负债类项目至少应当列示流动负债、非流动负债以及负债的合计项目;所有者权益类项目应当列示所有者权益的合计项目。

资产负债表遵循了"资产=负债+所有者权益"这一会计恒等式,把企业在特定日期所拥有的经济资源和与之相对应的企业所承担的债务及偿债以后属于所有者的权益充分反映出来。因此,资产负债表应当分别列示资产总计项目和负债与所有者权益之和的总计项目,并且这两者的金额应当相等。

(二)编制资产负债表的基本方法

资产负债表的各项目均需填列"年初余额"和"期末余额"两栏。

1. "年初余额"的填列方法

资产负债表的"年初余额"栏内各项数字,应根据上年年末资产负债表的"期末余额"栏内所列数字填列。如果本年度资产负债表规定的各项目的名称和内容与上年不一致,则应对上年年末资产负债表各项目的名称和数字按照本年度的规定进行调整,填入本表"年初余额"栏内。

2. "期末余额"的填列方法

资产负债表的"期末余额"栏则根据会计报表编报时间,可为月末、季末或年末的数字。"期末余额"主要是通过对本会计期间的会计核算记录的数据加以归集、整理而成,其填列方法主要有以下几种。

1) 根据总分类账户期末余额直接填列

总分类账户和资产负债表项目形成对应关系,即总分类账簿中有什么账户,资产负债表就有什么项目,就可根据总分类账户余额,直接填列资产负债表项目。这些项目有:"交易性金融资产""短期借款""应付票据""应付职工薪酬""应交税费""实收资本""资本公积""盈余公积"等。

2) 根据同类总分类账户期末余额合并计算填列

一个资产负债表项目包括多个总分类账户内容的,可将多个总账账户余额进行分析计算,根据计算结果填列报表项目。根据几个总分类账户余额计算填列的项目有:

(1)"货币资金"项目,应根据"库存现金""银行存款""其他货币资金"等总分类账户的期末余额合计填列。

(2)"存货"项目,应根据"在途物资""原材料""周转材料""生产成本""库存商品""材料成本差异""存货跌价准备"等反映存货内容的总分类账户余额分析计算填列。

(3)"未分配利润"项目,应根据"本年利润"和"利润分配"账户余额分析计算填列。编制 1~11 月报表时,本项目应根据"本年利润"和"利润分配"账户余额分析计算填列;编制年末报表时,本项目可根据"利润分配"账户的期末余额直接填列。

(4)对于计提折旧、摊销及计提资产减值准备的资产项目,均应根据该项资产的账面余额减去其"累计折旧""累计摊销"及减值准备账户余额后的净额进行填列。

3) 根据结算类账户的有关明细账户期末余额分析计算填列

结算类账户必须根据其明细账户的余额性质进行填列。在编制会计报表时,必须严格划分其"应收""应付""预收"和"预付"的性质,若上述账户所属明细账户为借方余额的,即为债权性质,应作为资产的相关项目填列;若上述账户所属明细账户为贷方余额的,即为债务性质,应作为负债的相关项目填列。

4) 根据总分类账户余额和所属明细账户余额分析计算填列

根据会计的重要性信息质量要求,资产负债表中的一些项目将分别根据某项经济业务内容的明细账户和总分类账户余额分析计算填列。如"持有至到期投资"项目和"一年内到期的非流动资产"项目,如果在填列资产负债表时存在 1 年内到期的投资,那么就应将此项持有至到期投资明细账户的余额填入资产负债表中的"一年内到期的非流动资产"项目,以表示企业流动资产的实有数额。相应地,资产负债表中的"持有至到期投资"项目,则根据"持有至到期投资"总分类账户余额减去填入"一年内到期的非流动资产"项目金额填列。同样,资产负债表中流动负债项目的"一年内到期的非流动负债"和各非流动负债项目,也同样需要根据类似的分析进行填列。

例如,某企业 2017 年 12 月 31 日"长期借款"账户的期末贷方余额为 500 000 元,其中有 200 000 元将于 2018 年 3 月 1 日到期。则 2017 年 12 月 31 日资产负债表内的"一年内到期的非流动负债"项目金额就为 200 000 元。

"长期借款"项目金额 ＝ 500 000 － 200 000 ＝ 300 000(元)

5) 根据有关账户余额减去其备抵账户余额后的净额填列

有些项目,需要根据账户余额减去备抵账户后的净额填列。如"固定资产"项目,应根据"固定资产"账户期末余额减去"累计折旧""固定资产减值准备"账户的期末余额后的净额填列;"无形资产"项目,应根据"无形资产"账户期末余额减去"累计摊销""无形资产减值准备"备抵账户余额后的净额填列;"长期股权投资"项目,应根据"长期股权投资"账户的期末余额减去"长期股权投资减值准备"账户的期末余额后的净额填列。

例如,期末结账后,有关账户账面金额为:"固定资产"账户借方 500 000 元,"累计折旧"账户贷方 100 000 元,"固定资产减值准备"账户贷方 50 000 元,则资产负债表中"固定资产"项目的期末余额应填列为:500 000 － 100 000 － 50 000 ＝ 350 000(元)。

(三) 资产负债表主要项目的填列方法

资产负债表中主要项目的填列方法如下。

1. 资产项目的填列方法

(1)"货币资金"项目,反映企业库存现金、银行结算户存款、外埠存款、银行汇票存款、银行本票存款、银行卡存款、信用证保证金存款等的合计数。本项目应根据"库存现金""银行存款""其他货币资金"账户期末余额的合计数填列。

(2)"存货"项目,反映企业期末在库、在途和在加工中的各种存货的可变现净值。存货包括各种材料、商品、在产品、半成品、包装物、低值易耗品、分期收款发出商品、委托代销商品、受托代销商品等。本项目应根据"在途物资""原材料""自制半成品""库存商品""周转材料""分期收款发出商品""委托加工物资""委托代销商品""受托代销商品""生产成本"等账户的期末余额合计,减去"代销商品款""存货跌价准备"账户期末余额后的净额填列。材料采用计划成本核算,以及库存商品采用计划成本核算或售价核算的企业,还应按加或减材料成本差异、商品进销差价后的净额填列。

(3)"持有至到期投资"项目,反映企业持有至到期投资的摊余成本。持有至到期投资是指企业购入的持有至到期,不准备中途变现的债券投资。该投资分为分期付息、到期一次还本的债券投资和到期一次不还本付息的债券投资两类。本项目应根据"持有至到期投资"账户的期末余额,减去"持有至到期投资减值准备"账户期末余额后的净额填列。

(4)"长期应收款"项目,反映企业的长期应收款项,包括融资租赁产生的应收款项、采用递延方式具有融资性质的销售商品和提供劳务等产生的应收款项等。本项目应根据"长期应收款"账户的期末余额减去相应的"未实现融资收益"账户和"坏账准备"账户所属相关明细账户期末余额后的净额填列。

(5)"长期股权投资"项目,反映企业不准备在 1 年内(含 1 年)变现的各种股权性质的投资的可收回金额。本项目应根据"长期股权投资"账户的期末余额,减去"长期股权投资减值准备"账户的期末余额后的净额填列。企业超过一年到期的委托贷款,其本金和利息减去已计提的损失准备后的净额,也在本项目反映。

(6)"无形资产"项目,反映企业各项无形资产的期末可收回金额。本项目应根据"无形资产"账户的期末余额,减去"无形资产减值准备"账户期末余额后的净额填列。

(7)"商誉"项目,反映企业合并中形成的商誉价值。该项目根据"商誉"账户期末余额填列;商誉发生减值的,应根据"商誉"账户期末余额,减去"商誉减值准备"账户期末余额后的净额填列。

(8)"长期待摊费用"项目,反映企业已经发生但应由本企业和以后各期分摊期限在1年以上的各种费用。本项目应根据"长期待摊费用"账户的期末余额减去将于1年内(含1年)的摊销数额后的净额填列。

2. 负债项目的填列方法

(1)"短期借款"项目,反映企业借入尚未归还的1年期以下(含1年)的借款。本项目应根据"短期借款"账户的期末余额填列。

(2)"一年到期的非流动负债"项目,反映非流动负债各项目中将于1年内(含1年)到期的长期负债。本项目应根据有关账户期末余额减去将于1年内(含1年)到期偿还数后的余额填列。

(3)"长期借款"项目,反映企业借入尚未归还的1年期以上(不含1年)的借款本息。本项目应根据"长期借款"账户的期末余额填列。

(4)"应付债券"项目,反映企业发行的尚未偿还的各种长期债券的本息。本项目应根据"应付债券"账户的期末余额填列。

(5)"长期应付款"项目,反映企业除长期借款和应付债券以外的其他长期应付款。本项目应根据"长期应付款"账户的期末余额,减去"未确认融资费用"账户期末余额后的金额填列。

3. 所有者权益项目的填列方法

(1)"实收资本(或股本)"项目,反映企业各投资者实际投入的资本(或股本)总额。本项目应根据"实收资本(或股本)"账户的期末余额填列。

(2)"资本公积"项目,反映企业资本公积的期末余额。本项目应根据"资本公积"账户的期末余额填列。

(3)"盈余公积"项目,反映企业盈余公积的期末余额。本项目应根据"盈余公积"账户的期末余额填列。

(4)"未分配利润"项目,反映企业尚未分配的利润。本项目应根据"本年利润"账户和"利润分配"账户的余额计算填列。未弥补的亏损,在本项目内以"-"号填列。

为准确反映企业财务状况,编制资产负债表时需注意报表的各项数额必须核对相符,包括:总计数与合计数相加之和相符;合计数与各项目之和相符;资产总计与负债和所有者权益总计相符等。编表期内重要项目的变动,应在附注栏内加以说明。

三、资产负债表编制举例

【例 8-1】　根据下列资料,编制佳服有限公司 2018 年 12 月的资产负债表。

（1）佳服有限公司 12 月月末总分类账户及明细分类账户余额如表 8-3 所示。

表 8-3　账户余额表　　　　　　　　单位:元

账户名称	期末余额	
	借方	贷方
库存现金	7 000	
银行存款	450 000	
其他货币资金	205 000	
应收票据	135 000	
应收账款	56 000	
预付账款	10 000	
在途物资	18 000	
原材料	160 000	
自制半成品	35 000	
库存商品	71 000	
长期股权投资	180 000	
固定资产	1 150 000	
累计折旧		288 000
在建工程	100 000	
无形资产	60 000	
短期借款		100 000
应付账款		20 000
预收账款		15 000
应付职工薪酬		180 000
应交税费		44 000
长期借款		230 000
实收资本		1 200 000
盈余公积		500 000
利润分配		60 000
合计	2 637 000	2 637 000

（2）债权债务明细账户余额如表 8-4 所示。

表 8-4　债权债务明细账户余额　　　　　　　　单位：元

总分类账户	所属明细账户	期末余额	
		借方	贷方
应收账款	A 公司	38 000	
	B 公司		12 000
	C 公司	30 000	
预付账款	D 公司	10 000	
应付账款	E 公司		30 000
	F 公司	10 000	
预收账款	G 公司		26 000
	H 公司	11 000	

（3）长期借款共 3 笔，均为一次性还本付息，其金额及期限如下：

① 从工商银行借入 100 000 元（本利和），期限从 2014 年 3 月 1 日至 2019 年 3 月 1 日；

② 从兴业银行借入 80 000 元（本利和），期限从 2014 年 12 月 1 日至 2020 年 12 月 1 日；

③ 从民生银行借入 50 000 元（本利和），期限从 2015 年 1 月 1 日至 2020 年 1 月 1 日。

根据上述资料，编制该公司 2018 年 12 月 31 日的资产负债表，如表 8-5 所示。

表 8-5　资产负债表　　　　　　　　　　　会企 01

编制单位：佳服有限公司　　　　2018 年 12 月 31 日　　　　　　单位：元

资产	期末余额	年初余额	负债及所有者权益（或股东权益）	期末余额	年初余额
流动资产：			流动负债：		
货币资金	662 000		短期借款	100 000	
以公允价值计量且其变动计入当期损益的金融资产			以公允价值计量且其变动计入当期损益的金融负债		
衍生金融资产			衍生金融负债		
应收票据及应收账款	214 000		应付票据及应付账款	30 000	
预付款项	20 000		预收款项	38 000	
其他应收款			应付职工薪酬	180 000	
存货	284 000		应交税费	44 000	
持有待售资产			其他应付款		

(续表)

资产	期末余额	年初余额	负债及所有者权益（或股东权益）	期末余额	年初余额
一年内到期的非流动资产			持有待售负债		
其他流动资产			一年内到期的非流动负债	100 000	
流动资产合计	1 180 000		其他流动负债		
非流动资产：			流动负债合计	492 000	
可供出售金融资产			非流动负债：		
持有至到期投资			长期借款	130 000	
长期应收款			应付债券		
长期股权投资	180 000		其中:优先股		
投资性房地产			永续债		
固定资产	862 000		长期应付款		
在建工程	100 000		预计负债		
生产性生物资产			递延收益		
油气资产			递延所得税负债		
无形资产	60 000		其他非流动负债		
开发支出			非流动负债合计	130 000	
商誉			负债合计	622 000	
长期待摊费用			所有者权益（或股东权益）：		
递延所得税资产			实收资本（或股本）	1 200 000	
其他非流动资产			其他权益工具		
非流动资产合计	1 202 000		其中:优先股		
			永续债		
			资本公积		
			减:库存股		
			其他综合收益		
			盈余公积	500 000	
			未分配利润	60 000	
			所有者权益（或股东权益)合计	1 760 000	
资产总计	2 382 000		负债和所有者权益（或股东权益)总计	2 382 000	

其中,资产负债表主要项目计算过程如下:

"货币资金"项目金额＝7 000＋450 000＋205 000＝662 000(元)

"存货"项目金额＝18 000＋160 000＋35 000＋71 000＝284 000(元)

"流动资产合计"
项目金额 ＝662 000＋135 000＋79 000＋20 000＋284 000＝1 180 000(元)

"固定资产"项目金额＝1 150 000－288 000＝862 000(元)

"非流动资产合计"项目金额＝180 000＋862 000＋100 000＋60 000＝1 202 000(元)

"资产总计"项目金额＝1 180 000＋1 202 000＝2 382 000(元)

"预收账款"项目金额＝26 000＋12 000＝38 000(元)

"流动负债合计"
项目金额 ＝100 000＋30 000＋38 000＋180 000＋44 000＋100 000＝492 000(元)

"长期借款"项目金额＝230 000－100 000＝130 000(元)

"负债合计"项目金额＝492 000＋130 000＝622 000(元)

"所有者权益合计"项目金额＝1 200 000＋500 000＋60 000＝1 760 000(元)

"负债和所有者权益总计"项目金额＝622 000＋1 760 000＝2 382 000(元)

四、实训任务

根据模块十实训资料1,编制资产负债表。

任务三 编制利润表

能力目标:

1. 能够熟悉利润表的列示内容。
2. 能够编制利润表。

一、认知利润表

(一)利润表的概念

利润表又称损益表,是指反映企业在一定会计期间经营成果的报表。利润表是根据会计核算的配比原则,把一定时期内的收入和相对应的成本费用配比,从而计算出企业一定时期的各项利润指标。企业编制利润表的目的是如实反映企业实现的收入、发生的费用以及应当计入当期利润的利得和损失等金额及其结构情况,帮助使用者分析评价企业的盈利能力、利润构成及其质量,了解投资者投入资本的保值、增值情况。由于利润表既是企业经营业绩的综合体现,又是企业进行利润分配的主要依据。因此,利润表是财务报表中的一张主要报表。利润表属于动态报表,是根据"收入－费用＝利润"的基本公式编制的。

利润表作为一个反映经营成果的报表,必须包括影响某一会计期间的所有损益内容,既要包括来自生产经营方面已实现的各项收入、已耗费的需要在本期配比的各项成本费用,也要包括来自其他方面的业务收支,以及本期发生的各项营业外收支。

利润表直接提供的主要信息有:

(1) 企业一定时期的营业收入和营业成本、费用及其净收益。

(2) 企业投资净收益或投资收益及投资损失。

(3) 营业外收支净额或营业外收入及营业外支出。

(4) 利润(亏损)总额、所得税及净利润额等。

(二) 利润表的意义

利润表所提供的信息资料,对企业的管理人员、投资者、债权人等报表使用者具有重要意义。

(1) 企业管理者通过利润表提供的信息,可以从总体上了解企业收入、成本和费用及净利润(或亏损)的实现及构成情况;通过利润表提供的不同时期的比较数字(本期金额、上期金额),可以分析、评价企业利用现有经济资源的能力,并考核其经营管理绩效;通过比较、分析利润表中各项构成因素,可以评价各项收入、费用及损益之间的消长趋势,发现各方面工作中存在的问题,找出差距,以改善经营管理,并作出合理的经营决策。

(2) 企业投资者通过利润表提供的信息,可以评价、预测企业获利能力的大小,从而决定是否投资或再投资,投资到哪个部门。

(3) 企业的债权人通过利润表提供的信息,可以评价、预测企业的偿债能力,进而决定是否维持、增加或收缩对企业的信贷投资以及信贷的条件。

(三) 利润表的内容与格式

利润表由表头和表体两部分组成。表头部分应列明报表名称、编制单位名称、编制期间、报表编号和计量单位;表体部分反映利润的构成内容和计算过程。其中,表体部分为利润表的主体和核心。

利润表的格式主要有单步式利润表和多步式利润表两种。

1) 单步式利润表

单步式利润表是指先将当期收入总额相加,然后将所有费用总额相加,一次计算出当期净损益的利润表。单步式利润表对营业收入和一切费用支出不分彼此先后,一视同仁,不像多步式利润表中必须区分费用和支出与收入配比的先后层次。其特点是所提供的信息都是原始数据,比较直观,编制方便,便于理解。但其不足之处是,没有反映企业营业性收益与非营业性收益,不利于分析利润表的结构。

根据我国《企业会计准则》的规定,最新报表基本格式分为两种,分别适用于尚未执行新金融工具准则和新收入准则的非金融企业和已执行新金融工具准则或新收入准则的非金融企业。

对于尚未执行新金融工具准则和新收入准则的非金融企业,利润表项目的主要变化是分拆项目,并对部分项目的先后顺序进行调整,同时简化部分项目的表述(如将"权益法下在被投资单位不能重分类进损益的其他综合收益中享有的份额"简化为"权益法下不能转损益的其他综合收益"):从"管理费用"项目中分拆"研发费用"项目;在"财务费用"项目下分拆"利息费用"和"利息收入"明细项目。其报表格式如表8-6所示。

表8-6　利润表

(适用于尚未执行新金融工具准则和新收入准则的非金融企业)

会企02表

编制单位:　　　　　　　　年　　月　　　　　　　　单位:元

项目	本期金额	上期金额
一、营业收入		
减:营业成本		
税金及附加		
销售费用		
管理费用		
研发费用		
财务费用		
其中:利息费用		
利息收入		
资产减值损失		
加:其他收益		
投资收益(损失以"-"号填列)		
其中:对联营企业和合营企业的投资收益		
公允价值变动收益(损失以"-"号填列)		
资产处置收益(损失以"-"号填列)		
二、营业利润(亏损以"-")		
加:营业外收入		
减:营业外支出		

项目	本期金额	上期金额
其中:非流动资产处置损失		
三、利润总额(亏损总额以"－"号填列)		
减:所得税费用		
四、净利润(净亏损以"－"号填列)		
（一）持续经营净利润(净亏损以"－"号填列)		
（二）终止经营净利润(净亏损以"－"号填列)		
五、其他综合收益的税后净额		
（一）不能重分类进损益的其他综合收益		
1. 重新计量设定受益计划变动额		
2. 权益法下不能转损益的其他综合收益		
……		
（二）将重分类进损益的其他综合收益		
1. 权益法下可转损益的其他综合收益		
2. 可供出售金融资产公允价值变动损益		
3. 持有至到期投资重分类为可供出售金融资产损益		
4. 现金流量套期损益的有效部分		
5. 外币财务报表折算差额		
……		
六、综合收益总额		
七、每股收益:		
（一）基本每股收益		
（二）稀释每股收益		

对于已执行新金融工具准则或新收入准则的非金融企业,利润表项目在上述变化的基础上还新增了如下变化:新增与新金融工具准则有关的"信用减值损失""净敞口套期收益""其他权益工具投资公允价值变动""企业自身信用风险公允价值变动""其他债权投资公允价值变动""金融资产重分类计入其他综合收益的金额""其他债权投资信用减值准备"以及"现金流量套期储备"项目;在其他综合收益部分删除与原金融工具准则有关的"可供出售金融资产公允价值变动损益""持有至到期投资重分类为可供出售金融资产损益"以及"现金流量套期损益的有效部分"。其报表格式如表8-7所示。

表 8-7　利润表

（适用于已执行新金融工具准则和新收入准则的非金融企业）

会企 02 表

编制单位：　　　　　　　　　　年　　月　　　　　　　　　单位：元

项目	本期金额	上期金额
一、营业收入		
减：营业成本		
税金及附加		
销售费用		
管理费用		
研发费用		
财务费用		
其中：利息费用		
利息收入		
资产减值损失		
信用减值损失		
加：其他收益		
投资收益（损失以"－"号填列）		
其中：对联营企业和合营企业的投资收益		
净敞口套期收益（损失以"－"号填列）		
公允价值变动收益（损失以"－"号填列）		
资产处置收益（损失以"－"号填列）		
二、营业利润（亏损以"－"）		
加：营业外收入		
减：营业外支出		
其中：非流动资产处置损失		
三、利润总额（亏损总额以"－"号填列）		
减：所得税费用		
四、净利润（净亏损以"－"号填列）		
（一）持续经营净利润（净亏损以"－"号填列）		
（二）终止经营净利润（净亏损以"－"号填列）		
五、其他综合收益的税后净额		
（一）不能重分类进损益的其他综合收益		

项目	本期金额	上期金额
1. 重新计量设定受益计划变动额		
2. 权益法下不能转损益的其他综合收益		
3. 其他权益工具投资公允价值变动		
4. 企业自身信用风险公允价值变动		
……		
(二) 将重分类进损益的其他综合收益		
1. 权益法下可转损益的其他综合收益		
2. 其他债权投资公允价值变动		
3. 金融资产重分类计入其他综合收益的金额		
4. 其他债权投资信用减值准备		
5. 现金流量套期储备		
6. 外币财务报表折算差额		
……		
六、综合收益总额		
七、每股收益:		
(一) 基本每股收益		
(二) 稀释每股收益		

修订新增项目说明:

(1) "信用减值损失"行项目,反映企业按照《企业会计准则第 22 号——金融工具确认和计量》(2017 年修订)的要求计提的各项金融工具减值准备所形成的预期信用损失。该项目应根据"信用减值损失"账户的发生额分析填列。

(2) "净敞口套期收益"行项目,反映净敞口套期下被套期项目累计公允价值变动转入当期损益的金额或现金流量套期储备转入当期损益的金额。该项目应根据"净敞口套期损益"账户的发生额分析填列;如为套期损失,以"—"号填列。

(3) "其他权益工具投资公允价值变动"行项目,反映企业指定为以公允价值计量且其变动计入其他综合收益的非交易性权益工具投资发生的公允价值变动。该项目应根据"其他综合收益"账户的相关明细账户的发生额分析填列。

(4) "企业自身信用风险公允价值变动"行项目,反映企业指定为以公允价值计量且其变动计入当期损益的金融负债,由企业自身信用风险变动引起的公允价值变动而计入其他综合收益的金额。该项目应根据"其他综合收益"账户的相关明细账户的发生额分析填列。

(5) "其他债权投资公允价值变动"行项目,反映企业分类为以公允价值计量且其变动计入其他综合收益的债权投资发生的公允价值变动。企业将一项以公允价值计量且其变动计入其他综合收益的金融资产重分类为以摊余成本计量的金融资产，或重分类为以公允价值计量且其变动计入当期损益的金融资产时，之前计入其他综合收益的累计利得或损失从其他综合收益中转出的金额作为该项目的减项。该项目应根据"其他综合收益"账户下的相关明细科目的发生额分析填列。

（6）"金融资产重分类计入其他综合收益的金额"行项目，反映企业将一项以摊余成本计量的金融资产重分类为以公允价值计量且其变动计入其他综合收益的金融资产时，计入其他综合收益的原账面价值与公允价值之间的差额。该项目应根据"其他综合收益"账户下的相关明细科目的发生额分析填列。

2）多步式利润表

多步式利润表是指通过对当期收入、费用、支出项目按性质加以归类，按利润形成的主要环节分别计算营业利润、利润总额，分步计算当期净损益的利润表。多步式利润表的构成项目及其相互关系可用公式表示如下：

$$营业利润 = 营业收入 - 营业成本 - 税金及附加 - 销售费用 - 管理费用 - 财务费用 - 资产减值损失$$
$$+ (公允价值变动收益 - 公允价值变动损失) + (投资收益 - 投资损失)$$
$$利润总额 = 营业利润 + 营业外收入 - 营业外支出$$
$$净利润 = 利润总额 - 所得税费用$$
$$综合收益总额 = 净利润 + 其他综合收益扣除所得税影响后的净额$$

其中：

$$营业收入 = 主营业务收入 + 其他业务收入$$
$$营业成本 = 主营业务成本 + 其他业务成本$$

资产减值损失包括企业计提的各项减值准备所形成的损失；公允价值变动收益是企业交易性金融资产等公允价值变动所形成的当期损益；投资收益包括企业对外投资所取得的收益。

多步式利润表的主要编制步骤和内容如下：

第一步，以营业收入为基础，减去营业成本、税金及附加、销售费用、管理费用、财务费用、资产减值损失，加上公允价值变动收益、投资收益计算出营业利润。

第二步，以营业利润为基础，加上营业外收入，减去营业外支出计算出利润总额。

第三步，以利润总额为基础，减去所得税费用，计算出净利润（或亏损）。

第四步，单独列示每股收益：基本每股收益和稀释每股收益。

第五步，单独列示其他综合收益。

第六步，根据第三步和第五步计算求出综合收益总额。

为便于报表使用者比较不同时期的利润情况，多步式利润表还将各项目分为"本期金额"和"上期金额"两栏分别填列,其格式如表8-8所示。

表8-8　利润表(多步式)　　　　　　　　　　会企02表

编制单位:　　　　　　　　　　年　　月　　　　　　　　　　单位:元

项目	本期金额	上期金额
一、营业收入		
减:营业成本		
税金及附加		
销售费用		
管理费用		
财务费用		
资产减值损失		
加:公允价值变动收益(损失以"—"号填列)		
投资收益(损失以"—"号填列)		
其中:对联营企业和合营企业的投资收益		
二、营业利润(亏损以"—")		
加:营业外收入		
减:营业外支出		
其中:非流动资产处置损失		
三、利润总额(亏损总额以"—"号填列)		
减:所得税费用		
四、净利润(净亏损以"—"号填列)		
五、每股收益:		
(一)基本每股收益		
(二)稀释每股收益		
六、其他综合收益		
七、综合收益总额		

　　从实际运行情况来看,多步式利润表反映出了营业利润、利润总额、净利润、其他综合收益和综合收益的情况,有助于使用者从不同利润类别中了解企业经营成果的不同来源。多步式利润表的主要优点是:能够科学地揭示企业利润及构成内容的形成过程,从而便于对企业生产经营成果进行分析,有利于不同企业之间进行比较,有利于预测企业未来的盈利能力,克服了单步式利润表的局限。因此,按照《企业会计准则》的规定,我国企业编制利润表时应采用多步式利润表。

二、编制利润表

(一) 利润表编制的列报要求

(1) 企业在利润表中应当对费用按照功能分类,分为从事经营业务发生的成本、管理费用、销售费用和财务费用。

(2) 利润表至少应当单独列示反映下列信息的项目,但其他会计准则另有规定的除外:①营业收入;②营业成本;③税金及附加;④管理费用;⑤销售费用;⑥财务费用;⑦投资收益;⑧公允价值变动损益;⑨资产减值损失;⑩非流动资产处置损益;⑪所得税费用;⑫净利润;⑬其他综合收益各项目分别扣除所得税影响后的净额;⑭综合收益总额。金融企业可以根据其特殊性列示利润表项目。

(3) "其他综合收益"项目应当根据其他相关会计准则的规定分为以后会计期间不能重分类进损益的其他综合收益项目和以后会计期间在满足规定条件时将重分类进损益的其他综合收益项目两类列报。

(4) 在合并利润表中,企业应当在"净利润"项目之下单独列示归属于母公司所有者的损益和归属于少数股东的损益;在"综合收益总额"项目之下单独列示归属于母公司所有者的综合收益总额和归属于少数股东的综合收益总额。

(二) 利润表的编制方法

《企业财务会计报告条例》规定:年度、半年度财务报表至少应当反映两个年度或者相关两个期间的比较数据。也就是说,企业需要提供比较利润表,所以,利润表各项目需要分为"本期金额"和"上期金额"两栏分别填列。

1. "本期金额"栏和"上期金额"栏的填列方法

1) "本期金额"栏各项目填列方法

"本期金额"栏反映各项目的本期实际发生额,各项金额一般应根据损益类账户的发生额分析填列。

2) "上期金额"栏各项目填列方法

"上期金额"栏反映各项目的上期实际发生额,应根据上年该期间利润表"本期金额"栏相应数字填列。如果上年度该期利润表的有关项目名称和内容与本期利润表不一致,应对上年度该期报表相应项目的名称和数字按本期规定进行调整,填入本表的"上期金额"栏内。

2. 利润表各项目"本期金额"栏的具体填列方法

1) 根据相应账户的发生额分析填列

如"主营业务收入""主营业务成本""其他业务收入""其他业务成本""税金及附加""销售费用""管理费用""财务费用""公允价值变动损益""投资收益""营业外收入""营业外支出""所得税费用""其他综合收益"等。

2）根据计算公式计算填列

"营业利润""利润总额""净利润"应根据表中的计算公式计算填列，若亏损应以"—"号填列。"每股收益"应根据有关公式和表中数据计算填列。

3）利润表中各项目的具体填列方法

（1）"营业收入"项目反映企业主要经营业务和其他经营业务所确认的收入总额。该项目应根据"主营业务收入"和"其他业务收入"账户的发生额分析计算填列，即：

"营业收入"项目金额 ＝ "主营业务收入"账户发生额 ＋ "其他业务收入"账户发生额

（2）"营业成本"项目反映企业主要经营业务和其他经营业务所发生的成本总额。该项目应根据"主营业务成本"和"其他业务成本"账户的发生额分析计算填列，即：

"营业成本"项目金额 ＝ "主营业务成本"账户发生额 ＋ "其他业务成本"账户发生额

（3）"税金及附加"项目反映企业经营活动应负担的消费税、城市维护建设税、资源税、土地增值税、教育费附加等。该项目应根据"税金及附加"账户的发生额分析填列，即：

"税金及附加"项目金额 ＝ "税金及附加"账户发生额

（4）"销售费用"项目反映企业在销售商品过程中发生的包装费、广告费等费用以及为销售本企业商品而专设销售机构的职工薪酬、业务费等经营费用。该项目应根据"销售费用"账户的发生额分析填列，即：

"销售费用"项目金额 ＝ "销售费用"账户发生额

（5）"管理费用"项目反映企业为组织和管理生产经营活动发生的管理费用。该项目应根据"管理费用"账户的发生额分析填列，即：

"管理费用"项目金额 ＝ "管理费用"账户发生额

（6）"研发费用"行项目，反映企业进行研究与开发过程中发生的费用化支出。该项目应根据"管理费用"账户下的"研发费用"明细账户的发生额分析填列。

（7）"财务费用"项目反映企业筹集生产经营所需资金发生的筹资费用。该项目应根据"财务费用"账户的发生额分析填列。

（8）"其中：利息费用"行项目，反映企业为筹集生产经营所需资金等而发生的应予费用化的利息支出。该项目应根据"财务费用"账户的相关明细账户的发生额分析填列。

（9）"利息收入"行项目，反映企业确认的利息收入。该项目应根据"财务费用"账户的相关明细账户的发生额分析填列。

（10）"其他收益"行项目，反映计入其他收益的政府补助等。该项目应根据"其他收益"账户的发生额分析填列。

(11)"资产处置收益"行项目,反映企业出售划分为持有待售的非流动资产(金融工具、长期股权投资和投资性房地产除外)或处置组(子公司和业务除外)时确认的处置利得或损失,以及处置未划分为持有待售的固定资产、在建工程、生产性生物资产及无形资产而产生的处置利得或损失。债务重组中因处置非流动资产产生的利得或损失和非货币性资产交换中换出非流动资产产生的利得或损失也包括在本项目内。该项目应根据"资产处置损益"账户的发生额分析填列;如为处置损失,以"一"号填列。

(12)"资产减值损失"项目反映企业各项资产发生的减值损失。该项目应根据"资产减值损失"账户的发生额分析填列。

(13)"公允价值变动收益"项目反映企业应当计入当期损益的资产或负债的公允价值变动收益。该项目应根据"公允价值变动收益"账户的发生额分析填列,如为损失,该项目以"一"号填列。

(14)"投资收益"项目反映企业以各种方式对外投资所取得的收益。该项目应根据"投资收益"账户的发生额分析填列,如为投资损失,该项目以"一"号填列。

(15)"营业利润"项目反映企业实现的营业利润。该项目应根据利润表确定的营业利润构成项目及勾稽关系依次计算求得,如为亏损,该项目以"一"号填列。

(16)"营业外收入"行项目,反映企业发生的除营业利润以外的收益,主要包括债务重组利得、与企业日常活动无关的政府补助、盘盈利得、捐赠利得(企业接受股东或股东的子公司直接或间接的捐赠,经济实质属于股东对企业的资本性投入的除外)等。该项目应根据"营业外收入"账户的发生额分析填列。

(17)"营业外支出"行项目,反映企业发生的除营业利润以外的支出,主要包括债务重组损失、公益性捐赠支出、非常损失、盘亏损失、非流动资产毁损报废损失等。该项目应根据"营业外支出"账户的发生额分析填列。

(18)"利润总额"项目反映企业实现的利润。该项目应根据利润表确定的利润总额构成项目及勾稽关系依次计算求得,如为亏损,该项目以"一"号填列。

(19)"所得税费用"项目反映企业应从利润总额中扣除的所得税费用。该项目应根据"所得税费用"账户的发生额分析填列。

(20)"净利润"项目反映企业实现的净利润。该项目应根据利润表确定的净利润构成项目及勾稽关系依次计算求得,如为净亏损,该项目以"一"号填列。

(21)"(一)持续经营净利润"和"(二)终止经营净利润"行项目,分别反映净利润中与持续经营相关的净利润和与终止经营相关的净利润;如为净亏损,以"一"号填列。该两个项目应按照《企业会计准则第 42 号——持有待售的非流动资产、处置组和终止经营》的相关规定分别列报。

(22)"每股净收益"项目反映普通股或潜在普通股已公开交易的企业,以及正在公开发行普通股或潜在普通股过程中的企业的每股收益信息("每股净收益"="归属于普通股股东的当期净利润"÷"当期发行在外普通股的加权平均数")。

(23)"其他综合收益"项目反映企业根据企业会计准则规定未在损益中确认的各项利得和损失扣除所得税影响后的净额("其他综合收益"＝未在损益中确认的各项利得和损失扣除所得税影响后的净额)。

(24)"综合收益总额"项目反映企业净利润与其他综合收益的合计金额("综合收益总额"＝净利润＋"其他综合收益")。

三、利润表编制举例

【例 8-2】　根据下列资料,编制佳服有限公司 2018 年 12 月的利润表,假如佳服有限公司是尚未执行新金融工具准则和新收入准则的非金融企业。该公司有关账户发生额的资料如表 8-9 所示。

表 8-9　佳服有限公司 2018 年 12 月损益类账户发生额　　　单位:元

账户名称	借方	贷方
主营业务收入		12 500 000
其他业务收入		230 000
投资收益		3 200 000
营业外收入		2 850 000
主营业务成本	8 320 000	
其他业务成本	180 000	
税金及附加	550 000	
销售费用	200 000	
管理费用 其中:研发费用	1 050 000 500 000	
财务费用 其中:利息费用 　　　利息收入	1 000 000 1 300 000 300 000	
营业外支出	2 000 000	
所得税费用	1 370 000	

根据上述资料,计算各项目内容如下:

(1)营业收入＝12 500 000＋230 000＝12 730 000(元)

(2)营业成本＝8 320 000＋180 000＝8 500 000(元)

(3)营业利润＝12 730 000－8 500 000－550 000－200 000－1 050 000－1 000 000＋3 200 000＝4 630 000(元)

(4)利润总额＝4 630 000＋2 850 000－2 000 000＝5 480 000(元)

(5)净利润＝5 480 000－1 370 000＝4 110 000(元)

现编制佳服有限公司 12 月利润表,如表 8-10 所示。

表 8-10 利润表   会企 02 表

编报单位:佳服有限公司   2018 年 12 月   单位:元

项目	本期金额	上期金额
一、营业收入	12 730 000	
减:营业成本	8 500 000	
税金及附加	550 000	
销售费用	200 000	
管理费用	1 050 000	
研发费用	500 000	
财务费用	1 000 000	
其中:利息费用	1 300 000	
利息收入	300 000	
资产减值损失		
加:其他收益		
投资收益(损失以"—"号填列)	3 200 000	
其中:对联营企业和合营企业的投资收益		
公允价值变动收益(损失以"—"号填列)		
资产处置收益(损失以"—"号填列)		
二、营业利润(亏损以"—")	4 630 000	
加:营业外收入	2 850 000	
减:营业外支出	2 000 000	
其中:非流动资产处置损失		
三、利润总额(亏损总额以"—"号填列)	5 480 000	
减:所得税费用	1 370 000	
四、净利润(净亏损以"—"号填列)	4 110 000	
(一)持续经营净利润(净亏损以"—"号填列)		
(二)终止经营净利润(净亏损以"—"号填列)		
五、其他综合收益的税后净额	(略)	
(一)不能重分类进损益的其他综合收益		
1. 重新计量设定受益计划变动额		

项目	本期金额	上期金额
2. 权益法下不能转损益的其他综合收益		
……		
（二）将重分类进损益的其他综合收益		
1. 权益法下可转损益的其他综合收益		
2. 可供出售金融资产公允价值变动损益		
3. 持有至到期投资重分类为可供出售金融资产损益		
4. 现金流量套期损益的有效部分		
5. 外币财务报表折算差额		
……		
六、综合收益总额	（略）	
七、每股收益：	（略）	
（一）基本每股收益		
（二）稀释每股收益		

四、实训任务

根据模块十资料，编制利润表。

模块九

会计工作组织

任务一　认知会计机构的设置和会计工作的内部组织形式

能力目标：

　理解企业该如何设置会计机构。

一、认知会计机构的设置

会计机构是直接组织和从事会计工作的职能部门。为了科学合理地组织会计工作，各单位原则上都需要设置专门从事会计工作的职能部门——会计机构。但是，由于各单位经营业务的规模大小和会计业务的繁简程度不同，各单位可以根据业务的需要决定是否设置专门的会计机构。

《会计法》规定，会计机构的设置可有三种方式：①单独设置会计机构；②不具备单独设置会计机构条件的，应当在有关机构中配置专职会计人员；③不具备设置会计机构和配备会计人员条件的，应当根据《代理记账管理办法》，委托经批准设立从事代理记账业务的中介机构代理记账。

为了科学、合理地组织开展会计工作，保证单位正常的经济核算，各单位原则上应设置会计机构。一个单位是否单独设置会计机构，往往取决于以下几个因素：一是单位规模的大小；二是经济业务和财务收支的繁简；三是经营管理的要求。

一般来说，大、中型企业和具有一定规模的行政事业单位，以及财务收支数额较大、会计业务较多的社会团体和其他经济组织，应单独设置会计机构。规模较小、业务和人员都不多的单位，可以不单独设置会计机构，而将会计业务并入其他机构，或委托中介机构代理记账。不单独设置会计机构的单位应在有关机构中配备会计人员并指定会计主管人员。

二、会计工作的内部组织形式

会计工作的组织形式是指会计机构的设置层次、会计核算资料的整理和提供的方式，以及会计工作分工等的组织形式。会计工作的组织形式一般分为集中核算和非集中核算两种。

（一）集中核算

集中核算就是把整个企业单位的主要会计工作集中在企业财务部门，企业内部的其他部门和下属单位只对其发生的经济业务填制原始凭证，并定期将原始凭证或原始凭证汇总表送交财务部门，由财务部门审核，然后据以填制记账凭证，登记总分类账和明细分类账,编制会计报表。

实行集中核算的优点是财务部门可以集中掌握有关资料,便于了解企业的全面经济活动情况,减少核算层次,精简会计人员;缺点是各部门领导不能随时利用核算资料检查和控制本部门的工作。

(二) 非集中核算

非集中核算又称为分散核算,是相对集中核算而言的。单位内部财务部门以外的其他部门和下属单位,可以在财务部门的指导下,对其发生的经济业务填制原始凭证或原始凭证汇总表,据以填制记账凭证,分别登记总分类账和明细分类账,编制会计报表,并进行其他会计工作。

实行非集中核算,可以使各职能部门和下属单位随时了解本部门和单位的经济活动情况,及时分析问题和解决问题。但这种组织形式对企业财务部门而言,不便于会计凭证的整理,会计人员的合理分工会受到一定的限制。就整个企业来看,核算的工作总量有所增加,核算人员的编制加大,因而相应的核算费用也会增加。

对于一个企业单位而言,采用集中核算还是非集中核算,主要取决于该企业单位的规模大小和内部经营管理的需要,以及企业内部是否实行分级管理、分级核算。但是,无论采用哪一种组织形式,企业采购材料物资、销售商品、结算债权债务、现金往来等对外业务都应由企业财务部门办理。

(三) 会计工作岗位责任制

会计工作岗位责任制是指在会计机构内部,按照会计工作的内容和会计人员的配备情况,将会计工作划分为若干岗位,规定每个岗位的职责和权限的责任制度。每一项会计工作都有专人负责,每一名会计人员都有明确的职责。建立会计工作岗位责任制,可以保证会计人员工作职责分明,有秩序、高效率地进行会计工作。

各单位建立会计工作岗位责任制,要从本单位的实际情况出发,考虑会计业务量和会计人员配备情况,依照效益和精简的原则划分会计工作岗位。根据财政部发布的《会计基础工作规范》和有关制度的规定,会计工作岗位一般分为:①总会计师(或行使总会计师职权)岗位;②会计机构负责人(会计主管人员)岗位;③出纳岗位;④稽核岗位;⑤资本、基金核算岗位;⑥收入、支出、债权债务核算岗位;⑦工资核算、成本核算、财务成果核算岗位;⑧财产物资的收发、增减核算岗位;⑨总账岗位;⑩对外财务报告编制岗位;⑪会计电算化岗位;⑫会计档案管理岗位。会计工作岗位可以一人一岗、一人多岗或者一岗多人。在会计机构内部建立稽核制度的同时,必须坚持内部牵制制度。出纳人员不得兼任稽核、会计档案保管和收入、费用、债权债务账目的登记工作。各岗位上的会计人员应密切配合,共同完成企业的会计工作。

任务二　认知会计规范体系

我国会计规范体系包括会计法律、会计行政法规、会计部门规章和地方性会计法规。

一、会计法律

会计法律是指由全国人民代表大会及其常务委员会经过一定立法程序制定的有关会计工作的法律。

它是指调整我国经济生活中会计关系的法律总称,即 1985 年 1 月 21 日第六届全国人大常委会第九次会议通过、1993 年 12 月 29 日第八届全国人大常委会第五次会议《关于修改〈中华人民共和国会计法〉的决定》修正、1999 年 10 月 31 日第九届全国人大常委会第十二次会议修订的《中华人民共和国会计法》(以下简称《会计法》)。《会计法》主要规定了会计工作的基本目的、会计管理权限、会计责任主体、会计核算和会计监督的基本要求、会计人员和会计机构的职责权限,并对会计法律责任作出了详细规定,是会计工作的基本法,是指导我国会计工作的最高准则。

1993 年 10 月 31 日第八届全国人民代表大会常务委员会第四次会议通过、2014 年 8 月 31 日第十二届全国人民代表大会常务委员会《关于修改等五部法律的决定》修正的《注册会计师法》也属于会计法律。

二、会计行政法规

会计行政法规是指调整我国经济生活中某些方面会计关系的法律规范。会计行政法规是由国务院制定发布,或者由国务院有关部门拟定经国务院批准发布的,其制定依据是《会计法》。

1990 年 12 月 31 日国务院令第 72 号发布的《总会计师条例》,主要确定了总会计师的职权和地位,发挥总会计师在加强经济管理、提高经济效益中的作用。2000 年 6 月 21 日国务院令第 287 号发布的《企业财务会计报告条例》,规范了企业财务会计报告,保证了财务会计报告的真实、完整。

三、会计部门规章

会计部门规章是指由主管全国会计工作的行政部门——财政部门根据《会计法》制定发布的关于会计核算、会计监督、会计机构和会计人员以及会计工作管理的制度。它是国务院财政部门在其职权范围内依法制定、发布的会计方面的法律规范,包括各种会计规章和会计规范性文件。如实施国家统一的会计制度的具体办法等,也属于会计规章,但必须报财政部审核批准。

　　会计部门规章的制定依据是会计法律和会计行政法规。

　　2006 年 2 月 15 日,财政部以财政部令〔2006〕33 号发布《企业会计准则——基本准则》和以财政部文件财会〔2006〕3 号发布《企业会计准则——具体准则》,2014 年新增了 3 项具体会计准则。目前,企业会计准则体系由 1 项基本准则、41 项具体准则和应用指南构成,可理解为三个层次:第一层次为基本准则;第二层次为具体准则;第三层次为具体准则的应用指南。基本准则在整个准则体系中起统驭作用,主要规范会计目标、会计基本假定、会计基本原则、会计要素的确认和计量等。具体准则又分为一般业务准则、特殊行业的特定业务准则和报告准则三类。而具体准则的应用指南主要对会计科目的设置、会计分录的编制和报表的填报等操作层面的内容作出示范性指导。

　　相关会计部门规章及发布时间如下:

　　2011 年 10 月 18 日　　财政部财会〔2011〕17 号《小企业会计准则》

　　2012 年 12 月 10 日　　财政部令第 73 号《会计从业资格管理办法》

　　2013 年 8 月 16 日　　财政部财会〔2013〕17 号《企业产品成本核算制度(试行)》

　　2013 年 8 月 27 日　　财政部财会〔2013〕18 号《会计人员继续教育规定》

　　2014 年 12 月 24 日　　财政部财会〔2014〕32 号《企业产品成本核算制度——石油石化行业》

　　2015 年 10 月 23 日　　财政部令第 78 号公布《政府会计准则——基本准则》

　　2015 年 11 月 12 日　　财政部财会〔2015〕20 号《企业产品成本核算制度——钢铁行业》

　　2015 年 12 月 11 日　　财政部　国家档案局令第 79 号《会计档案管理办法》

　　2016 年 2 月 16 日　　财政部令第 80 号《代理记账管理办法》

　　2016 年 7 月 6 日　　财政部财会〔2016〕12 号《政府会计准则第 1 号——存货》《政府会计准则第 2 号——投资》《政府会计准则第 3 号——固定资产》《政府会计准则第 4 号——无形资产》

四、地方性会计法规

　　地方性会计法规是指各省、自治区、直辖市的人民代表大会及其常委会在与会计法律、会计行政法规、会计部门规章不相抵触的前提下制定的会计管理制度。根据规定,实行计划单列管理的计划单列市、经济特区的人民代表大会及其常委会在宪法、法律和行政法规允许范围内制定、实施的有关会计工作的规范性文件,也属于地方性会计法规,如《山西省会计管理条例》等。

任务三 认知会计工作交接和档案管理

一、认知会计工作交接

（一）会计工作交接范围

会计工作交接是指会计人员工作调动或者因故离职时，与接替人员办理交接手续的一种工作程序。以下情况应办理会计交接手续：

（1）临时离职或因病不能工作、需要接替或代理的，会计机构负责人（会计主管人员）或单位负责人必须指定专人接替或者代理，并办理会计工作交接手续。

（2）临时离职或因病不能工作的会计人员恢复工作时，应当与接替或代理人员办理交接手续。

（3）移交人员因病或其他特殊原因不能亲自办理移交手续的，经单位负责人批准，可由移交人委托他人代办交接，但委托人应当对所移交的会计凭证、会计账簿、财务会计报告和其他有关资料的真实性、完整性承担法律责任。

（二）会计工作交接程序

会计人员办理会计工作交接，程序如下：

（1）提出交接申请。交接申请的内容应当包括申请人姓名、申请调动工作或离职的原因和时间、会计交接的具体事项等。

（2）办理移交手续前的准备工作。会计人员在办理移交手续前的准备工作内容包括：对已经受理的经济业务尚未填制会计凭证的，应当填制完毕；尚未登记的账目，应当登记完毕，并在最后一笔余额后加盖经办人员印章；整理应该移交的各项资料，对未了事项写出书面证明等；编制移交清册，列明应当移交的会计凭证、会计账簿、会计报表、现金、有价证券、印章以及其他会计用品等；会计机构负责人、会计主管人员移交时，还应将全部财务会计工作、重大财务收支问题和会计人员的情况等，向接替人员介绍清楚；需要移交的遗留问题，应当写出书面材料。

（3）移交点收。库存现金要根据会计账簿记录余额进行点交，不得短缺；有价证券的数量要与会计账簿记录一致；会计凭证、会计账簿、会计报表和其他会计资料必须完整无缺，如有短缺，必须查明原因，并在移交清册中注明，由移交人负责；银行存款账户余额要与银行对账单核对，各种财产物资和债权债务的明细账户余额要与总账有关账户余额核对，核对清楚后，才能交接；票据、印章及其物品等也必须交接清楚;实行会计电算化的单位,对有关电子数据应当在电子计算机上进行实际操作,以检查电子数据的运行和有关数字的情况。

(4)专人负责监交。一般会计人员办理交接手续,由单位的会计机构负责人、会计主管人员负责监交;会计机构负责人、会计主管人员办理交接手续,由单位负责人负责监交,必要时可由上级主管部门派人会同监交。

(5)交接后的有关事宜。交接工作结束后,交接双方和监交人要在移交清册上签名或者盖章,以明确责任;同时,移交清册由交接双方以及单位各执一份,以供备查。移交人员对其所移交的会计资料的真实性、完整性承担法律责任。

二、认知会计档案管理

(一)会计档案种类

(1)会计凭证,包括原始凭证和记账凭证。

(2)会计账簿,包括总账、明细账、日记账、固定资产卡片及其他辅助性账簿。

(3)财务会计报告,包括月度、季度、半年度、年度财务会计报告。

(4)其他会计资料,包括银行存款余额调节表、银行对账单、纳税申报表、会计档案移交清册、会计档案保管清册、会计档案销毁清册、会计档案鉴定意见书及其他具有保存价值的会计资料。

(二)会计档案管理要求

(1)单位的会计机构或会计人员所属机构(以下统称单位会计管理机构)按照归档范围和归档要求,负责定期将应当归档的会计资料整理立卷,编制会计档案保管清册。

(2)当年形成的会计档案,在会计年度终了后,可由单位会计管理机构临时保管1年,再移交单位档案管理机构保管。因工作需要确需推迟移交的,应当经单位档案管理机构同意。单位会计管理机构临时保管会计档案最长不超过3年。临时保管期间,会计档案的保管应当符合国家档案管理的有关规定,且出纳人员不得兼管会计档案。

(3)单位应当严格按照相关制度利用会计档案,在进行会计档案查阅、复制、借出时履行登记手续,严禁篡改和损坏。单位保存的会计档案一般不得对外借出。确因工作需要且根据国家有关规定必须借出的,应当严格按照规定办理相关手续。

(4)单位会计管理机构在办理会计档案移交时,应当编制会计档案移交清册,并按照国家档案管理的有关规定办理移交手续。

（三）会计档案保管期限（见表9-1）

表9-1 企业和其他组织会计档案保管期限

序号	档案名称	保管期限	备注
一	会计凭证		
1	原始凭证	30年	
2	记账凭证	30年	
二	会计账簿		
3	总账	30年	
4	明细账	30年	
5	日记账	30年	
6	固定资产卡片		固定资产报废清理后保管5年
7	其他辅助性账簿	30年	
三	财务会计报告		
8	月度、季度、半年度财务会计报告	10年	
9	年度财务会计报告	永久	
四	其他会计资料		
10	银行存款余额调节表	10年	
11	银行对账单	10年	
12	纳税申报表	10年	
13	会计档案移交清册	30年	
14	会计档案保管清册	永久	
15	会计档案销毁清册	永久	
16	会计档案鉴定意见书	永久	

模块十

实训任务

【实训资料1】

上海三利有限公司 2018 年 12 月 1 日的相关账务资料如下。

一、总分类账户的期初余额

总分类账户的期初余额如表 10-1 所示。

表 10-1　总分类账户的期初余额　　　　　　　　　　　单位:元

账户	余额	账户	金额
库存现金	4 140	应付账款	491 400
银行存款	201 200	应付职工薪	132 000
应收账款	819 000	应付利息	55 000
		应交税费	24 960
其他应收款	5 000	长期借款	1 000 000
原材料	970 000	实收资本	2 000 000
生产成本	11 200	盈余公积	719 560
库存商品	900 000	本年利润	469 540
长期待摊费用	260 000	利润分配	232 480
固定资产	2 650 400	累计折旧	696 000
合计	5 820 940	合计	5 820 940

二、有关明细分类账户的期初余额及相关资料

应收账款——上海网络技术股份有限公司:585 000 元

　　　　　——上海建材有限公司:234 000 元

其他应收款——汪琴:5 000 元

原材料——甲材料:8 500 千克,单价 100 元,共计 850 000 元

　　　　——乙材料:2 400 千克,单价 50 元,共计 120 000 元

生产成本——B 产品——直接材料:5 000 元

　　　　　　　　　　——直接人工:3 000 元

　　　　　　　　　　——制造费用:3 200 元

库存商品——A 产品:4 500 件,单价 200 元,共计 900 000 元

长期待摊费用——租入办公用房装修:260 000 元

　　　应付账款——上海全网有限公司:351 000 元

　　　　　　　——上海商贸有限公司:140 100 元

　　　应付职工薪酬——工资:108 000 元

　　　　　　　　　——社会保险费:18 000 元

　　　　　　　　　——职工福利:6 000 元

　　　应付利息——长期借款:55 000 元

　　　应交税费——应交增值税:18 960 元

　　　　　　　——应交消费税:6 000 元

　　　实收资本——兴业公司:1 000 000 元

　　　　　　　——实达公司:1 000 000 元

　　　利润分配——未分配利润:232 480 元

　　长期待摊费用为行政管理部门租入办公用房装修费,每月摊销 10 000 元。

　　长期借款为年初借入,3 年期,年利率 6%,按年支付利息,到期还本,该借款利息不符合资本化条件。

　　存货出入库总分类核算采用月末汇总结转。

三、2018 年 11 月 30 日有关损益类账户累计发生额

　　主营业务收入——A 产品:3 400 000 元

　　主营业务成本——A 产品:1 924 800 元

　　销售费用——工资:55 000 元

　　　　　　——社会保险费:8 000 元

　　　　　　——广告费:79 500 元

　　　　　　——运杂费:4 800 元

　　其他业务收入——材料销售:47 000 元

　　其他业务成本——材料销售:31 000 元

　　税金及附加:175 200 元

　　管理费用——工资:193 000 元

　　　　　　——社会保险费:27 000 元

　　　　　　——折旧费:70 000 元

　　　　　　——房屋租赁费:150 000 元

　　　　　　——办公费:5 000 元

　　　　　　——水电费:58 000 元

　　　　　　——物料消耗:10 000 元

　　　　　　——保险费:56 800 元

　　财务费用——利息支出:77 500 元

四、2018 年 12 月发生的经济业务

（1）3 日，银行转来收款通知，上海建材有限公司转入前欠账款 234 000 元，已收妥入账。

（2）4 日，以现金 2 186 元支付职工生活困难补助。

（3）4 日，从银行提取现金 5 000 元。

（4）5 日，生产车间领用甲材料 400 千克，乙材料 100 千克。领料单号码为 200301。

（5）5 日，向上海全网有限公司购买甲材料 4 000 千克，单价 98 元，价款 392 000 元，增值税税率 16％，乙材料 2 000 千克，单价 48 元，价款 96 000 元，增值税税率 16％，款项以商业汇票支付。

（6）6 日，销售 A 产品 300 件给新星实业，货款 120 000 元及增值税 19 200 元已收妥存入银行，出库单号为 40036。

（7）6 日，收到新星实业借用包装物的押金 2 000 元，存入银行。

（8）6 日，以银行存款交纳增值税 18 960 元及应交消费税 6 000 元。

（9）8 日，以银行存款归还前欠上海全网有限公司的货款 117 000 元。

（10）8 日，生产车间领用甲材料 2 700 千克，其中用于 A 产品生产 1 200 千克，用于 B 产品生产 1 500 千克，领料单号为 200302、200303。

（11）9 日，以现金支付企管部零星办公用品费用 885 元。

（12）9 日，B 产品 4 000 件完工验收入库，入库单号为 30021。

（13）10 日，向上海支联商贸有限公司购买甲材料 1 000 千克，单价 100 元，价款 100 000 元，增值税税率 16％，款项尚未支付，材料已验收入库，入库单号为 10344。

（14）12 日，销售 A 产品 1 200 件给上海网络技术股份有限公司，货款 480 000 元及增值税 76 800 元尚未收到，出库单号为 40037。

（15）12 日，接受捐赠机器设备一台，价值 200 000 元。

（16）13 日，向上海全网有限公司购买的甲、乙两种材料运至企业验收入库，入库单号为 10345。以银行存款支付运费 12 000 元。

（17）14 日，生产车间领用甲材料 1 800 千克、乙材料 1 000 千克，均用于生产 A 产品，领料单号为 200304。

（18）17 日，销售部门领用甲材料 100 千克，领料单号为 200305。

（19）18 日，以银行存款发放工资 108 000 元。

（20）19 日，销售 B 产品 200 件给三勇建材有限公司，货款 20 000 元及增值税 3 200 元未收到，出库单号为 40038。

（21）19 日，以银行存款支付销售 B 产品运费 1 200 元。

（22）20 日，收到银行付款通知，支付电费 18 100 元，其中车间应负担 16 540 元，行政管理部门应负担 1 400 元，销售部门应负担 160 元。

（23）21 日,行政管理人员季群预借差旅费 5 000 元,以现金支付。

（24）21 日,生产车间领用甲材料 500 千克,乙材料 200 千克,用于 A 产品生产,领料单号为 200306。行政管理部门领用甲材料 20 千克,领料单号为 200307。

（25）22 日,以银行存款支付本月产品广告费用 5 000 元。

（26）23 日,销售甲材料 100 千克,货款 12 000 元及增值税 1 920 元已收到并存入银行,出库单为 40039。

（27）25 日,以银行存款支付违章罚款 2 000 元。

（28）28 日,以银行存款 9 500 元支付租入办公用房屋租金。

（29）29 日,以银行存款支付本年度长期借款利息 60 000 元。

（30）29 日,季群报销差旅费 5 500 元,补付现金 500 元。

五、期末其他相关资料

（1）本企业适用相关税率为:增值税税率 16％,A 产品的消费税税率为 5％,城建税税率为 1％,教育费附加率为 3％,所得税税率为 25％。

（2）本月应付职工工资 118 000 元,其中生产 A 产品生产工人工资 50 000 元,生产 B 产品生产工人工资 40 000 元,车间管理人员工资 6 000 元,行政管理人员工资 20 000 元,销售人员工资 2 000 元。

（3）本企业按职工工资总额的 9％和 7％分别计提养老保险和医疗保险。

（4）本月应计提固定资产折旧 15 000 元,其中生产车间固定资产折旧 9 000 元,行政管理部门固定资产折旧 5 000 元,销售机构固定资产折旧 1 000 元。

（5）制造费用按 A、B 产品的生产工时比例进行分配,本月 A 产品耗用 6 000 工时,B 产品耗用 4 000 工时。本月生产 A 产品尚未完工,B 产品全部完工入库。

（6）长期借款年利率为 6％,利息按年支付,按月计提,该利息不符合资本化条件。

（7）本年利润分配方案为:按本年税后利润的 10％计提法定盈余公积,将本年税后利润的 20％按期初投资比例分配给投资者。

【实训资料 2】

2018 年年末上海三利有限公司在财产清查中,发现以下问题:

（1）盘亏设备一台,账面原值 5 000 元,已提折旧 2 000 元。

（2）账外机器一台,账面原值 2900 元,估计 8 成新。

（3）甲材料盘盈 400 元。

（4）乙材料盘亏 1 000 元,增值税进项税额为 170 元。

（5）发现账外 A 产品 5 件,单位成本 100 元。

（6）外单位拖欠货款 2 500 元,已超过三年。

(7) 应付外单位购材料款 5 000 元,该单位已撤销。

上述各项盘盈、盘亏及损失,经查属实,报请上级部门审核批准,做如下处理。

(1) 盘亏设备属于保管不善造成,责成过失人赔偿 30%,其余在营业外支出中列账。

(2) 盘盈机器尚可使用,作为营业外收入处理。

(3) 盘盈甲材料和 A 产品均属收发计量错误所致。

(4) 盘亏乙材料有 300 元属于定额内损耗,其余属于自然灾害造成,由保险公司赔偿 300 元。

(5) 盘盈 A 产品 5 件,因无法查明原因,故转作营业外收入。

(6) 货款可作为坏账列账(该单位不提坏账准备金)。

(7) 确实无法支付的款项转作营业外收入。

【实训资料3】

2018 年 12 月 31 日,上海三利有限公司取得银行对账单如表 10-2 所示。

表 10-2　银行存款对账单　　　　　　　第 1 页

网点号:0202　　　　　　　　2018 年 12 月 31 日　　　　币种:人民币　单位:元

| 账号:20020031087　户名:上海三利有限公司 | | | | | | | 期初余额 398 400 | |
日期	交易代码	凭证种类	凭证号	摘要	借方发生额	贷方发生额	余额	网点号
12-1	05	支	7542	货款		46 800	445 200	0202
12-2	14	支	3200	房租	10 000		435 200	0202
12-4	14	支	3201	备用金	5 000		430 200	0202
12-5	09	委收	0121	税款	24 960		405 240	0400
12-6	05	支	2581	其他贷方		2 000	407 240	
12-6	05	支	2561	货款		140 400	547 640	0202
12-13	14	支	3203	货款	12 000		535 640	0202
12-14	14	支	3204	工资	108 000		427 640	0202
12-14	14	支	3202	货款	117 000		310 640	0400
12-20	14	支	3205	货款	1 200		309 440	0202
12-20	25	委收		水电费	18 100		291 340	0400
12-24	05	支	8512	货款		14 040	305 380	0202
12-24	14	支	3206	货款	5 000		300 380	0230

(续表)

账号:20020031087　户名:上海三利有限公司							期初余额 398 400	
12-25	06			收取利息	60 000		240 380	0202
12-27	25	委收		罚款	2 000		238 380	0230
12-30	42			利息转账		560	238 940	0202
12-30		委收		代扣通信	1 200		237 740	0202
可用余额　237 740								

【实训要求】

(1) 根据以上资料设置账簿。

(2) 采用通用记账凭证格式,编制 1～10 日经济业务的记账凭证(原始凭证略)。

(3) 根据实训中 1～10 日经济业务资料编制相关记账凭证(采用通用格式),据以登记日记账和明细账,并根据编制出的记账凭证汇总编制本月上旬的科目汇总表,据以登记相关的总分类账。

(4) 根据实训中 11～20 日经济业务的资料编制相关记账凭证(采用通用格式),据以登记日记账和明细账,并根据编制出的记账凭证汇总编制本月中旬的科目汇总表,据以登记相关的总分类账。

(5) 根据实训中 21～30 日经济业务的资料编制相关记账凭证(采用通用格式),据以登记日记账和明细账,并根据编制出的记账凭证汇总编制本月中旬的科目汇总表,据以登记相关的总分类账。

(6) 编制 12 月"试算平衡表",对总分类账簿记录进行核对(结账前试算平衡)。

(7) 将总分类账中"现金"和"银行存款"账户余额与现金日记账和银行存款日记账余额进行核对。

(8) 将总分类账中其他账户余额与其所属明细分类账户记录相核对。

(9) 核对 12 月银行存款日记账与银行对账单,并根据核对结果编制银行存款余额调节表。

(10) 根据清查结果,做审批前的会计分录;同时根据报请批准的结果,做审批后的会计分录,并进行相应登账。

(11) 对以上实训中做出的上海三利有限公司各账簿资料进行期末结账。

(12) 进行结账后试算平衡。

(13) 根据以上实训中做出的上海三利有限公司的会计资料,编制资产负债表及利润表。

【实训耗材】

(1) 收款凭证:5张。

(2) 付款凭证:5张。

(3) 转账凭证:5张。

(4) 通用记账凭证:50张。

(5) 现金日记账账页:1张。

(6) 银行存款日记账账页:1张。

(7) 总分类账账页(编号连续):20张。

(8) 三栏式明细账账页:15张。

(9) 数量金额式明细账账页:2张。

(10) 普通多栏式明细账账页:12张。

(11) 应交增值税明细账账页:2张。

(12) 生产成本明细账账页:3张。

(13) 科目汇总表:5张。

(14) 总分类账户试算平衡表:3张。

(15) 空白资产负债表、利润表:各1张。